农民培训农业农村部"十四五"规划教材

乡村振兴战略下的高素质农民培育

王云善　姜东凤　董永哲　主编

中国农业科学技术出版社

图书在版编目（CIP）数据

乡村振兴战略下的高素质农民培育 / 王云善，姜东凤，董永哲主编. -- 北京：中国农业科学技术出版社，2024.7.
ISBN 978-7-5116-6917-9

Ⅰ. D422.6

中国国家版本馆CIP数据核字第2024G4V186号

农业农村部教材办公室审定编号：NY-3-0006

责任编辑	崔改泵
责任校对	李向荣
责任印制	姜义伟　王思文

出 版 者	中国农业科学技术出版社
	北京市中关村南大街12号　邮编：100081
电　　话	（010）82109194（编辑室）　（010）82106624（发行部）
	（010）82109709（读者服务部）
网　　址	https // castp.caas.cn
经 销 者	各地新华书店
印 刷 者	北京富泰印刷有限责任公司
开　　本	170 mm×240 mm　1/16
印　　张	18
字　　数	300千字
版　　次	2024年7月第1版　2024年7月第1次印刷
定　　价	45.00元

━━◆◆◆━版权所有·侵权必究━◆◆◆━━

《乡村振兴战略下的高素质农民培育》编委名单

主　编：王云善　姜东凤　董永哲

副主编：杨志清　潘　华　龚冬尧　武　睿
　　　　刘晶晶　许　玮　刘　玲

编　委：吴帅帅　郭连琴　王世童　宋　平
　　　　冷伟芳　刘俊颖　夏建华　周曦文
　　　　李永忠　胡明辉　王有辉　王盛茂

前 言

党的十九大报告提出，坚持农业农村优先发展，实施乡村振兴战略是破解我国"三农"问题的金钥匙，关系到社会主义现代化的全面实现。乡村振兴战略是我国经济社会发展方式一次大的转变，对"两个百年"目标的实现具有重大意义。按照产业兴旺、生态宜居、乡风文明、治理有效、生活富裕的总要求，建立健全城乡融合发展体制和政策体系，加快推进农业农村现代化，人的因素是决定性的。而作为我国乡村建设的内生主体，农民结构失衡、素质偏低、未来总量不足，与实现乡村五大振兴的目标存在较大差距。由此，培育高素质农民就成为破解乡村振兴瓶颈、实现农村全面发展的有力抓手。

党的二十大报告提出全面建设社会主义现代化国家，最艰巨最繁重的任务仍然在农村。坚持农业农村优先发展，坚持城乡融合发展，畅通城乡要素流动。加快建设农业强国，扎实推动乡村产业、人才、文化、生态、组织振兴。

本教材基于乡村振兴战略视角，从高素质农民的内涵出发，分析其角色特征及历史使命，进而从政治素质、道德素质、科学素质、文化素质、生态环保意识等不同侧面，阐释高素质农民自我提升的内容意义及方法路径，提供了农业创新创业指导，对现行主要涉农法律法规和惠农政策进行了引导性解读，并挖掘典型材料，展示学员风采，为高素质农民成长和素质提升提供可学可仿的示范案例。

本教材作者均为长期从事"三农"工作尤其是从事农民培训的高校教师和管理工作者，具有深厚的理论积淀和丰富的实践经验。本书既有对国家战略背景的准确把握，也具有工具性、操作性的教育路径引导，内容深入浅出，是培育高素质农民素质拓展教材，也为高素质农民培育研究者提供了新的视角。

本书由河南牧业经济学院王云善、姜东凤，宝鸡职业技术学院董永哲担任主编，河南牧业经济学院杨志清等担任副主编。由主编拟定编写大纲，编写分工如下：王云善第8章；姜东凤第3章、第10章；董永哲第11章；河南牧业经济学院吴帅帅第5章、第7章、第9章；郑州工业应用技术学院郭连琴第1章、第2章；郑州科技学院王世童第4章、第6章。

由于我国乡村振兴战略正处在加快实施阶段，新的政策措施不断出台，各种实践探索如火如荼，加之编者水平有限，时间仓促，书中难免有不当之处，欢迎批评指正。

编　者
2024年6月

目 录

第一章　乡村振兴战略 ……………………………………………………… 1
　　第一节　乡村振兴战略规划 ……………………………………… 2
　　第二节　推进乡村产业振兴 ……………………………………… 6
　　第三节　推进乡村人才振兴 ……………………………………… 13
　　第四节　推进乡村文化振兴 ……………………………………… 20
　　第五节　推进生态振兴 …………………………………………… 24
　　第六节　推进乡村组织振兴 ……………………………………… 28

第二章　高素质农民的历史使命 …………………………………………… 33
　　第一节　高素质农民的由来 ……………………………………… 34
　　第二节　高素质农民的内涵与特征 ……………………………… 39
　　第三节　高素质农民的历史使命 ………………………………… 47

第三章　高素质农民的政治素质 …………………………………………… 50
　　第一节　习近平新时代中国特色社会主义理论与农村改革 …… 50
　　第二节　村民自治与乡村组织振兴 ……………………………… 54
　　第三节　培养和提高农民的政治素质 …………………………… 58

第四章　高素质农民的道德素质 …………………………………………… 65
　　第一节　乡村建设中的社会公德 ………………………………… 65
　　第二节　乡村产业中的职业道德 ………………………………… 70
　　第三节　乡村建设中的家庭美德 ………………………………… 73

第五章　高素质农民的科学素质 … 76
第一节　农民科学素质概述 … 76
第二节　提高农民科学素质的途径 … 79

第六章　高素质农民的文化素质 … 85
第一节　农民文化素质概述 … 85
第二节　提升农民的心理素质 … 89
第三节　乡村振兴中的传统文化 … 92

第七章　高素质农民的生态与绿色意识 … 96
第一节　乡村发展中的新发展理念 … 97
第二节　生态保护与乡村产业振兴 … 100
第三节　绿色生产与健康食品 … 103

第八章　高素质农民创新创业 … 108
第一节　农业创新创业需要具备的基本素质 … 109
第二节　高素质农民创新创业路径 … 117
第三节　高素质农民创新创业风险防范 … 151

第九章　涉农主要法律法规政策解读 … 163
第一节　《中华人民共和国乡村振兴促进法》解读 … 164
第二节　《中华人民共和国土地管理法》解读 … 168
第三节　新《土地管理法实施条例》解读 … 172
第四节　《中华人民共和国农村土地承包法》解读 … 176
第五节　《农村土地经营权流转交易市场运行规范（试行）》解读 … 179
第六节　《中华人民共和国农民专业合作社法》解读 … 183
第七节　《中华人民共和国农产品质量安全法》解读 … 185
第八节　《中华人民共和国动物防疫法》解读 … 189
第九节　《关于加快推进乡村人才振兴的意见》解读 … 190

第十章 现行惠农政策解读·········193
  第一节 高素质农民培育政策·········194
  第二节 农村改革发展·········202
  第三节 重要农产品保供·········212
  第四节 金融扶持·········229

第十一章 高素质农民典型案例·········235
  第一节 种植业·········235
  第二节 畜牧业·········245
  第三节 农业机械·········254
  第四节 农业工程·········262
  第五节 特色农业·········265
  第六节 综合农业·········273

第一章 乡村振兴战略

【内容提要】

乡村振兴战略是在以习近平同志为核心的党中央着眼党和国家事业全局背景下,深刻把握现代化建设规律和城乡关系变化特征,顺应亿万农民对美好生活的向往,对"三农"工作作出的重大决策部署。本章旨在通过对乡村振兴战略提出的背景、具体内涵、重大意义和具体内容四方面进行详细的阐述,使高素质农民对乡村振兴战略有一个充分、全面而又深刻的认识,为其在乡村振兴工作中奠定基础、提供灵感。

【思维导图】

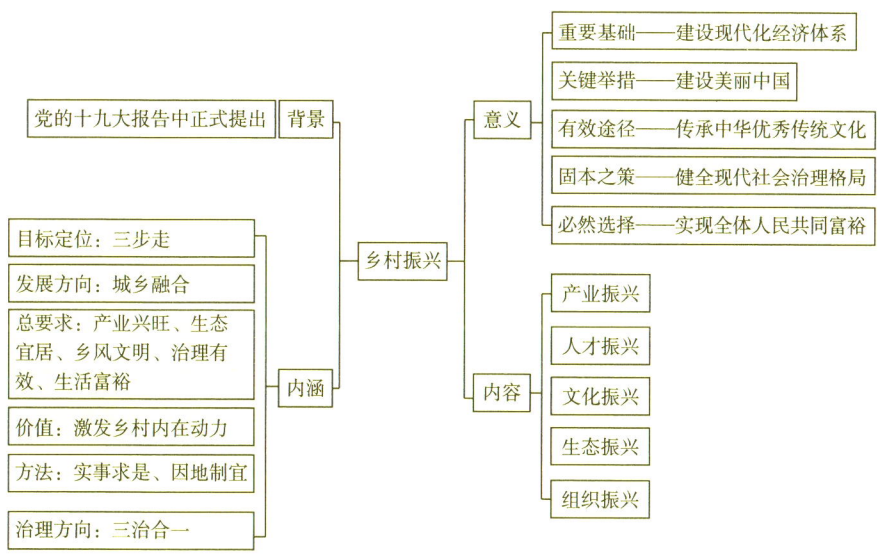

第一节　乡村振兴战略规划

中华人民共和国成立后，我国为了快速推进工业化进程，率先发展重工业。特别是改革开放以来，随着城镇化进程的加快，大量的农民通过参与工业生产摆脱农业，离开"土生土长"的农村地区，导致乡村地区相对凋敝。因此，党的十九大报告将"三农"问题提升到国家战略高度，提出实施乡村振兴战略，并要求坚持农业农村优先发展原则。

一、乡村振兴战略的提出

习近平同志在党的十九大报告中首次提出实施乡村振兴战略，2018年1月中共中央印发的《中共中央　国务院关于实施乡村振兴战略的意见》正式作出乡村振兴的安排部署。2018年3月，习近平总书记在全国两会参加山东代表团审议时，明确为乡村振兴战略指出"五个振兴"的具体路径，即乡村产业振兴、乡村人才振兴、乡村文化振兴、乡村生态振兴、乡村组织振兴。同时，李克强同志在政府工作报告中提出，要大力实施乡村振兴战略。2018年9月，根据《中共中央　国务院关于实施乡村振兴战略的意见》，为贯彻落实党的十九大、中央经济工作会议、中央农村工作会议精神和政府工作报告要求，描绘好战略蓝图，强化规划引领，科学有序推动乡村产业、人才、文化、生态和组织振兴，特编制《乡村振兴战略规划（2018—2022年）》，要求各地根据自身实际情况认真落实好"乡村振兴战略"的相关要求。

二、乡村振兴战略的内涵

乡村振兴战略，即是坚持农业农村优先发展，按照产业兴旺、生态宜居、乡风文明、治理有效、生活富裕的总要求，建立健全城乡融合发展体制机制和政策体系，统筹推进农村经济建设、政治建设、文化建设、社会建设、生态文明建设和党的建设，加快推进乡村治理体系和治理能力现代化，加快推进农业农村现代化，走中国特色社会主义乡村振兴道路，让农业成为有奔头的产业，让农民成为有吸引力的职业，让农村成为安居乐业的美丽家园[①]。

---

① 樊鑫鑫. 乡村振兴战略的意义、内涵与实施路径[J]. 乡村科技·乡村振兴，2021（2：上）：5-7。

（一）乡村振兴目标定位问题

重农务本，国之大纲。习近平总书记站在实现中华民族伟大复兴战略全局的高度提出，"民族要复兴，乡村必振兴"。实施乡村振兴战略是实现第二个百年奋斗目标的必然要求，也是促进全体人民共同富裕的必由之路，对于实现中华民族伟大复兴具有重要的战略意义。实施乡村振兴战略的总目标是要促进农业农村现代化。这个总目标明确了乡村振兴的发展方向、目标任务和未来着力点。同时，习近平总书记对乡村振兴战略的时间点和具体目标任务做了明确规划和部署。具体详见表1-1所示。

表1-1 乡村振兴"三步走"战略

步骤	时间节点	目标	具体任务
第一步	2020年	取得重要进展	制度框架和相关政策体系基本形成
第二步	2035年	取得决定性进展	促进农业农村现代化的目标要基本实现
第三步	2050年	乡村要全面振兴	农业强、农村美和农民富的目标要全面实现

乡村振兴从"基本形成制度框架和政策体系"到"农业农村现代化目标基本实现"，再到"农业强、农村美、农民富的目标全面实现"，这"三步走"的基本策略既立足当下实际，又着眼于长远目标，具有很强的现实操作性，在实现乡村全面振兴的过程中，各个阶段的目标和任务既互为条件又相互衔接，为全面建成社会主义现代化强国提供了坚实的物质基础支撑。

（二）城乡关系未来的发展方向

在新中国成立初期的历史条件下，通过农业支持工业化建设、农村支持城市化建设和发展，建立起相对完整的国民经济体系和工业体系，大大加快了城市化进程。在改革开放和社会主义现代化建设过程中，我国依靠农村的土地、劳动力等要素，不断推进城镇化建设和工业化发展，使得城镇面貌与之前相比发生了天翻地覆的变化。但是，在这个过程中，农业农村发展的步伐却没有跟上工业化、城镇化的进程，城乡之间出现了"一条腿长、一条腿短"的问题。对此，习近平总书记深刻把握城乡发展规律并指出，"在现代化进程中，城的比重上升，乡的比重下降，是客观规律。但在我国拥有十四亿多人口的国情下，不管工业化、城镇化进展到哪一步，农业都要发展，乡村都不会消亡，城乡将长期共生共存，这也是客观规律。""在现代化进程中，如何处理好工农关系、城乡关系，在一定程度上决定着现代化的成败"。

党的十八大以来，我国城乡统筹力度不断增强，城乡融合发展步伐持续加快，城乡一体化发展水平大幅提升，我国城乡关系伴随着城镇化、工业化进程正在发生新的变化。《中共中央 国务院关于建立健全城乡融合发展体制机制和政策体系的意见》提出，重塑新型城乡关系，走城乡融合发展之路，促进乡村振兴和农业农村现代化。国家"十四五"规划和2035年远景目标纲要明确提出，强化以工补农、以城带乡，推动形成工农互促、城乡互补、协调发展、共同繁荣的新型工农城乡关系。党的二十大报告强调，坚持农业农村优先发展，坚持城乡融合发展，畅通城乡要素流动。通过城市与乡村的深度融合，开启现代化建设的新局面。

（三）乡村振兴的总要求

农业强不强、农村美不美、农民富不富，决定着全面建成社会主义现代化强国的水平和质量。新时代乡村振兴既要促进乡村产业和人才振兴，也要加快乡村文化、生态和组织振兴，最终达到乡村振兴"产业兴旺、生态宜居、乡风文明、治理有效、生活富裕"的总要求。第一，产业兴旺是解决农村一切问题的前提。乡村的繁荣发展离不开兴旺发达的产业支撑。乡村振兴的第一要务就是促进"三产"融合发展，加快农村产业结构的转型升级，推进构建具有市场竞争力而又能够持续发展的现代化产业体系，为乡村的全面振兴提供坚实的产业基础支撑。第二，生态宜居是乡村振兴的内在要求。对于农村而言，良好的生态环境是农村最宝贵的财富和最大优势。第三，乡风文明是乡村振兴的紧迫任务。从乡村文化振兴的角度看，培育文明乡风、淳朴民风和良好家风，是加强乡村精神文明建设的重要内容。第四，治理有效是乡村振兴的重要保障。我们要通过健全"三治合一"的乡村治理体系，创新乡村治理方式，提高乡村善治水平，推进乡村治理体系和治理能力现代化。第五，生活富裕是乡村振兴的主要目的。通过不断拓宽农民增收渠道，提高农村民生保障水平，满足广大农民群众对美好生活的追求和向往，这是乡村振兴的根本价值导向。

三、乡村振兴战略的意义

实施乡村振兴战略，是解决新时代我国社会主要矛盾、实现"两个一百年"奋斗目标和中华民族伟大复兴中国梦的必然要求，具有重大现实意义和深远历史意义。

（一）实施乡村振兴战略是建设现代化经济体系的重要基础

农业是国民经济的基础，农村经济是现代化经济体系的重要组成部分。乡村振兴，产业兴旺是重点。实施乡村振兴战略，深化农业供给侧结构性改革，构建现代农业产业体系、生产体系、经营体系，实现农村一二三产业深度融合发展，有利于推动农业从增产导向转向提质导向，增强我国农业创新力和竞争力，为建设现代化经济体系奠定坚实基础。

（二）实施乡村振兴战略是建设美丽中国的关键举措

农业是生态产品的重要供给者，乡村是生态涵养的主体区，生态是乡村最大的发展优势。乡村振兴，生态宜居是关键。实施乡村振兴战略，统筹山水林田湖草系统治理，加快推行乡村绿色发展方式，加强农村人居环境整治，有利于构建人与自然和谐共生的乡村发展新格局，实现百姓富、生态美的统一。

（三）实施乡村振兴战略是传承中华优秀传统文化的有效途径

中华文明根植于农耕文化，乡村是中华文明的基本载体。乡村振兴，乡风文明是保障。实施乡村振兴战略，深入挖掘农耕文化蕴含的优秀思想观念、人文精神、道德规范，结合时代要求在保护传承的基础上创造性转化、创新性发展，有利于在新时代焕发出乡风文明的新气象，进一步丰富和传承中华优秀传统文化。

（四）实施乡村振兴战略是健全现代社会治理格局的固本之策

社会治理的基础在基层，薄弱环节在乡村。乡村振兴，治理有效是基础。实施乡村振兴战略，加强农村基层基础工作，健全乡村治理体系，确保广大农民安居乐业、农村社会安定有序，有利于打造共建共治共享的现代社会治理格局，推进国家治理体系和治理能力现代化。

（五）实施乡村振兴战略是实现全体人民共同富裕的必然选择

农业强不强、农村美不美、农民富不富，关乎亿万农民的获得感、幸福感、安全感，关乎全面建成小康社会全局。乡村振兴，生活富裕是根本。实施乡村振兴战略，不断拓宽农民增收渠道，全面改善农村生产生活条件，促进社会公平正义，有利于增进农民福祉，让亿万农民走上共同富裕的道路，汇聚起建设社会主义现代化强国的磅礴力量。

第二节 推进乡村产业振兴

产业兴旺是乡村振兴的重要基础，是解决农村一切问题的前提。乡村产业根植于县域，以农业农村资源为依托，以农民为主体，以农村一二三产业融合发展为路径，地域特色鲜明、创新创业活跃、业态类型丰富、利益联结紧密，是提升农业、繁荣农村、富裕农民的产业。为促进乡村产业振兴，国务院于2019年6月17日印发了《国务院关于促进乡村产业振兴的指导意见》[①]。

一、产业兴旺的意义

产业兴旺的意义主要体现在以下几个方面。

（一）促进经济发展

产业兴旺是经济发展的强劲推动力。产业兴旺能够带动就业增长、提高人民收入水平，加快国家经济的增长速度。同时，产业兴旺能够提供更多的税收收入，为国家提供更多的财政资源，支持基础设施建设、公共服务等方面的投资，进一步促进经济发展。

（二）巩固社会稳定

产业兴旺能够创造更多的就业机会，提高人民收入水平，减少贫困人口数量，促进社会稳定。同时，产业兴旺能够改善人民生活水平，提供更多的优质商品和服务，满足人民对美好生活的需求，提升人民的幸福感和满足

---

① 国务院关于促进乡村产业振兴的指导意见[EB/OL].（2019-06-28）[2024-07-06]. https://www.gov.cn/zhengce/zhengceku/2019-06/28/content_5404170.htm.

感,进一步巩固社会稳定。

(三)提高创新能力

产业兴旺能够促进创新能力的提升。在一个产业兴旺的环境中,企业和机构会面临更多的市场需求和竞争压力,迫使它们不断创新、追求卓越。这种竞争促使企业和机构在技术、管理、营销等方面进行创新,提高自身的竞争力,推动产业的发展。

(四)提升国家竞争力

产业兴旺能够提升国家的竞争力。美国哈佛大学经济学教授麦可尔波特在传统经济学的观点上提出了"钻石理论",他认为一国的竞争力是由其人民的生活水平决定的。而产业兴旺则可以提高人民的生活水平,使国家拥有更强大的经济实力、技术实力和创新实力。

二、乡村产业振兴的举措

(一)突出优势特色,培育壮大乡村产业

1. 做强现代种养业

创新产业组织方式,推动种养业向规模化、标准化、品牌化和绿色化方向发展,延伸拓展产业链,增加绿色优质产品供给,不断提高质量效益和竞争力。巩固提升粮食产能,全面落实永久基本农田特殊保护制度,加强高标准农田建设,加快划定粮食生产功能区和重要农产品生产保护区。加强生猪等畜禽产能建设,提升动物疫病防控能力,推进奶业振兴和渔业转型升级。发展经济林和林下经济。(农业农村部、国家发展改革委、自然资源部、国家林草局等负责)

2. 做精乡土特色产业

因地制宜发展小宗类、多样性特色种养,加强地方品种种质资源保护和开发。建设特色农产品优势区,推进特色农产品基地建设。支持建设规范化乡村工厂、生产车间,发展特色食品、制造、手工业和绿色建筑建材等乡土产业。充分挖掘农村各类非物质文化遗产资源,保护传统工艺,促进乡村特色文化产业发展。(农业农村部、工业和信息化部、文化和旅游部、国家林草局等负责)

3. 提升农产品加工流通业

支持粮食主产区和特色农产品优势区发展农产品加工业，建设一批农产品精深加工基地和加工强县。鼓励农民合作社和家庭农场发展农产品初加工，建设一批专业村镇。统筹农产品产地、集散地、销地批发市场建设，加强农产品物流骨干网络和冷链物流体系建设。（农业农村部、国家发展改革委、工业和信息化部、商务部、国家粮食和储备局、国家邮政局等负责）

4. 优化乡村休闲旅游业

实施休闲农业和乡村旅游精品工程，建设一批设施完备、功能多样的休闲观光园区、乡村民宿、森林人家和康养基地，培育一批美丽休闲乡村、乡村旅游重点村，建设一批休闲农业示范县。（农业农村部、文化和旅游部、国家卫生健康委、国家林草局等负责）

5. 培育乡村新型服务业

支持供销、邮政、农业服务公司、农民合作社等开展农资供应、土地托管、代耕代种、统防统治、烘干收储等农业生产性服务业。改造农村传统小商业、小门店、小集市等，发展批发零售、养老托幼、环境卫生等农村生活性服务业。（农业农村部、国家发展改革委、财政部、商务部、国家邮政局、供销合作总社等负责）

6. 发展乡村信息产业

深入推进"互联网+"现代农业，加快重要农产品全产业链大数据建设，加强国家数字农业农村系统建设。全面推进信息进村入户，实施"互联网+"农产品出村进城工程。推动农村电子商务公共服务中心和快递物流园区发展。（农业农村部、中央网信办、工业和信息化部、商务部、国家邮政局等负责）

（二）科学合理布局，优化乡村产业空间结构

1. 强化县域统筹

在县域内统筹考虑城乡产业发展，合理规划乡村产业布局，形成县城、中心镇（乡）、中心村层级分工明显、功能有机衔接的格局。推进城镇基础设施和基本公共服务向乡村延伸，实现城乡基础设施互联互通、公共服务普惠共享。完善县城综合服务功能，搭建技术研发、人才培训和产品营销等平台。（国家发展改革委、自然资源部、生态环境部、住房城乡建设部、农业农村部等负责）

2. 推进镇域产业聚集

发挥镇（乡）上连县、下连村的纽带作用，支持有条件的地方建设以镇（乡）所在地为中心的产业集群。支持农产品加工流通企业重心下沉，向有条件的镇（乡）和物流节点集中。引导特色小镇立足产业基础，加快要素聚集和业态创新，辐射和带动周边地区产业发展。（国家发展改革委、住房城乡建设部、农业农村部等负责）

3. 促进镇村联动发展

引导农业企业与农民合作社、农户联合建设原料基地、加工车间等，实现加工在镇、基地在村、增收在户。支持镇（乡）发展劳动密集型产业，引导有条件的村建设农工贸专业村。（国家发展改革委、农业农村部、商务部等负责）

4. 支持贫困地区产业发展

持续加大资金、技术、人才等要素投入，巩固和扩大产业扶贫成果。支持贫困地区特别是"三区三州"等深度贫困地区开发特色资源、发展特色产业，鼓励农业产业化龙头企业、农民合作社与贫困户建立多种形式的利益联结机制。引导大型加工流通、采购销售、投融资企业与贫困地区对接，开展招商引资，促进产品销售。鼓励农业产业化龙头企业与贫困地区合作创建绿色食品、有机农产品原料标准化生产基地，带动贫困户进入大市场。（农业农村部、国家发展改革委、财政部、商务部、国家乡村振兴局等负责）

（三）促进产业融合发展，增强乡村产业聚合力

1. 培育多元融合主体

支持农业产业化龙头企业发展，引导其向粮食主产区和特色农产品优势区集聚。启动家庭农场培育计划，开展农民合作社规范提升行动。鼓励发展农业产业化龙头企业带动、农民合作社和家庭农场跟进、小农户参与的农业产业化联合体。支持发展县域范围内产业关联度高、辐射带动力强、多种主体参与的融合模式，实现优势互补、风险共担、利益共享。（农业农村部、国家发展改革委、财政部、国家林草局等负责）

2. 发展多类型融合业态

跨界配置农业和现代产业要素，促进产业深度交叉融合，形成"农业+"多业态发展态势。推进规模种植与林牧渔融合，发展稻渔共生、林下种养等。推进农业与加工流通业融合，发展中央厨房、直供直销、会员农业

等。推进农业与文化、旅游、教育、康养等产业融合，发展创意农业、功能农业等。推进农业与信息产业融合，发展数字农业、智慧农业等。（农业农村部、国家发展改革委、教育部、工业和信息化部、文化和旅游部、国家卫生健康委、国家林草局等负责）

3. 打造产业融合载体

立足县域资源禀赋，突出主导产业，建设一批现代农业产业园和农业产业强镇，创建一批农村产业融合发展示范园，形成多主体参与、多要素聚集、多业态发展格局。（农业农村部、国家发展改革委、财政部、国家林草局等负责）

4. 构建利益联结机制

引导农业企业与小农户建立契约型、分红型、股权型等合作方式，把利益分配重点向产业链上游倾斜，促进农民持续增收。完善农业股份合作制企业利润分配机制，推广"订单收购+分红""农民入股+保底收益+按股分红"等模式。开展土地经营权入股从事农业产业化经营试点。（农业农村部、国家发展改革委等负责）

（四）推进质量兴农绿色兴农，增强乡村产业持续增长力

1. 健全绿色质量标准体系

实施国家质量兴农战略规划，制修订农业投入品、农产品加工业、农村新业态等方面的国家和行业标准，建立统一的绿色农产品市场准入标准。积极参与国际标准制修订，推进农产品认证结果互认。引导和鼓励农业企业获得国际通行的农产品认证，拓展国际市场。（农业农村部、市场监管总局等负责）

2. 大力推进标准化生产

引导各类农业经营主体建设标准化生产基地，在国家农产品质量安全县整县推进全程标准化生产。加强化肥、农药、兽药及饲料质量安全管理，推进废旧地膜和包装废弃物等回收处理，推行水产健康养殖。加快建立农产品质量分级及产地准出、市场准入制度，实现从田间到餐桌的全产业链监管。（农业农村部、生态环境部、市场监管总局等负责）

3. 培育提升农业品牌

实施农业品牌提升行动，建立农业品牌目录制度，加强农产品地理标志管理和农业品牌保护。鼓励地方培育品质优良、特色鲜明的区域公用品牌，

引导企业与农户等共创企业品牌，培育一批"土字号""乡字号"产品品牌。（农业农村部、商务部、国家知识产权局等负责）

4.强化资源保护利用

大力发展节地节能节水等资源节约型产业。建设农业绿色发展先行区。国家明令淘汰的落后产能、列入国家禁止类产业目录的、污染环境的项目，不得进入乡村。推进种养循环一体化，支持秸秆和畜禽粪污资源化利用。推进加工副产物综合利用。（国家发展改革委、工业和信息化部、自然资源部、生态环境部、水利部、农业农村部等负责）

（五）推动创新创业升级，增强乡村产业发展新动能

1.强化科技创新引领

大力培育乡村产业创新主体。建设国家农业高新技术产业示范区和国家农业科技园区。建立产学研用协同创新机制，联合攻克一批农业领域关键技术。支持种业育繁推一体化，培育一批竞争力强的大型种业企业集团。建设一批农产品加工技术集成基地。创新公益性农技推广服务方式。（科技部、农业农村部等负责）

2.促进农村创新创业

实施乡村就业创业促进行动，引导农民工、大中专毕业生、退役军人、科技人员等返乡入乡人员和"田秀才""土专家""乡创客"创新创业。创建农村创新创业和孵化实训基地，加强乡村工匠、文化能人、手工艺人和经营管理人才等创新创业主体培训，提高创业技能。（农业农村部、国家发展改革委、教育部、人力资源社会保障部、退役军人部、共青团中央、全国妇联等负责）

（六）完善政策措施，优化乡村产业发展环境

1.健全财政投入机制

加强一般公共预算投入保障，提高土地出让收入用于农业农村的比例，支持乡村产业振兴。新增耕地指标和城乡建设用地增减挂钩节余指标跨省域调剂收益，全部用于巩固拓展脱贫攻坚成果和支持乡村振兴。鼓励有条件的地方按市场化方式设立乡村产业发展基金，重点用于乡村产业技术创新。鼓励地方按规定对吸纳贫困家庭劳动力、农村残疾人就业的农业企业给予相关补贴，落实相关税收优惠政策。（财政部、自然资源部、农业农村部、税务

总局、国家乡村振兴局等负责）

2. 创新乡村金融服务

引导县域金融机构将吸收的存款主要用于当地，重点支持乡村产业。支持小微企业融资优惠政策适用于乡村产业和农村创新创业。发挥全国农业信贷担保体系作用，鼓励地方通过实施担保费用补助、业务奖补等方式支持乡村产业贷款担保，拓宽担保物范围。允许权属清晰的农村承包土地经营权、农业设施、农机具等依法抵押贷款。加大乡村产业项目融资担保力度。支持地方政府发行一般债券用于支持乡村振兴领域的纯公益性项目建设。鼓励地方政府发行项目融资和收益自平衡的专项债券，支持符合条件、有一定收益的乡村公益性项目建设。规范地方政府举债融资行为，不得借乡村振兴之名违法违规变相举债。支持符合条件的农业企业上市融资。（人民银行、财政部、农业农村部、银保监会、证监会等负责）

3. 有序引导工商资本下乡

坚持互惠互利，优化营商环境，引导工商资本到乡村投资兴办农民参与度高、受益面广的乡村产业，支持发展适合规模化集约化经营的种养业。支持企业到贫困地区和其他经济欠发达地区吸纳农民就业、开展职业培训和就业服务等。工商资本进入乡村，要依法依规开发利用农业农村资源，不得违规占用耕地从事非农产业，不能侵害农民财产权益。（农业农村部、国家发展改革委等负责）

4. 完善用地保障政策

耕地占补平衡以县域自行平衡为主，在安排土地利用年度计划时，加大对乡村产业发展用地的倾斜支持力度。探索针对乡村产业的省市县联动"点供"用地。推动制修订相关法律法规，完善配套制度，开展农村集体经营性建设用地入市改革，增加乡村产业用地供给。有序开展县域乡村闲置集体建设用地、闲置宅基地、村庄空闲地、厂矿废弃地、道路改线废弃地、农业生产与村庄建设复合用地及"四荒地"（荒山、荒沟、荒丘、荒滩）等土地综合整治，盘活建设用地重点用于乡村新产业新业态和返乡入乡创新创业。完善设施农业用地管理办法。（自然资源部、农业农村部、司法部、国家林草局等负责）

5. 健全人才保障机制

各类创业扶持政策向农业农村领域延伸覆盖，引导各类人才到乡村兴办产业。加大农民技能培训力度，支持职业学校扩大农村招生。深化农业系列职称制度改革，开展面向农技推广人员的评审。支持科技人员以科技成果入股农业企业，建立健全科研人员校企、院企共建双聘机制，实行股权分红等激励措施。实施乡村振兴青春建功行动。（科技部、教育部、人力资源社会保障部、农业农村部、退役军人部、共青团中央、全国妇联等负责）

（七）强化组织保障，确保乡村产业振兴落地见效

1. 加强统筹协调

各地要落实五级书记抓乡村振兴的工作要求，把乡村产业振兴作为重要任务，摆上突出位置。建立农业农村部门牵头抓总、相关部门协同配合、社会力量积极支持、农民群众广泛参与的推进机制。（农业农村部牵头负责）

2. 强化指导服务

深化"放管服"改革，发挥各类服务机构作用，为从事乡村产业的各类经营主体提供高效便捷服务。完善乡村产业监测体系，研究开展农村一二三产业融合发展情况统计。（农业农村部、国家统计局等负责）

3. 营造良好氛围

宣传推介乡村产业发展鲜活经验，推广一批农民合作社、家庭农场和农村创新创业典型案例。弘扬企业家精神和工匠精神，倡导诚信守法，营造崇尚创新、鼓励创业的良好环境。（农业农村部、广电总局等负责）

第三节　推进乡村人才振兴

乡村振兴，关键在人。长期以来，乡村中青年、优质人才持续外流，人才总量不足、结构失衡、素质偏低、老龄化严重等问题较为突出，乡村人才总体发展水平与乡村振兴的要求之间还存在较大差距。进入新发展阶段，全面推进乡村振兴，加快农业农村现代化，乡村人才供求矛盾将更加凸显[①]。中共中央办公厅、国务院办公厅于2021年2月印发了《关于加快推进乡村人才振兴的意见》，并要求各地区各部门结合实际认真贯彻落实。《意见》明确目

---

① 加快培养一支懂农业、爱农村、爱农民的"三农"工作队伍[EB/OL].（2021-02-24）[2024-07-06]. https://baijiahao.baidu.com/s?id=1692524276780949585&wfr=spider&for=pc.

标任务：到2025年，乡村人才振兴制度框架和政策体系基本形成，乡村振兴各领域人才规模不断壮大、素质稳步提升、结构持续优化，各类人才支持服务乡村格局基本形成，乡村人才初步满足实施乡村振兴战略基本需要[①]。

一、乡村人才振兴的意义

（一）有助于推动强化乡村人才振兴政策的系统集成

乡村人才振兴，需要有相关政策的加持，因此，必须尽快建立健全乡村人才培养、引进、管理、使用、流动、激励等一整套系统完备的政策体系，强化乡村人才振兴的政策保障。

（二）有助于推动形成乡村人才振兴的工作合力

乡村振兴不是一盘散沙，乡村人才振兴更需要通盘考虑，这就要求政府部门将分散在不同部门、不同行业的乡村人才进行统筹部署，进一步完善组织领导、统筹协调、各负其责、合力推进的工作机制，以更大力度推进乡村人才振兴。

（三）有助于推动强化全面推进乡村振兴的人才支撑

通过加强乡村人力资本开发，促进各类人才投身乡村振兴，为全面推进乡村振兴、加快农业农村现代化提供强有力的人才支撑。例如，海南省为确保乡村振兴工作队"下得去、融得进、干得好"，采用"三强化三精准"对策，即强化工作统筹，精准选训过硬队伍；强化管理监督，精准发挥帮扶作用；强化激励关爱，精准解决后顾之忧。

（四）解决农村人口流失问题

随着城市化进程加快，越来越多的年轻人涌向城市谋求发展机会，导致农村劳动力短缺。乡村人才振兴可以吸引更多有能力、有素质、有追求的年轻人回归家乡，在当地创业、就业，带动本土经济发展。

[①] 中共中央办公厅　国务院办公厅印发《关于加快推进乡村人才振兴的意见》[EB/OL].（2021-02-23）[2024-07-06]. https://www.gov.cn/gongbao/content/2021/content_5591402.htm.

（五）推动农业现代化和产业升级

通过引进高端技术和先进管理模式，培育高素质农民和优秀企业家，推动传统农业向现代化转型，并逐步形成以科技创新为支撑的一二三产业融合发展的新格局。

（六）促进区域平衡发展

实施乡村人才振兴战略可使得经济社会资源重新分配，并改变过去由于地理位置限制所导致的不均衡状态。这将促使全国范围内城镇与乡村之间具备较强互补性、提高区域整体竞争力。

（七）增强文化自信心

中国是一个拥有悠久历史文化底蕴且文明灿烂辉煌的大国，实施乡村振兴战略既可保护和传承中华优秀传统文化，也可以提高广大群众对中华民族文明自身价值的认同感，增强自己对祖国美好未来的信心与勇气。

二、乡村人才培育路径

（一）突出抓好家庭农场经营者、农民合作社带头人的培育

深入推进家庭农场经营者培养，完善项目支持、生产指导、质量管理、对接市场等服务。建立农民合作社带头人人才库，加强对农民合作社骨干的培训。鼓励农民工、高校毕业生、退役军人、科技人员、农村实用人才等创办领办家庭农场、农民合作社。鼓励有条件的地方支持农民合作社聘请农业经理人。鼓励家庭农场经营者、农民合作社带头人参加职称评审、技能等级认定。

（二）培育农村创业创新带头人

深入实施农村创业创新带头人培育行动，不断改善农村创业创新生态，稳妥引导金融机构开发农村创业创新金融产品和服务方式，加快建设农村创业创新孵化实训基地，组建农村创业创新导师队伍。壮大新一代乡村企业家队伍，通过专题培训、实践锻炼、学习交流等方式，完善乡村企业家培训体系，完善涉农企业人才激励机制，加强对乡村企业家合法权益的保护。

1. 加强农村电商人才培育

提升电子商务进农村效果,开展电商专家下乡活动。依托全国电子商务公共服务平台,加快建立农村电商人才培养载体及师资、标准、认证体系,开展线上线下相结合的多层次人才培训。

2. 培育乡村工匠

挖掘培养乡村手工业者、传统艺人,通过设立名师工作室、大师传习所等,传承发展传统技艺。鼓励高等学校、职业院校开展传统技艺传承人教育。在传统技艺人才聚集地设立工作站,开展研习培训、示范引导、品牌培育。支持鼓励传统技艺人才创办特色企业,带动发展乡村特色手工业。

3. 打造农民工劳务输出品牌

实施劳务输出品牌计划,围绕地方特色劳务群体,建立技能培训体系和评价体系,完善创业扶持、品牌培育政策,通过完善行业标准、建设专家工作室、邀请专家授课、举办技能比赛等途径,普遍提升从业者职业技能,提高劳务输出的组织化、专业化、标准化水平,培育一批"叫得响"的农民工劳务输出品牌。

(三)乡村公共服务人才

加快培育乡村公共服务人才,需从乡村教师队伍、卫生健康人才队伍、文化旅游体育人才队伍、规划建设人才队伍方面入手。

1. 加强乡村教师队伍建设

落实城乡统一的中小学教职工编制标准。继续实施革命老区、民族地区、边疆地区人才支持计划,教师专项计划和银龄讲学计划。加大乡村骨干教师培养力度,精准培养本土化优秀教师。改革完善"国培计划",深入推进"互联网+义务教育",健全乡村教师发展体系。对长期在乡村学校任教的教师,职称评审可按规定"定向评价、定向使用",高级岗位实行总量控制、比例单列,可不受所在学校岗位结构比例限制。落实好乡村教师生活补助政策,加强乡村学校教师周转宿舍建设,按规定将符合条件的乡村教师纳入当地住房保障范围。

2. 加强乡村卫生健康人才队伍建设

按照服务人口1‰左右的比例,以县为单位每5年动态调整乡镇卫生院人员编制总量,允许编制在县域内统筹使用,用好用足空余编制。推进乡村基层医疗卫生机构公开招聘,艰苦边远地区县级及基层医疗卫生机构可根据情况适当放宽学历、年龄等招聘条件，对急需紧缺卫生健康专业人才可以采取面试、直接考察等方式公开招聘。乡镇卫生院应至少配备1名公共卫生医师。深入实施全科医生特岗计划、农村订单定向医学生免费培养和助理全科医生培训，支持城市二级及以上医院在职或退休医师到乡村基层医疗卫生机构多点执业，开办乡村诊所，充实乡村卫生健康人才队伍。完善乡村基层卫生健康人才激励机制，落实职称晋升和倾斜政策，优化乡镇医疗卫生机构岗位设置，按照政策合理核定乡村基层医疗卫生机构绩效工资总量和水平。优化乡村基层卫生健康人才能力提升培训项目，加强在岗培训和继续教育。落实乡村医生各项补助，逐步提高乡村医生收入待遇，做好乡村医生参加基本养老保险工作，深入推进乡村全科执业助理医师资格考试，推动乡村医生向执业（助理）医师转化，引导医学专业高校毕业生免试申请乡村医生执业注册。鼓励免费定向培养一批源于本乡本土的大学生乡村医生，多途径培养培训乡村卫生健康工作队伍，改善乡村卫生服务和治理水平。

3. 加强乡村文化旅游体育人才队伍建设

推动文化旅游体育人才下乡服务，重点向革命老区、民族地区、边疆地区倾斜。完善文化和旅游、广播电视、网络视听等专业人才扶持政策，培养一批乡村文艺社团、创作团队、文化志愿者、非遗传承人和乡村旅游示范者。鼓励运动员、教练员、体育专业师生、体育科研人员参与乡村体育指导志愿服务。

4. 加强乡村规划建设人才队伍建设

支持熟悉乡村的首席规划师、乡村规划师、建筑师、设计师及团队参与村庄规划设计、特色景观制作、人文风貌引导，提高设计建设水平，塑造乡村特色风貌。统筹推进城乡基础设施建设管护人才互通共享，搭建服务平台，畅通交流机制。实施乡村本土建设人才培育工程，加强乡村建设工匠培训和管理，培育修路工、水利员、改厕专家、农村住房建设辅导员等专业人员，提升农村环境治理、基础设施及农村住房建设管护水平。

（四）乡村治理人才

加快培养乡村治理人才，需从乡镇党政人才、村党组织带头人、"一村一名大学生"计划、社会工作人才、经营管理人才、法律人才六个方面加强。

1. 加强乡镇党政人才队伍建设

选优配强乡镇领导班子特别是乡镇党委书记，健全从乡镇事业人员、优秀村党组织书记、到村任职过的选调生、驻村第一书记、驻村工作队员中选拔乡镇领导干部常态化机制。实行乡镇编制专编专用，明确乡镇新录用公务员在乡镇最低服务年限，规范从乡镇借调工作人员。落实乡镇工作补贴和艰苦边远地区津贴政策，确保乡镇机关工作人员收入高于县直机关同职级人员。落实艰苦边远地区乡镇公务员考录政策，适当降低门槛和开考比例，允许县乡两级拿出一定数量的职位面向高校毕业生、退役军人等具有本地户籍或在本地长期生活工作的人员招考。

2. 推动村党组织带头人队伍整体优化提升

坚持把政治标准放在首位，选拔思想政治素质好、道德品行好、带富能力强、协调能力强，公道正派、廉洁自律，热心为群众服务的党员担任村党组织书记。注重从本村致富能手、外出务工经商返乡人员、本乡本土大学毕业生、退役军人中的党员里培养选拔村党组织书记。对本村暂时没有党组织书记合适人选的，可从上级机关、企事业单位优秀党员干部中选派，有条件的地方也可以探索跨村任职。全面落实村党组织书记县级党委组织部门备案管理制度和村"两委"成员资格联审机制，实行村"两委"成员近亲属回避，净化、优化村干部队伍。加大从优秀村党组织书记中考录乡镇公务员、招聘乡镇事业编制人员力度。县级党委每年至少对村党组织书记培训1次，支持村干部和农民参加学历教育。坚持和完善向重点乡村选派驻村第一书记和工作队制度。

3. 落实"一村一名大学生"培育计划

鼓励各地遴选一批高等职业学校，按照有关规定，根据乡村振兴需求开设涉农专业，支持村干部、新型农业经营主体带头人、退役军人、返乡创业农民工等，采取在校学习、弹性学制、农学交替、送教下乡等方式，就地就近接受职业高等教育，培养一批在乡大学生、乡村治理人才。进一步加强选调生到村任职、履行大学生村官有关职责、按照大学生村官管理工作，落实选调生一般应占本年度公务员考录计划10%左右的规模要求。鼓励各地多渠道招录大学毕业生到村工作。扩大高校毕业生"三支一扶"计划招募规模。

4. 加强农村社会工作人才队伍建设

加快推动乡镇社会工作服务站建设，加大政府购买服务力度，吸引社会工作人才提供专业服务，大力培育社会工作服务类社会组织。加大本土社会工作专业人才培养力度，鼓励村干部、年轻党员等参加社会工作职业资格评价和各类教育培训。持续实施革命老区、民族地区、边疆地区社会工作专业人才支持计划。加强乡村儿童关爱服务人才队伍建设。通过项目奖补、税收减免等方式引导高校毕业生、退役军人、返乡入乡人员参与社区服务。

5. 加强农村经营管理人才队伍建设

依法依规划分农村经营管理的行政职责和事业职责，建立健全职责目录清单。采取招录、调剂、聘用等方式，通过安排专兼职人员等途径，充实农村经营管理队伍，确保事有人干、责有人负。加强业务培训，力争3年内轮训一遍。加强农村土地承包经营纠纷调解仲裁人才队伍建设，鼓励各地探索建立仲裁员等级评价制度。将农村合作组织管理专业纳入农业技术人员职称评审范围，完善评价标准。加强农村集体经济组织人才培养，完善激励机制。

6. 加强农村法律人才队伍建设

加强农业综合行政执法人才队伍建设，加大执法人员培训力度，完善工资待遇和职业保障政策，培养通专结合、一专多能执法人才。推动公共法律服务力量下沉，通过招录、聘用、政府购买服务、发展志愿者队伍等方式，充实乡镇司法所公共法律服务人才队伍，加强乡村法律服务人才培训。以村干部、村妇联执委、人民调解员、网格员、村民小组长、退役军人等为重点，加快培育"法律明白人"。培育农村学法用法示范户，构建农业综合行政执法人员与农村学法用法示范户的密切联结机制。提高乡村人民调解员队伍专业化水平，有序推进在农村"五老"人员中选聘人民调解员。完善和落实"一村一法律顾问"制度。

（五）农业农村科技人才

加快培养农业农村科技人才，需从培养高科技领军人才、创新人才、推广人才三方面着手，同时发展壮大科技特派员队伍。

1. 培养农业农村高科技领军人才

国家重大人才工程、人才专项优先支持农业农村领域，推进农业农村科研杰出人才培养，鼓励各地实施农业农村领域"引才计划"，加快培育一批高科技领军人才和团队。加强优秀青年后备人才培养，突出服务基层导向。支持高科技领军人才按照有关政策在国家农业高新技术产业示范区、农业科技园区等落户。

2. 培养农业农村科技创新人才

依托现代农业产业技术体系、农业科技创新联盟、现代农业产业科技创新中心等平台，发现人才、培育人才、凝聚人才。加强农业企业科技人才培养。健全农业农村科研立项、成果评价、成果转化机制，完善科技人员兼职兼薪、分享股权期权、领办创办企业、成果权益分配等激励办法。

3. 培养农业农村科技推广人才

推进农技推广体系改革创新，完善公益性和经营性农技推广融合发展机制，允许提供增值服务合理取酬。全面实施农技推广服务特聘计划。深化农技人员职称制度改革，突出业绩水平和实际贡献，向服务基层一线人才倾斜，实行农业农村科技推广人才差异化分类考核。实施基层农技人员素质提升工程，重点培训年轻骨干农技人员。建立健全农产品质量安全协管员、信息员队伍。鼓励地方对"土专家""田秀才""乡创客"发放补贴。开展"寻找最美农技员"活动。引导科研院所、高等学校开展专家服务基层活动，推广"科技小院"等培养模式，派驻研究生深入农村开展实用技术研究和推广服务工作。

4. 发展壮大科技特派员队伍

坚持政府选派、市场选择、志愿参加原则，完善科技特派员工作机制，拓宽科技特派员来源渠道，逐步实现各级科技特派员科技服务和创业带动全覆盖。完善优化科技特派员扶持激励政策，持续加大对科技特派员工作支持力度，推广利益共同体模式，支持科技特派员领办创办协办农民合作社、专业技术协会和农业企业。

第四节 推进乡村文化振兴

乡村文化振兴是乡村振兴的重要内容和有力支撑，乡村振兴离不开文化的繁荣兴盛。推动乡村振兴，不仅要塑形，也要铸魂，不断丰富人民精神世界、增强人民精神力量，更好培育文明乡风、良好家风、淳朴民风，提高乡村社会文明程度，焕发乡村文明新气象。

一、乡村文化振兴的意义

乡村文化是传统文化的家园，是村民在农业生产与生活实践中逐步形成并发展起来的道德情感、社会心理、风俗习惯、是非标准、行为方式、理想追求等，表现为民俗民风、物质生活与行动章法等，以言传身教、潜移默化的方式影响人们，反映了村民的处事原则、人生理想以及对社会的认知模式等，是村民生活的主要组成部分，也是村民赖以生存的精神依托和意义所在。乡村文化兴则乡村兴，乡村文化强则农民强。

（一）保护乡村文化

乡村文化是中国文化的重要组成部分，既代表了中国传统文化的深厚底蕴，也承载着乡村人们生活的方式和民族精神。因此，保护乡村文化就是保护中华文化的一部分。

（二）激发农民的自豪感

农民是中国现代化进程中不可或缺的一部分，他们为国家作出了重要贡献，在这个过程中发扬了自己的文化。乡村文化振兴不仅可以激发农民的自豪感，也可以增强他们的文化认同感，帮助他们更好地走上现代化的道路。

（三）推动乡村经济发展

乡村经济是中国经济的重要组成部分，乡村文化的振兴有利于推动乡村经济的快速发展。通过开展各种乡村文化旅游项目、乡村文化产品销售等方式，为农民增加收入，带动乡村经济的腾飞。

二、乡村文化振兴的路径[①]

（一）挖掘乡村文化资源

我国地大物博、历史悠久，孕育了丰富多彩的文化。广大乡村蕴藏着充满特色风情的文化资源。就物质文化层面而言，乡村有着大量文物古迹、传统村落、民族村寨、传统建筑、农业遗迹、灌溉工程遗产以及自然风光、田

---

① 丛志强，赵宏伊. 推动乡村文化振兴[EB/OL].（2023-02-21）[2024-07-06]. http://m.gmw.cn/baijia/2023-02-21/36380695.html。

园景观等；从非物质文化层面来说，乡村的民族节庆、传统民俗、戏曲曲艺等文化资源也十分丰富。我们要深入挖掘乡村文化中蕴含的优秀思想观念、人文精神、道德规范，充分发挥其在凝聚人心、教化群众、淳化民风中的重要作用。同时，要因地制宜，立足乡村实际，把乡村文化与现代文明要素、农村农民发展需求等结合起来，汲取城市文明及其他文化优秀成果，在保护传承的基础上推动优秀传统乡村文化创造性转化、创新性发展，不断赋予其新的时代内涵、丰富表现形式，释放乡村文化的内在魅力，丰富农民精神文化生活，引领乡村风尚向上向美向善，使乡村振兴的内生动力更加强劲。

（二）培育乡村文化人才

推动乡村文化振兴，关键在人。农民是乡村振兴的主体，也是乡村文化创造和实践的主体。要充分尊重农民意愿，加强对乡村本土文化人才的培育。一方面，打造以普通高等学校、职业学校、研究机构、文化企业等为依托的文化培训基地，着力提升农民的人文素养和审美水平。另一方面，引导文化工作者、文化志愿者、艺术类专业师生等深入乡村对接帮扶。专业人员可依托农民掌握的具有潜在价值的文化资源，从作品创作、技能展演、场景构建、活动开展、研学组织、服务提升等方面，帮助农民进行多维度、系统化的创新应用，切实调动农民的积极性、主动性和创造性。在这个过程中，专业人员要明确角色定位，重引导而非主导、重培育而非代替。探索建立"在地驻村"与"云驻村"相结合的工作机制，持续培育乡村本土文化人才。同时，健全引才机制，营造良好环境，吸引和保障文化从业者、相关院校毕业生等为乡村文化振兴贡献力量。

（三）发展乡村文化产业

文化产业是集智力、创意、人才等于一体的产业。发展文化产业有助于发挥文化赋能作用，助力乡村振兴。各地文化资源禀赋不同，以文化产业赋能乡村人文资源和自然资源的保护利用，需要突出地方特色和产业特点，促进一二三产业融合发展，激发优秀传统乡村文化活力，培育乡村发展新动能。例如，手工艺资源丰富的乡村，可以加强民族优秀传统手工艺保护和传承，鼓励非物质文化遗产传承人、艺术家等走进乡村，带动农民结合实际，运用现代创意设计、科技手段和时尚元素开展手工艺创作生产，通过多种渠道和形式进行品牌合作，推动手工艺特色化、品牌化发展，提升经济附加值。人文底蕴深厚的乡村，可以将更多美术、艺术元素应用到乡村建设中，创办特色书店、剧场、博物馆、美术馆、文创馆等，让欣赏美、追求美、塑造美成为乡村文明新风尚。生态秀美的乡村，可以通过以文塑旅、以旅彰文，开发适合大众康养、休闲、体验的文旅产品，推动创意设计、演出等与乡村旅游深度融合，培育文旅融合新业态新模式。

（四）鼓励文化交流与合作

文化因交流而多彩，因互鉴而丰富，文化的交流与合作会带来创造性的思维和可持续发展，在乡村文化振兴过程中，不可忽视与其他地区的文化交流与合作，借鉴其他地区的经验和技术，推动乡村文化的创新发展。如举办特色文化论坛、艺术展览，建立乡村文化网站、微信公众号等网络平台进行传播与交流。

（五）建设制度落实政策

在乡村文化振兴的过程中，各地应以制度效力增强治理效能，以推进文化制度建设为着力点，借助法治教育、常态化运行等路径实施乡村文化振兴，建立乡村制度文化体系。

夯实乡村法治文化建设基础。必须以形成优良乡村法治文化为前提条件，确保制度的权威性，不让制度高开低走、沦为"稻草人"，为乡村文化建设提供制度保障。广大乡村地区应通过丰富多样的法治文化活动，形成学法、遵法、守法的浓厚气氛。

建立常态化运行机制。在党领导下的乡村文化振兴实践探索中，必然会达成大大小小的乡村文化建设短期目标，取得阶段性成就。同时，乡村文化振兴又是一项久久为功的长远战略，其中，政府宏观规划是科学引领，基层干部模范先行是组织保障，农民自觉践行是行动基础。必须构建政府、基层干部和村民成体系的持续良性互动，将短期目标与长期目标紧密结合，建立乡村文化建设的常态化运行机制。

乡村文化振兴，需要各方通力合作，不仅需要政府的支持，社会组织的帮助，更需要广大村民自身的积极参与。

第五节　推进生态振兴

生态振兴是乡村振兴的重要支撑。乡村生态系统由自然生态、经济生态和社会生态三部分组成，是一个复合系统，是生态形式的一个综合体。其中，自然生态系统是人类生存的基础条件，指的是存在于自然界中的天然资源和环境状态，比如土地、大气、水源、生物等，它们的总和构成了自然界完整循环的天然系统。经济生态系统指的是能源的转化途径、资源的利用情况、生产方式的模式、生产的效益和生产的效率与如何进行生产等，经济生态与人类生活息息相关，它直接反映了人类的生活质量和水平。社会生态系统包括个人、集体和人与人传递交换的信息、创造的文化等内容，在乡村系统里表现为村部落、集镇、村组织、村镇文化等。乡村生态能否振兴，其落脚点在于自然生态系统、人与自然关系能否和谐统一。乡村振兴，生态宜居是关键，良好的生态环境是农村最大优势和宝贵财富。要走乡村绿色发展之路，让良好生态成为乡村振兴支撑点。

一、乡村生态振兴的意义

生态振兴不但是农村生态保护的现实需要，也是实现乡村全面振兴的现实需要。乡村生态振兴的意义主要体现在以下几个方面。

（一）保护环境

乡村生态振兴能够促进农村地区的环境保护和生态修复。通过推动绿色农业、生态农业的发展，减少化肥农药的使用，提高土壤质量和农田生态系统的健康状况，保护水资源和森林资源，减少环境污染和生态破坏，实现可持续发展。

（二）增加农民收入

乡村生态振兴能够提高农民的收入水平。通过发展生态农业、乡村旅游等绿色产业，提供更多的就业机会和创业机会，增加农民的收入来源。同时，乡村生态振兴还能够提供更多的农产品和农副产品，满足城市居民对健康、安全食品的需求，进一步增加农民的收入。

（三）发展乡村社会

乡村生态振兴能够促进乡村社会发展的全面提升。通过改善农村基础设施建设，提供更好的教育、医疗、文化等公共服务，吸引更多的人才回归乡村，推动农村人居环境的改善，提高乡村居民的生活质量，促进乡村社会的繁荣和发展。

（四）保护传统文化和乡土特色

乡村生态振兴能够保护和传承乡土文化，留住乡愁，留住乡韵，让子孙后代感受到乡村的美丽与温暖。

总体而言，建设生态宜居乡村有助于实现社会公平正义，缩小城乡发展差距，逐步破解城乡二元结构，促进社会的和谐稳定。

二、乡村生态振兴举措

由于生态环境问题的累积性和复杂性，要全面实现乡村生态振兴，仍需通过全方位努力，科学选择可行路径并合理制定有效措施，稳扎稳打全面建设和务实推进。

华中农业大学农业绿色低碳发展实验室主任张俊飚在中国社会科学网发表的文章《探索乡村生态振兴新路径》一文中提到乡村生态振兴，一是要完善乡村生态振兴制度体系，二是要壮大农村生态产业，三是要建设美丽乡村生态环境[①]。

（一）完善乡村生态振兴制度体系

生态文明体制机制与制度体系建设是支撑乡村生态振兴的重要保障。围绕乡村宜居宜业这一核心任务，按照农业农村高质量发展的要求，必须从制度设计的顶层入手，做好乡村生态振兴的法律法规与政策体系建设工作。

1. 加快制定乡村生态振兴发展规划

依据各地实地情况，系统谋划包括农业生产和居民生活等在内的环境建设与生态振兴思路、目标、任务和步骤，科学设计具有前瞻性、指导性和可操作性的乡村生态振兴实施方案，明晰乡村生态振兴的施工图和路线表。例

---

① 张俊飚. 探索乡村生态振兴新路径[EB/OL].（2022-04-15）[2024-07-06]. https://baijiahao.baidu.com/s?id=1730153808371187711&wfr=spider&for=pc。

如，减少农业化学品投入、防控农业面源污染和建设农村生活垃圾收储转运处软硬件体系等，统筹规划山水林田湖草沙系统的环境整治工作，充分结合区域经济和农村社会发展特点，因地制宜编制并出台地方生态振兴发展规划和不同层次的生态环境建设实施方案，搭建乡村生态振兴"四梁八柱"（基本的主体框架），有序推进乡村生态振兴工作深入实施。

2. 切实完善乡村生态振兴制度体系

乡村生态资源与环境禀赋具有公共产品特性，也是农村最大优势和宝贵财富所在，是农民赖以生存与发展的物质基础。必须采取强有力的保障措施，构建完善的生态环境制度体系，确保乡村生态振兴有序推进。为此，根据制度功能特点，分门别类地制定和完善与乡村生态资源环境特性相吻合的制度体系，尤其需要在土地生态修复与质量保护、小流域小湖泊小池塘治理、化学农资包装废弃物回收、畜禽粪污循环利用、农村生活垃圾分类等方面，建立健全切实可行的制度规则，如约束性制度或激励性政策等。在此基础上，通过经济激励、法律惩戒、邻里监督和市场诱导等方式，建立完善的乡村生态振兴制度支持体系。

（二）壮大农村生态产业

乡村生态振兴是一个大系统，环节繁多、内容复杂，涉及农业农村生产和农村居民生活的方方面面。要推动乡村产业兴旺、生态宜居和生活富裕，就要培育和建设农村生态产业，在生态资源环境与经济社会发展的相互协调中，充分耦合"绿水青山"和"金山银山"的内在关系，务实做好农村生态与经济双重振兴的大文章。

1. 加大农村生态产品开发力度

生态环境是最普惠的民生福祉，生态产品是最富价值的高档产品，尤其是在生态资源日益短缺和人们不断追逐环境福利的情况下，保护生态环境就是保护生产力，改善生态环境就是发展生产力。从这一理念出发，就需要强化对农村生态环境的保护与资源开发，在产业生态化和生态产业化的有机互动中，促使环境保护与资源开发充分融合。例如，利用幽静的自然环境、清新的田园风光、多样的地容地貌、洁清的水气土壤等一系列良好的生态资源，加快生态元素与农业旅游、乡村休闲、健身康养等产业的有机融合，大力发展休闲采摘、旅游观光等生态产业，不断强化生态服务、开发生态产品和实现价值转化，切实拓展农村生态产业发展空间。

2. 扎实推进农业碳汇产业发展

农业具有多功能性，生态功能是农业多功能性的重要组成部分。在社会主义市场经济条件下，农业的生态功能亦可以物化成生态产品，通过市场机制来实现其经济价值。尤其是在全球气候变暖和应对全球气候挑战的背景下，更应关注农业的生态功能属性，切实服务于我国提出的"3060"双碳战略目标（2030年前碳达峰，2060年前碳中和）。基于植物的光合作用原理，在农业（主要指种植业、草业和林业）生产和植物生长过程中，形成了大量的碳汇物质，呈现出强大的碳汇功能，这就意味着农业在应对气候变化和推进双碳目标实现的过程中，将发挥重要的作用。为此，在未来的农业发展中，应充分利用市场机制等各种方式，推进和发展农业碳汇产业，不断增强农业生态功能，助推实现农业生态功能价值。

（三）建设美丽乡村生态环境

人居环境整治和美丽乡村建设是乡村生态振兴的重要内容。按照人与自然和谐统一的要求，切实补齐农村环境治理短板，加大农村"八乱"整治和生活污水治理，着力推进村容村貌整洁亮化，不断提升美丽乡村建设水平。

1. 强化美丽乡村硬件建设

在现代化社会里，生活宜居和宜居生活均需有强有力的物质条件支撑，需要合理导入并有效改良人们现有的生活方式和物质条件，尤其要引入现代物质要素、硬件条件和科技成果。如结合居家村落的地形地貌，因地制宜地实施和推进农村亮化、绿化、净化和硬化等工程建设，促使农村电网、路网、水网、排污管网、信息网络的互联互通，通过新建改建和完善升级等系列措施，为实现乡村宜居宜业和农民富裕富足奠定良好硬件基础。

2. 加大美丽乡村软件建设

在乡村生态振兴和美丽乡村建设中，农民是最广大、最根本和最直接的关联主体，他们的意识与观念、行为与习惯直接影响着美丽乡村建设效果，对乡村生态振兴的实现程度也具有至关重要的影响。必须从生态文明教育、绿色意识培养、行为习惯养成等角度出发，加大对美丽乡村的软件建设，通过文明素养和绿色理念内化方式，引导并激发广大农村群众以不同形式或在不同维度的不同环节上，积极主动地参与到乡村生态振兴工作中，促使共建共享乡村生态振兴和美丽乡村发展成果。例如，运用人们喜闻乐见的口号、标语、版画、戏曲、村规民约等各种"以文化人"的方式，将生态文明教育融入日常生活，进而构建资源节约、环境友好、生态保护的绿色理念，树立自觉践行绿色环保、低碳循环的生活方式，养成垃圾分类的良好习惯，摈弃乱建乱盖、乱排乱丢等不当行为，形成支撑美丽乡村建设、打造绿色整洁人居环境的文化氛围。

第六节　推进乡村组织振兴

组织振兴是保证乡村振兴的政治基础，是乡村振兴的保障条件。组织振兴就是要培养造就一批坚强的农村基层党组织和优秀的农村基层党组织书记，建立更加有效、充满活力的乡村治理新机制。只有建设好各层党组织的清风正气，履行好各级职责，贯彻落实好上级的指示精神，才能确保政令畅通，保证乡村振兴健康稳步推进。农村基层党组织就是实施乡村振兴战略的战斗堡垒。

一、乡村组织振兴的意义

组织振兴在乡村振兴中起着重要的作用并具有深远的意义。组织振兴是乡村振兴的"第一工程"，是新时代党领导农业农村工作的重大任务。

（一）组织协调

乡村振兴需要各方面的力量和资源的合作与协调。组织振兴可以帮助整合村庄内外的资源，协调各方利益，形成合力，推动乡村振兴战略的实施。

（二）规划与管理

组织振兴可以帮助制定和实施乡村振兴规划，明确发展目标和路径。通过建立有效的管理机制和制度，组织振兴能够提高决策效率，推动乡村资源的合理配置和有效利用。

（三）资金支持

组织振兴可以发挥筹措资金的作用，为乡村振兴提供资金支持。它可以帮助申请政府资金、引导社会资本投入，并协调各类金融机构提供贷款和融资服务，促进乡村经济的发展和产业升级。

（四）技术支持

组织振兴可以提供技术支持和专业指导，帮助乡村进行产业结构调整和创新发展。它可以组织培训和技术交流，引进先进技术和管理经验，提高乡村产业的竞争力和可持续发展能力。

（五）社会组织建设

组织振兴可以促进社会组织的发展和壮大，培育乡村居民自治意识和组织能力。通过建立合作社、农民合作社、乡村合作社等组织形式，组织振兴可以推动乡村居民的参与和主体地位，实现乡村治理的民主化和社会化。

总之，组织振兴在乡村振兴中具有重要的作用和意义。它可以协调各方力量、整合资源，推动乡村振兴的规划与管理，提供资金支持和技术指导，促进社会组织的建设，为乡村经济的发展和社会的进步提供有力支持。通过组织振兴，可以实现乡村的可持续发展和全面振兴。

二、乡村组织振兴的路径

乡村组织的振兴可以从夯实乡村组织振兴的人才基础、协调国家有效治理和乡村基层民主之间的关系三个方面下功夫[①]。

（一）夯实乡村组织振兴的人才基础

实现乡村组织振兴，人才是关键。为此必须重视人才要素的培育，避免乡村组织振兴成为无根之木、无源之水，要通过填补乡村人才的中空地带，并间接充实基层党组织的力量，提升基层党组织的整体战斗能力和战斗堡垒作用。

1. 消除城乡人才要素自由流动的瓶颈

限制人才要素自由流动的瓶颈包括制度瓶颈、市场瓶颈两方面，从制度瓶颈来看，要努力实现城乡人才劳动报酬的同等化，消除基于同一工作能力和工作量的城乡收入差距，注重同步提升政治待遇，要将提拔使用向一线

---

① 王韬钦. 乡村组织振兴的基本逻辑及实现路径探讨[J]. 岭南学刊，2019（2）：36-41。

倾斜，鼓励干部充实到一线战斗堡垒当中去。从市场瓶颈来看，要以推动要素跨界、跨城乡配置和产业深度融合为目标，将城乡人才要素的共享当作一二三产业深度融合的关键，探索农村产业融合的新模式，努力实现城乡经营主体在产业链上有序分工。要贯彻国家关于城乡融合发展的精神，彻底改变农村在多个要素方面补贴城市的不利局面，重塑城乡关系，激发农村内生动力与经济活力，变输血为造血，推动人才、土地、资本等要素在城乡之间双向流动，为乡村振兴注入新动能，做到同步升级、同步增值、同步受益。

2.科学严格管理城乡空间开发

努力实现城乡统一规划，严格管控城市资本下乡行为，杜绝在农村复制城市"粗放型、破坏性"发展模式，防止因乡村土地经济带来的新一轮人才要素挤出风波，坚持乡村人口资源环境、经济社会生态效益均衡协调发展。加强乡村经济发展功能片区的规划，着力打造符合现代农业发展需要的各类农业产业园、科技园、创业园，筑巢引凤，为人才进入农村提供优质的平台。要重点发掘乡村特色自然和人文资源，保留原始景观特色，注入时代感和现代感，适度构建便捷的生活圈、完善的服务圈、繁荣的商业圈，增加公共文化产品和服务供给，不断增强乡村对于人才的吸引力。

3.做好县域经济人才储备工作

要坚持党管乡村工作，把加强基层干部队伍建设作为抓基层打基础的重中之重，抓好乡村振兴带头人培育工程，根据《国家乡村振兴战略规划（2018—2022）》的精神，可以加大从本村致富能手、外出务工经商人员、本乡本土大学毕业生、复员退伍军人中培养选拔力度。同时，县乡一级政府都应该设立人才储备库，分类统计，动态掌握乡村组织振兴过程中队伍建设、经济建设所需的人才类型、数量缺口，以便从更大的层级进行宏观调配。

4.改变人才的评价导向

要求干部成长在基层，提拔在基层，将干部提拔使用指标向基层倾斜，鼓励涌现更多奉献为民、扎根基层的好干部。要突破编制的局限，不拘一格使用人才，既要用好体制内的、也好用好体制外的人才，以能力、道德和基层工作经历为导向，选拔乡村组织振兴的具体实施者。特别要把农村基层工作经历作为一个主要评价指标，将企业家、党政干部、专家学者、医生教师、规划师、建筑师、律师、技能人才是否具有下乡服务经历作为其获得特定资格的前置条件，将社会各方面人才充实到基层组织建设和其他乡村振兴工作当中来。

（二）努力协调国家有效治理和乡村基层民主之间的关系

乡村组织振兴过程中必须考虑的两个基本价值目标是国家有效治理和乡村基层民主，同时，实现这两个目标是乡村组织振兴的重要标志。要实现上述目标，必须认真做好基层民主建设、乡村法治建设、农村公有制经济三个方面的工作。

1. 用党管农村促进基层民主建设

农村群众自治性组织自成立之初就有诸多不规范的运作现象存在，如村务不公开，议事制度流于形式，许多农户长期不在家村集体讨论事项仍然可以表决通过，群众的知情权和决策权得不到保障，而由于农村自治性组织并非一级政府，很难接受外部监督。为此，可以发挥基层纪委监委对于村民委员会的联系和指导作用，通过村支两委交叉任职，实现党对于基层自治组织的全过程监督，体现国家治理精神，同时，健全村级监督体制机制，推行村级事务阳光工程，特别是要加强对村规民约合法性的审查，确保村民根本利益，将党管农村最积极有效的作用发挥出来，强化政党下乡的群众基础。

2. 做好乡村法治建设

不论是国家、政党，还是村民自治都必须在法律法规的框架下进行，要坚持以自治为基、以法治为本，提高农民法治素养，培育农村法治建设的土壤，形成乡村基层干部法治为民的基本理念，将政党下乡和村民自治纳入法治轨道。加强农村综合行政执法队伍建设，提高执法水平，建立健全乡村诉讼、调解以及仲裁保障，强化乡村法律援助志愿者队伍建设，切实维护村民利益，将矛盾化解在基层，消除乡村固有的宗法、人情文化土壤。提高法律及民主决策机制的权威，切忌以党言代国法，以一把手发言代替集体决策。此外，既要强化党管农村的属性，也要划清党政之间的必要界限。

3. 大力发展农村公有制经济

发展公有制经济是一个永恒的命题，也是一个公平与效率的问题，国家治理与基层民主的博弈折射出来的也是这个问题，集体经济较能人经济的决策效率较低，但能很好地保障民众的民主权力，因此，要对公有制经济与私人经济之间的界限有一个更为清晰的认识。能人经济由于带头人前期投入多，在组织中具有绝对的权威和说服力，更像经济组织中的"家长"。故其相对于公有制经济而言，更接近于私人经济的文化模式，能人经济的地位越高，个人的作用越突出，集体的作用将越削弱，国家有效治理和基层民主也越受挑战。因此,应努力朝着发挥集体智慧的道路前进,在发展能人经济的同时,更要大力增强公有制经济、政治成分的地位,发挥村民委员会、农村集体经济组织、农村合作经济组织的主体作用。同时,也只有在公有制经济为主体的大环境下运行,乡村组织振兴才有可依附的载体,应在设立耕地红线的同时,进一步设立农村公有制红线,确保农村发展路线不走偏。

(三)实现乡村组织振兴的有序推进

乡村组织振兴不可一蹴而就,因为其是通过人才振兴传递到组织进而影响产业振兴的,其在乡村振兴中居于核心地位和枢纽地位,也处于基础性地位,这就要求我们认清以下三个方面。

1. 不要超越发展阶段

充分认识乡村振兴任务的长期性、艰巨性,保持发展的耐心,政绩型的、"短平快"的急于求成模式不适宜于乡村组织振兴建设,务必做到"功不必在当代",要遵循人才和组织的发展规律,促进农民主体、市场要素资源、城乡政策共同发力,避免完全由行政决策代替农民选择发展道路,以培育乡村组织的内在运行机制为目标,激发乡村组织活力。

2. 不搞齐步走

在人才和教育资源分布不均衡的情况下,落后地区不应盲目在组织振兴上赶超发达地区,教育资源普及程度高的区域其组织振兴成功的概率必然大于教育资源匮乏的区域,组织振兴要解决的任务十分艰巨,要协调国家有效治理和基层民主的关系,更要推进法治建设。正如容忍经济发展不搞齐步走一样,组织振兴也应有适当的容忍度,要在东部沿海发达地区、集体经济民主政治基础较好的地区、人口净流入的城郊地区率先一步开展组织振兴的典型培育工作,发挥好典型引路作用,逐步实现人才区域均衡化,梯次有序地推进组织振兴。

3. 要统筹监督管理

要加强乡村组织振兴评价的指标统计工作,建立规划实施督促检查机制,适时开展规划中期评估和总结评估。要整合乡村振兴约束性指标,减少对于乡村振兴不必要的重复巡视检查,以免影响基层的工作效率,切实为基层减负。要研发乡村组织管理的信息化高效平台和通道,使国家重大政策、重要任务能够即时传达至最基层,并提高考核效率,探索研究农民手机网络视频投票的制度和程序,确保农民决策权和投票权的落实。

第二章 高素质农民的历史使命

【内容提要】

高素质农民是我国在实施乡村振兴战略背景下,为乡村人才提供基础支撑、全面提升农民素质而提出来的。本章通过探讨高素质农民的历史演化,明晰其内涵特征,从而明确其历史使命,承担其在乡村振兴战略实施中的主体责任,为高素质农民自身提升、发展提供内在动力。

【思维导图】

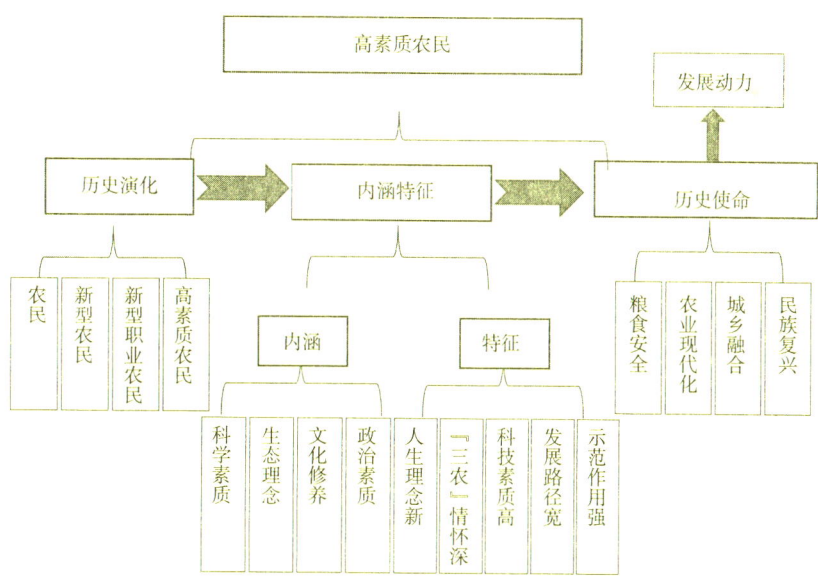

党的十九大提出实施乡村振兴战略,是以习近平同志为核心的党中央着眼党和国家事业全局,深刻把握现代化建设规律和城乡关系变化特征,顺应

亿万农民对美好生活的向往，对"三农"工作作出的重大决策部署，是决胜全面建成小康社会、全面建设社会主义现代化国家的重大历史任务。乡村振兴，关键在人。《中国共产党农村工作条例》第二十一条在关于农村人才队伍建设里面提出，要培养一支有文化、懂技术、善经营、会管理的高素质农民队伍①，这是中国共产党尊重农民主体地位、推进乡村人才振兴的重要任务。要把任务落实好，就必须全面理解高素质农民这一概念的来龙去脉，把握其发生变化的内涵，才能明晰其历史使命，从而站在建成社会主义现代化强国、实现民族复兴大业高度，切实把高素质农民培育好、作用发挥好。

第一节　高素质农民的由来

我国作为传统的农业大国，农民的概念自古就有。儒家经典著作《谷梁传·成公元年》："古者有四民。有士民，有农民，有商民，有工民。"范宁注："农民，播殖耕稼者。"②这里，是把农民作为从事农业生产活动的人。《现代汉语词典》③对农民的解释是"在农村从事农业生产的劳动者"，在传统农民的概念上，增加了地域限制。在中华民族上下五千多年的历史长河中，农民扮演了非常重要的角色。

一、"农民"的概念探源

在探讨农民职业化问题之前，有必要先认清农民的含义。在我国春秋战国时期，随着奴隶制的瓦解，封建制开始形成，"农民"作为一个重要的社会阶级出现在历史舞台上。在封建社会，农民阶级虽然处于被统治地位，但从社会地位上看，农民阶级从一开始所处的社会地位是比较高的，在"士、农、工、商"中排在第二位。无论是过去的历史演变与朝代更替还是近代的

---

① 中共中央印发《中国共产党农村工作条例》[EB/OL].（2019-09-01）[2023-09-19]. http://www.gov.cn/zhengce/2019-09/01/content_5426319.htm。
② 农民[EB/OL].（2014-03-17）[2024-07-08]. https://baike.baidu.com/item/%E5%86%9C%E6%B0%91/3843? fr=aladdin。
③ 中国社会科学院语言研究所词典编辑室.现代汉语词典[M].北京：商务印书馆，2012：955。

战争变革与当代的社会建设，农民阶级是社会变迁的主力军，发挥着中流砥柱的作用。但长期以来，学界对农民的界定并不统一，主要有三种观点：其一，是职业身份上的农民。这种界定立足于农民的群体特征和农业生产的基本属性，认为农民是从事农业生产的人。其二，是阶级形态上的农民。这种界定主要是从意识形态的角度对农民阶级进行深入研究。其三，是户籍制度上的农民，是对1958年户籍制度确立以后持农村户口的人的称谓。

目前，我国的"农民"仍然是户籍制度上的身份概念，而不是一个职业概念。身份性"农民"比重之庞大远远超过实际务农者的比重，说明我国社会的发展已经明显滞后于产业的发展。"农民"这一身份概念的长期存在证明我国经济中的城乡二元结构仍然没有被打破，显示出城市的工业、服务业和农村、农业之间的不协调关系，从而造成社会结构的不合理和社会阶层之间的不协调。"农民"身份的长期存在不利于我国区域经济的协调发展和各地经济发展不平衡局面的转变。

二、新型职业农民的提出及其内涵

（一）剩余劳动力转移培训——新型农民

2005年11月，农业部在《关于实施农村实用人才培养"百万中专生计划"的意见》（农人发〔2005〕11号）中提出，农村实用人才百万中专生培养计划培养对象是"具有初中（或相当于初中）及以上文化程度的职业农民"，首次在农业主管部门文件中提出职业农民的概念。2005年，党的十六届五中全会通过的《中共中央关于制定国民经济和社会发展第十一个五年规划的建议》指出，要培育有文化、懂技术、会经营的新型农民。2006年中央一号文件、2007年中央一号文件和党的十七大报告都沿用了"新型农民"这一说法。2006年中央一号文件《关于推进社会主义新农村建设的若干意见》指出，要加快发展农村社会事业，培养推进社会主义新农村建设的新型农民，大规模开展农村劳动力技能培训，培养造就有文化、懂技术、会经营的新型农民，是建设社会主义新农村的迫切需要。2007年中央一号文件《关于积极发展现代农业扎实推进社会主义新农村建设的若干意见》指出，要培养新型农民，造就建设现代农业的人才队伍，建设现代农业，最终要靠有文化、懂技术、会经营的新型农民。2007年10月，党的十七大报告提出，要发展农民专业合作组织，支持农业产业化经营和龙头企业发展。专业合作组织的建设需要培育有文化、懂技术、会经营的新型农民。在建设现代农业和新农村建设的历史时期，传统农民转向职业农民已是不可扭转的趋势。"新型农民"不仅被纳入新农村建设和建设现代农业的范畴，而且还被作为一种专门的人才而得到充分肯定，但是这一时期还没有把新型农民培育作为一项人才工程系统提出。

从对农民的培训培育方向上看，20世纪90年代到21世纪初，主要方向是提升农民素质、训练技能、促进就业、增加收入。从我国城乡发展的实际情况看，随着我国农村农业生产机械化、专业化的推进，农业劳动生产率得到了大幅提升。人多地少的国情，决定了我国农村出现了大量剩余劳动力。与此同时，我国城市规模不断扩张，工业化水平快速发展，建筑业、工厂商店、城市服务等需要大量的劳动力补充。这一阶段我国对于农民除了进行少量的涉及农业技术、农业标准的培训外，大量的培训主要以促进其进城务工就业、增加收入为目标，培训内容主要集中在城市生产生活所需要的劳动技能，通常被称作农村剩余劳动力转移培训。例如，2004—2006年实施的农村劳动力转移培训阳光工程，培训农村劳动力720万人，转移农村劳动力630万人[①]。农村劳动力的大量外出，对我国的农业生产，尤其是农业现代化产生了重要影响。

（二）农民职业化方向——新型职业农民

由于农民中大量最活跃、最有生机活力的新生代农民进城务工，留在农村的多是不愿意外出的妇女和没有条件接受城市教育的留守儿童及没有能力外出务工的留守老人，导致这一时期在农村从事农业生产的群体被戏称为"386199部队"（指妇女、儿童、老人），与我国加速推进农业现代化、确保粮食安全、促进城乡协调发展对农村建设人才的需求严重脱节。"谁来种地，谁来兴村"成了严重威胁着国家的长治久安、社会和谐稳定的战略问题。破解农业现代化建设主体缺失难题，就需要对农民的概念进行新的审视，对涉及农民的路线方针政策进行新的调整，对农业、农村、农民的相关管理制度进行新的体制创新。

2012年中央一号文件提出，大力培育新型职业农民，对未升学的农村

---

① 实施农村劳动力转移培训"阳光工程"[EB/OL].（2006-10-03）[2023-09-19]. http://www.gov.cn/ztzl/nmg/content_404978.htm.

初高中毕业生免费提供农业技能培训，对符合条件的农村青年务农创业和农民工返乡创业项目给予补助和贷款支持[1]。中央正式文件第一次在关于农民问题中引入了"职业"概念。这是中央立足中国农村劳动力结构的新变化，着眼现代农业发展的新需求，培养未来现代农业发展主体，确保国家粮食安全而作出的战略决策，在传统农民"去身份化"转向职业化的过程中具有重要的里程碑意义。经过创新探索和试点示范，到2016年，基本确立了教育培训、规范管理、政策扶持"三位一体"，生产经营型、专业技能型、专业服务型"三类协同"，初级、中级、高级"三级贯通"，以公益性教育培训机构为主体、多种资源和市场主体有序参与的"一主多元"的新型职业农民教育培训制度体系，为规范化、系统化培育新型职业农民奠定了基础。与农民职业化相适应，2014年7月24日，国务院发布的《国务院关于进一步推进户籍制度改革的意见》明确提出要建立城乡统一的户口登记制度。至此，实行半个多世纪的农业户口和非农业户口退出历史舞台，农民职业化迈出了重要的一步。

（三）新型职业农民的内涵

农业部2017年1月通过的《"十三五"全国新型职业农民培育发展规划》中提出，加快构建一支有文化、懂技术、善经营、会管理的新型职业农民队伍，为农业现代化建设提供坚实的人力基础和保障[2]，这为我们揭示了新型职业农民的科学内涵。一是有文化。具备一定的文化知识是新型职业农民获取新知识、接受新的健康生活理念、弘扬优秀传统村落文化、继承农耕文明、带动农村精神文明的基础条件。二是懂技术。新型职业农民肩负着农业现代化的光荣使命。现代农业要求的不仅是一腔热情，更要求他们遵循农业生产规律、掌握先进农业技术、推动农业新技术新成果转化应用、引领农业技术试验示范推广、促进农业新产业新业态加快形成，助推农业供给侧调整。三是善经营。新型职业农民大部分是家庭农场、农业合作社等新型农业经营主体的领办人，这就要求他们不仅仅是农业技术高手，更需要他们勇于创新、

---

[1] 2012年中央一号文件（全文）[EB/OL].（2012-02-02）[2023-09-19]. http://www.chinadaily.com.cn/dfpd/2012zyyhwj/2012-02-02/content_14526401_2.htm.

[2] 农业部关于印发《"十三五"全国新型职业农民培育发展规划》的通知[EB/OL].（2017-02-20）[2023-09-19]. http://www.moa.gov.cn/nybgb/2017/derq/201712/t20171227_6131209.htm.

敢于实践，适应农业现代化发展客观要求，创新农业经营方式，善于把握市场行情，采用适当营销方式，不仅仅丰产，更要丰收，从而对小农户和贫困户起到示范带动作用。四是会管理。新型职业农民的生产经营，既有传统农业对自然条件依赖的一面，更有面向市场、争取质量并进、获取较高比较收益的一面。同样的生产要素，同样的自然条件，要获得更高的经营效益，就要求经营者具有先进的管理理念，具备良好的沟通和协调发展能力，实现经营专业化、生产标准化、管理规范化，带动实现我国农业的现代化。

需要强调的是，上述四个方面是一个有机统一体，是不能割裂的有机统一体，而落脚点在于实现农民的职业化，稳定一个较高素质、能够获取较高收益的现代农业经营群体，从而解决我国谁来种地的问题。

三、提出高素质农民的历史必然

2019年8月19日，《中国共产党农村工作条例》发布实施。这是中国共产党首次专门制定关于农村工作的党内法规，体现了党中央对农村工作的高度重视。文件中首次把沿用多年的新型职业农民培训换成为高素质农民培养。在2021年1月4日发布的《关于加快推进乡村人才振兴的意见》、3月12日公布的《中华人民共和国国民经济和社会发展第十四个五年规划和2035年远景目标纲要》、4月29日通过的《中华人民共和国乡村振兴促进法》等政策法规中，均把培训培育高素质农民作为实现乡村振兴战略的重要抓手。

从新型职业农民到高素质农民，不是简单的提法转变，而是意味着我国对于乡村振兴中的农民培育工作，从高度方面有了新的提升。这种转变，首先是基于我国大国小农的基本国情，农民职业化长期性的体现。在我国，大量小农户的存在是一个长期历史过程；附着在土地上的农业，不仅是国家粮食安全的战略问题，还肩负着大量小农户的基本生活保障、发挥着社会经济发展缓冲器重要作用。另外，城市化过程中，相当比例在城市有相对稳定工作和居所的农民，不愿意放弃在农村宅基地和土地承包地权益的现象普遍存在。这是世界上任何实现农业现代化国家都没有遇到过的。基于农村的稳定和城市化的稳步协调推进，我国不可能像欧美发达国家那样，把所有农民作为一个具有严格门槛的职业来对待。农民的职业化，一定是一个长期的历史过程。因此，对农民群体而言，把培育的重点从促进其职业化转变为促进其素质全面提升，促进农民思想观念、专业技术和身心全面协调发展，就成为实现乡村振兴战略的必然要求。

第二节 高素质农民的内涵与特征

进入21世纪，随着我国农业、农村发展，国家对农民的培训日益重视。由于在不同发展阶段针对的问题不同，故对农民培训的侧重点也不同，培训对象的发展目标也在不断演进（表2-1）。但从纵向来看，总体方向是对农民中的优秀分子进行素质提升，从这个角度来说，我们可以把这个历史时期对农民培训均称作广义的高素质农民培训。从党和国家正式文件上看（以最早出现在《中国共产党农村工作条例》为据），高素质农民的概念仅出现5年多，而对其理论内涵的理解和培育实践的推进，与客观需要还有偏差。如由农业农村部科技教育司和中央农业广播电视学校组织编写的《2021年全国高素质农民发展报告》中，出现了"高素质农民""优质农民""新型优质农民"三种提法。对于农民的不同称谓，代表了一种培育目标和方向，只有厘清"高素质农民"的内涵，分析其时代特征，才能明确其培育目标，从而准确推进高素质农民培育。

表2-1　历年中央一号文件主题及对农民培训的侧重点演化

年份	政策主题	相关内容
2004	增加农民收入，实现农民收入较快增长	加强对农村劳动力的职业技能培训
2005	进一步加强农村工作，提高农业综合生产能力	全面开展农民职业技能培训工作
2006	推进社会主义新农村建设	首次提出培养推进社会主义新农村建设的有文化、懂技术、会经营的新型农民，同时，继续支持新型农民科技培训
2007	积极发展现代农业，扎实推进社会主义新农村建设	培养新型农民，造就建设现代农业的人才队伍，组织实施新农村实用人才培训工程，培育现代农业经营主体
2008	加强农村基础建设，进一步促进农业发展，农民增收	大力培养农村实用人才，组织实施新农村实用人才培训工程

（续表）

年份	政策主题	相关内容
2009	增进农业稳定发展，农民持续增收	加强合作社人员培训，开展农业科技培训，培养新型农民，大规模开展针对性、实用性强的农民工技能培训
2010	统筹城乡发展，夯实农业农村发展基础	努力促进农民就业创业，农业生产技术和农民务工技能培训，增强农民科学种田和就业创业能力
2011	加快水利改革发展	全面提升水利系统干部职工队伍素质。加大基层水利职工在职教育和继续培训力度
2012	推进农业科技创新，增强农产品供给保障能力	大规模开展农村实用人才培训，大力培育新型供给保障能力职业农民
2013	加快发展现代农业，增强农村发展活力	大力支持发展多种形式的新型农民合作组织，大力培育新型农民和农村实用人才，着力加强农业职业教育和职业培训
2014	全面深化农村改革，加快推进农业现代化	加大对新型职业农民和新型农业经营主体领办人的教育培训力度
2015	加大改革创新力度，加快农业现代化建设	积极发展农业职业教育，大力培养新型职业农民，加强农村思想道德建设，提高农民综合素质
2016	落实发展新理念，加快农业现代化实现全面小康目标	加快培育新型职业农民，办好农业职业教育，加强涉农专业全日制学历教育，开展新型农业经营主体带头人培育行动
2017	关于深入推进农业供给侧结构性改革，加快培育农业农村发展新动能的若干意见	重点围绕新型职业农民培育、农民工职业技能提升，整合各渠道培训资金资源，建立政府主导、部门协作、统筹安排、产业带动的培训机制

(续表)

年份	政策主题	相关内容
2018	关于实施乡村振兴战略的意见	大力培育新型职业农民。全面建立职业农民制度，完善配套政策体系。实施新型职业农民培育工程。支持新型职业农民通过弹性学制参加中高等农业职业教育。创新培训机制，支持农民专业合作社、专业技术协会、龙头企业等主体承担培训。引导符合条件的新型职业农民参加城镇职工养老、医疗等社会保障制度。鼓励各地开展职业农民职称评定试点
2019	关于坚持农业农村优先发展，做好"三农"工作的若干意见	实施新型职业农民培育工程
2020	关于抓好"三农"领域重点工作，确保如期实现全面小康的意见	整合利用农业广播学校、农业科研院所、涉农院校、农业龙头企业等各类资源，加快构建高素质农民教育培训体系
2021	关于全面推进乡村振兴，加快农业农村现代化的意见	培育高素质农民，组织参加技能评价、学历教育，设立专门面向农民的技能大赛
2022	关于做好2022年全面推进乡村振兴重点工作的意见	实施高素质农民培育计划、乡村产业振兴带头人培育"头雁"项目、乡村振兴青春建功行动、乡村振兴巾帼行动
2023	关于做好2023年全面推进乡村振兴重点工作的意见	实施高素质农民培育计划，开展农村创业带头人培育行动，提高培训实效

一、高素质农民的内涵

作为乡村振兴战略实施的重要主体，高素质农民的内涵是农民作为一个"人"的全面发展，是马克思主义关于人的全面发展学说在占我国人口大多数的农民身上的运用和发展。马克思主义从分析现实的人和现实的生产关系入手，指出人的全面发展的条件、手段和途径。人的全面发展的基本内涵包含人的体力、智力及思想道德等方面的全面发展，包含人在社会众多领域的才能及其创造，包含在既定的历史条件下，人的个性的自由发展和如愿从事各种社会活动。根据这一思想，乡村全面振兴背景下，我国农村首先是生产力的现代化，进而引起与之相适应的生产关系的急剧变化。作为生产力中最活跃的因素，作为劳动者的农民，对农业现代化的进程无异会起到巨大的推动作用。农民要掌握现代农业科技，要使用现代农业机械，要运用现代农业生产方式，这就需要其具备较高的科学素质；作为现代农村生产关系的主体，农民要建立起与他人、与自然、与社会的良性互动，内含着以自身思想道德素质为基础的人际和谐、自然和谐和内在自我和谐。因此，高素质农民的核心内涵就在于其"素质"，包含其发展现代农业生产所需的科学文化素质和处理现代农村生产关系所需的思想道德素质，而其特质是与乡村全面振兴战略目标相适应的全面素质的"高"。按照"产业兴旺、生态宜居、乡风文明、治理有效、生活富裕"的乡村振兴总要求，要统筹推进农村经济建设、政治建设、文化建设、社会建设、生态文明建设和党的建设，作为乡村振兴重要主体的高素质农民，就应该具备相应的农业产业发展能力、现代公民意识、农耕文明传承意识、自我身心调节能力、生态环保意识。

基于上述分析，从"人的全面发展"维度来看，高素质农民的核心内涵就在于其发展的全面性，在于其"素质"与乡村全面振兴战略目标的适应性。高素质农民的内涵主要体现在以下四个方面。

（一）他们能够适应我国农业产业现代化要求，具有带动小农户发展现代农业的科学素质

农业经营者的科学素质在很大程度上决定了农业经营的模式，并直接影响到农业经营效率、资源利用效率及国际竞争力的提高。传统农业转变为现代农业，就要用现代科学技术和现代工业来装备农业，用现代科学来管理农业，创造一个高产、优质、低耗的农业生产体系和一个合理利用资源、保护环境、有较高转化效率的农业生态系统。

无论是生产工具的使用、生产技术的应用，还是经营理念的要求、市场手段的选择，高素质农民要带动广大的小农户实现农业现代化，首先应具备相应的科学素质，在农业生产实践中崇尚科学精神，树立科学思想，掌握基本科学方法，了解必要科技知识，用其分析判断和解决农业产业发展中的问题。从技能型社会的视角看，高素质农民不仅拥有较高的文化素养，还具有

技术技能和强大的可持续发展能力，是新知识新技能的学习者、新经济新政策的实践者以及新产业新业态的开拓者[1]。赋能高素质农民技术能力以及提升其应用水平不仅是农业农村现代化发展对高素质农民的召唤，更是高素质农民自身发展的内在需求使然[2]。《2022年全国高素质农民发展报告》（下文简称《发展报告》）显示，63.39%的高素质农民为规模农业经营农户，平均土地经营面积为168亩，比2019年均有大幅度提高。51.34%的高素质农民实现了耕种收综合机械化生产；近50%的高素质农民通过加入合作社或与农业企业建立生产经营关系，提升组织化程度；采取节水灌溉、减施化肥或农药、禽畜粪污资源化利用、秸秆和农膜资源化利用的比例分别为29.11%、51.27%、83.99%、90%、27.60%的高素质农民拥有绿色农产品标识；超过60%（60.1%）的高素质农民通过互联网购买农资或销售农产品，82.91%的高素质农民通过手机或电脑进行农业生产经营活动；对周边农户起到辐射带动作用的占65.04%，平均辐射带动21户[3]。

（二）他们具备现代生态理念，在农业经济活动中遵循绿色发展要求，促进人与自然和谐共生

绿色是可持续发展的必要条件。这里讲的绿色包含两层意思：一是农业生产方式手段与自然发展协调一致，生产水平可持续，解决好人与自然和谐共生问题；二是生产的农产品符合人类健康需要，解决好农产品数量与质量的问题。为此，农业生产活动必须尊重自然、顺应自然、保护自然。农业现代化既是人类改造自然和征服自然能力的反映，同时，也是人与自然和谐发展程度的反映。习近平总书记指出，新农村建设一定要走符合农村实际的路子，遵循乡村自身发展规律，充分体现农村特点，注意乡土味道，保留乡村风貌，留得住青山绿水，记得住乡愁[4]。我国实施的乡村振兴战略，不是单纯的产业振兴，而是适应我国国家富强、民族振兴、人民幸福的全面振兴。

---

[1] 于莎，张天添. 技能型社会下高素质农民核心素养：生成机制与培育路径[J]. 中国职业技术教育，2022（6）：23。
[2] 王思瑶，马秀峰. 逻辑与理路：乡村振兴背景下职业教育赋能高素质农民技术能力[J]. 中国职业技术教育，2022（15）：49。
[3] 打造乡村振兴的"主力军"——《2022年全国高素质农民发展报告》[EB/OL].（2023-01-13）[2023-09-06]. https://www.sohu.com/a/629116079_121117080。
[4] 全面推进乡村振兴，习近平这样强调[EB/OL].（2022-03-02）[2023-09-06]. https://dangjian.gmw.cn/2022-03/02/content_35557796.htm。

我国农村的发展，不仅要给全国人民提供足够的、对人无害的粮食、蔬菜，同时，要保持农业生产所需自然条件、生态环境的改善。要推动农业发展方式转变，改善人与自然的关系，离不开作为乡村环境主要受益者、建设者的农民的支持，针对乡村生态环境整治项目，发挥农民熟悉乡村实际情况的优势，就环境项目与乡村生态环境的匹配度进行论证[①]。作为现代农业建设主体，高素质农民一方面要尽可能多地生产满足人类生存、生活的绿色食品，另一方面又要维持良好的农业生态环境，不滥用自然资源和科学技术，兼顾眼前利益和长远利益，合理地利用和保护自然环境，实现农业资源开发与农村环境承载的合理平衡。这就要求高素质农民不仅要有强烈的绿色环保意识，更要有实现绿色发展的技术水平和能力。

（三）他们具有较高文化修养，浓郁兴农情怀，能够传承优秀农耕文明，倡导健康生活方式，和谐愉悦身心，涵养现代农村精神文明

我国的乡村振兴是一种全面振兴，不仅包含着农业生产现代化，以人的自由全面发展为核心的人的现代化也内嵌其中。这里讲的人的现代化主要是指人的个体素质的现代化以及个体素质与社会现代化协调统一发展，主要包括身心的全面发展（生理心理）、活动能力的多方面的发展（智商技能）、个体和社会的协调统一与全面发展（社会实践）。人的理想存在状态是自由而全面的发展，是自由个性的实现。农民作为农业现代化的价值主体和创造主体，自身首先必须现代化。农民现代化本质上是把农民怎样从传统农民变为高素质农民的过程，既包括生产方式和生活方式的现代化，以实现物质上的富有，更包含价值观念和精神追求的现代化，达成精神理念的升华。具有较高的文明素养，爱农村、爱农民，是对高素质农民的基本要求。同时，不仅是作为生命体的物质条件和生活方式的现代化，还包含对生命意义充分认同的自我身心愉悦，对家庭和睦、邻里和谐的乡风塑造，对我国几千年农耕文化的继承与发扬。

（四）他们具备现代公民意识，能够"听党话、感党恩、跟党走"，在现代乡村治理中发挥主体带头作用

实现农村社会治理体系和治理能力的现代化，是乡村振兴的政治保障。

---

① 宋保胜.乡村生态环境协同治理的现实诉求及应对策略[J].中州学刊，2021（6）：44。

在我国的乡村社会治理中，农民既是价值对象，也是价值主体。离开了农民的参与，我们的工作就成了无源之水、无本之木。高素质农民生于斯长于斯，决定了他们更关心乡村治理的方法与成效；乡缘、亲缘及熟人社会的优势，使他们在乡村治理中能发挥德治乡邻的天然优势；新乡贤（产业成功或文化认同）的标签，使他们在参与村组干部的竞争中，更容易得到普遍拥护，从而成为乡村组织发展和村组干部的后备军，为参与乡村治理奠定基础。《发展报告》显示，作为农民群体中的先进群体，高素质农民中19.19%担任村干部，22.98%获得县级及以上荣誉或奖励，4.58%的当选县级以上人大代表或政协委员，其中，石玉莲、向辉、张凌云等一批高素质农民当选党的二十大代表[1]，参与党的最高决策。他们不仅在产业振兴、乡风文明中起到示范带动作用，而且主动摆脱传统小农意识，不断增强主体意识，听从党的召唤，学习党的路线方针政策，强化现代公民意识，在埋头实干的同时，主动融入现代政治，是我国乡村治理现代化的中坚力量。

二、高素质农民的特征

与上述内涵相一致，高素质农民在生产生活等方面，主要表现出以下特征[2]。

（一）人生理念新

高素质农民，之所以"高"，就是他们在适应农业现代化建设中，思想解放，善于学习，敢于创新创业，将传统的"自给自足农业"转变为面向现代市场的"商业农业"，成为现代市场主体，从而改变传统农民"几亩耕地一头牛，老婆孩子热炕头"的小农经济状况。他们能够快速适应国家农业农村农民政策的调整，根据市场经济发展的要求，积极探索农业发展的新路子。他们愿意尝试新事物，是新型农业经营主体的践行者、新产业和新业态的探索者、新技术和新装备的接受和使用者。他们具有较丰富的专业知识、熟练的专业技能、较强的学习能力，能够通过各种渠道学习农业生产经营所需要的新知识和新技能，满足乡村全面振兴的需要。

---

[1] 打造乡村振兴的"主力军"——《2022年全国高素质农民发展报告》[EB/OL].（2023-01-13）[2023-09-06]. https://www.sohu.com/a/629116079_121117080。
[2] 吕莉敏. 基于乡村振兴的高素质农民内涵、特征与功能研究[J]. 当代职业教育，2022（1）：9。

（二）"三农"情怀深

具有较高的社会责任感和现代观念的高素质农民，是农民中对"三农"有着淳厚乡土情怀的群体，主要表现在：一是具有强烈的主体意识。社会责任感和乡土情结使他们能够主动担当乡村振兴的主人翁责任，坚守"将饭碗牢牢端在自己手里"的信念，积极参加各类农业培训学习，不断提高自身的素养，担当"种好地"、保护生态环境和保障国家粮食安全等光荣使命。他们长期植根于农村，在农业生产经营活动中，与其他村民经常互动与交流，构建了良好的乡村社会关系网络，对农村、农业和农民有着内生性的认同感。二是强烈的身份认同感。与传统农民不同，高素质农民将从事农业生产经营服务当作自己的职业和理想追求，具有较强的职业认同感和自豪感。

（三）科学素质高

农业经营者的科学素质在很大程度上决定了农业经营的模式，并直接影响到农业经营效率、资源利用效率及国际竞争力的提高。无论是生产工具的使用、生产技术的应用，还是经营理念的要求、市场手段的选择，高素质农民要适应市场、实现农业现代化，就必须具备相应的科学素质，在农业生产实践中崇尚科学精神，树立科学思想，掌握基本科学方法，了解必要的科技知识，用其分析判断和解决农业产业发展中的问题。

（四）发展路径宽

在乡村振兴背景下，我国农业生产经营方式正在向主体多元、领域宽广、科技含量高的方向转变。现代农业是"三产融合"的产业体系，这就要求高素质农民的生产经营范围涉及第一、第二、第三产业，成为乡村新产业新业态的代表，拓宽生产经营范围，促进乡村产业的兴旺。高素质农民的发展路径既涵盖农业的生产、加工、销售、服务等活动，也包括乡村环境整治、乡村旅游等新业态。高素质农民在发展过程中，既可以选取上述路径中某一环节，成为种粮大户、养殖大户、经销能手、农机服务能手、农家乐经营者，也可以组合其中几个环节，甚至创办"三产融合"综合体。当然，高素质农民要实现上述发展路径，需要及时搜集市场信息，注重与市场的对接，需要同时拥有农村与城市两套知识体系，需要克服传统的小规模、兼业化、碎片化农业生产弊端，利用资本、技术等进行规模化、专业化、标准化生产经营，掌握复杂的运营、管理方法，这要求高素质农民在不断的学习中结识相关领域专家、学者和同行，积累社会资本，拓展进一步发展的空间。

（五）示范作用强

乡村振兴中涌现的家庭农场主、农民合作社带头人和种养大户、新型农业经营和服务主体、种养加能手、农村创新创业者培养、乡村治理及社会事业发展带头人等高素质农民，是引领农业创新和农民致富的"领头羊"。

第三节　高素质农民的历史使命

作为乡村振兴战略中乡村人才振兴的重要组成部分，高素质农民的使命必然要与解决我国现阶段城乡之间、区域之间、行业之间发展不平衡、不充分的基本矛盾相一致，要与实现"农业强、农村美、农民富"、实现共同富裕，建成社会主义现代化强国融合、实现民族复兴伟业相适应。

一、高素质农民肩负着国家粮食安全的战略使命

民以食为天，粮食安全事关国家安全稳定大局。习近平总书记强调，"悠悠万事吃饭为大，农业是安天下稳民生的战略产业。在我们这样一个人口大国，必须把饭碗牢牢端在自己手上。"[①]尤其是当前的国际局势并不稳定，影响世界经济发展、和平与稳定的"黑天鹅"和"灰犀牛"事件时有发生。高素质农民的首要使命，也是基本使命就是破解"谁来种地""如何种好地"的难题，为国家和平稳定提供基本物质保障。随着新型工业化和城镇化进程加快，农民中大量青壮年劳动力进城务工就业，务农劳动力数量大幅减少，"兼业化、老龄化、低文化"的现象十分普遍。农村新生代劳动力中，普遍存在"80后"不会种地、"90后"不愿种地、"00后"不谈种地的现象。我们要进行高素质农民培育，通过农业职业技术教育、生产技术培训、创新创业扶持，吸引一大批年轻人务农创业，形成一支高素质农业生产

---

① 习近平关于"三农"发展和乡村振兴的20个金句[EB/OL].（2023-04-03）[2023-09-19]. http://www.rmlt.com.cn/2019/0403/543754.shtml? from=singlemessage.

经营者队伍，确保农业后继有人，确保14亿中国人的饭碗牢牢端在自己手中。

二、高素质农民是我国实现农业现代化的重要主体

没有农业农村的现代化，就没有国家的现代化。现代农业发展关键在人，培育高素质农民就是培育中国农业的未来。"十四五"时期，通过培育一批综合素质好、生产技能强、经营水平高的高素质农民，推动农业现代化不断取得进展，构建现代农业产业体系、生产体系、经营体系，走产出高效、产品安全、资源节约、环境友好的道路，确保国家粮食安全和重要农产品有效供给，提高农业国际竞争力，把农业发展方式转到依靠科技进步和提高农民素质上来。现代农业依托的现代工业装备、科学技术、先进的信息技术和管理手段，都要由农业生产的主体——农民来实现。反过来，随着农业现代化的进程，必然要求农民素质的提高，以使之同农业现代化的要求相适应，即农业现代化与农民素质是互相影响、互相促进的。

三、高素质农民是推进城乡融合发展的重要动力

长期以来，城乡二元分割的社会管理体制使我国劳动力、资金、土地等要素资源大量从农村流向城镇，导致工农、城乡发展失衡，成为我国经济社会发展不平衡不充分的突出矛盾。推进城乡发展一体化，本质是要促进城乡要素资源平等交换和公共资源均衡配置，健全城乡之间要素合理流动机制。要促进城乡融合发展，就要坚决破除体制机制弊端，使市场在资源配置中起决定性作用，更好发挥政府作用，推动城乡要素自由流动、平等交换，推动新型工业化、信息化、城镇化、农业现代化同步发展，加快形成工农互促、城乡互补、全面融合、共同繁荣的新型工农城乡关系。

高素质农民爱农村、爱农业，具有乡村情怀，要在广阔田野中大展身手，必然推动我们在乡村振兴战略中贯彻坚持农业农村优先发展的总方针，注重农村生产、生活基础设施建设，消除城乡人员流动壁垒，努力构建城乡统一的人力资源和社会保障体系，逐步形成农民城乡双向流动良性机制，缩小城乡差距，促成农民平等参与现代化进程，共同分享现代化成果。

四、高素质农民是实现民族伟大复兴的基本力量

建成现代化强国，实现民族伟大复兴，是我国近代以来无数仁人志士孜孜以求的梦想。实现现代化，最艰巨最繁重的任务在农村，重点难点在农

民。习近平总书记强调:"要充分尊重广大农民意愿,调动广大农民积极性、主动性、创造性,把广大农民对美好生活的向往化为推动乡村振兴的动力。"①农村现代化,不是敲锣打鼓就能实现的,关键是要由具备现代文明理念、胸怀务农使命、掌握现代农业科技和科学管理方法的高素质农民来撸起袖子、积极开拓、勇于创新、拼命加油才能干出来。

目前,我国农民的素质还有待提升,农业创业创新的渠道还不够顺畅,持续稳定的农业扶持机制还有待加强。高素质农民通过他们生动的农业实践,推动农村产业转型升级,促进形成文明乡风,参与乡村有效治理,促成农业农村管理体制创新,为我国由农业大国转变为农业强国,确保农业农村农民不拖民族复兴后腿,贡献他们的力量。

实施乡村振兴战略,是解决人民群众日益增长的美好生活需要和不平衡不充分的发展之间矛盾的必然要求,是实现"两个一百年"奋斗目标的必然要求,是实现全体人民共同富裕的必然要求。在中国特色社会主义新时代,乡村是一个可以大有作为的广阔天地,迎来了难得的发展机遇。高素质农民在党的领导下,一定能够充分发挥我国社会主义的制度优势,传承悠久的农耕文明,带动亿万农民,面向市场需求,运用农业科技,创新生产经营方式,融入乡村治理,推动农业全面升级、农村全面进步、农民全面发展,谱写新时代乡村全面振兴新篇章。

---

① 习近平"三农"金句[EB/OL]. (2018-09-23) [2023-09-19]. http://politics.people.com.cn/n1/2018/0923/c1001-30309719.html。

第三章 高素质农民的政治素质

【内容提要】

本章旨在通过介绍习近平新时代中国特色社会主义理论与农村改革，使高素质农民了解当前我国农村的社会治理体系和治理机制，了解村民自治的农村基层民主制度和政治素质提高的方法途径，为充分发挥高素质农民在乡村振兴、社会主义政治文明建设中的作用奠定基础。

【思维导图】

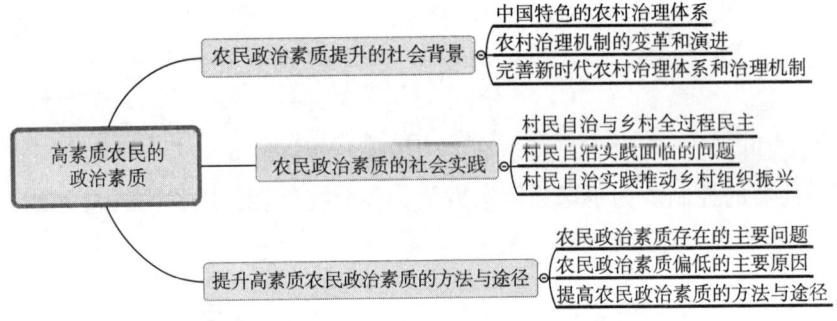

第一节 习近平新时代中国特色社会主义理论与农村改革

一、中国特色的农村治理体系

在新时代，基于"乡政村治"模式的延续之上，国家发展战略对农村治理提出更高要求，并强调治理有效性，同时，倡导形成具有地方特色的治理模式，包括"互联网+"、法治化治理以及农村权力下放等。这些创新举措引领我国农村治理朝着全面、规范和科学的发展道路迈进，旨在实现农村振兴和现代化治理的目标。

中国特色乡村治理体系是由其理论基础和若干子体系构成的有机整体[①]。其本质在于锚定建设农业强国的目标，保障粮食和重要农产品的稳定安全供给，全面推进乡村振兴。

当前，我国国家治理体系和农村治理体系的构建具有独特的机制。这一体系不仅包含了党领导和政府统筹的顶层治理，还涵盖了在治理过程中发挥主要作用的社会团体和组织。其中，农村治理涉及公共权力在农村社会问题上的运作和绩效，以及农村社会组织对农村社会的管理，从而增进公共利益。党的十九大报告明确提出，应该加大力度发展农村治理体系，探索创新农村治理方式。在推进中国特色乡村治理体系建设时，必须在把握乡村治理规律的基础上，不断提升乡村治理体系的内在动力、活力和效能。

二、农村治理机制的变革和演进

（一）古代农村治理方式的演变

农村治理的质效在很大程度上塑造着国家繁荣复兴的进程。在我国封建社会形成的春秋战国时期，土地私有化进程迅速推进，自耕农成为基层社会经济的支柱。地方行政组织逐渐演变为里和乡两级，并引入什伍制度以加强对基层社会的控制。为了增强国家力量，各个统治者采用了什伍连坐制度，并创设了农村治理职位，如"三老"[②]和"啬夫"[③]。这些措施在一定程度上影响着农村社会的发展，并对国家整体繁荣复兴产生深远影响。

秦汉南北朝时期，农村治理方式发生了变革。郡县制和郡国并行制度被推行，建立了严格的户籍制度，并确立了规范的户籍申报审查制度。宗族实力逐渐壮大，成为秦汉时期农村治理中的重要力量。魏晋南北朝时期，我国多民族融合，地方政权在继承了秦汉治理方式的基础上，结合了各自民族的

---

① 王滢涛.中国特色乡村治理体系现代化研究[M].上海社会科学院出版社，2021：10.
② 王金阳.汉代的三老制[J].郑州航空工业管理学院学报（社会科学版），2009，28（2）：59-61。
③ 书经·胤征[M]，中华书局，2006：168。

习惯和社会实际，形成了各具特色的农村治理方式。

隋唐宋时期，农村治理方式发生了重大变化。乡里制度地位下降，农民人身控制减弱，宗族势力也减弱。宋朝时期，政治、经济和文化繁荣，农村治理方式更加完善。乡里组织扩大，强调地域单位设立，保甲制取代乡里制，国家政权退出乡村管理，户籍制度以财产为主，对农民人身管理放松。

元明清时期，蒙古族政权统治下的社会治理方式具有游牧民族的特色，但缺乏整体规划，管理效率相对较低。明朝乡里制度继承前朝的设计，并根据实际情况进行调整和创新。政府通过里甲制度[①]治理农村，但随着商品经济的发展和土地兼并的扩大，人口流动增加，导致国家财政受到影响。明朝推行一条鞭法改革赋税制度，农村基层政权逐步过渡到保甲制。政府还支持宗族制定乡约和族规，赋予族长处理族内争端的司法权力。清朝继承了明朝的自然村落形态和明代的里甲制赋役征收机构，同时，采纳了宋代的保甲制以维持地方治安，设立乡约法宣传教化，进一步放松对农民的人身束缚。

（二）近代中国的农村治理方式的演变

民国时期，中国社会正经历着从传统向现代社会的转型，农村治理面临诸多挑战。为了加强对农村社会的治理，国民政府制定了基层治理法规，并试图推动自治的实施。然而，由于长期的战争局势，国民政府未能真正掌控整个中国，因此，很多治理政策难以有效实施。

新中国成立前，中国共产党主要在农村展开工作，积累了丰富的农村治理经验。党将农民力量视为党的中心工作之一，创造了以党组织为核心的农村治理模式。这一模式为新中国成立后的农村治理奠定了坚实基础。

（三）当代中国农村治理方式的演变和创新

新中国成立后，我国农村治理经历了三个关键阶段，展现出不断创新和发展的趋势。首先是乡村治理模式初步自探阶段。在改革开放前，人民公社体制垄断了农村资源，严格的行政控制限制了农村自治的空间。改革开放政策实施后，国家自上而下推动改革，引入了家庭联产承包责任制，逐步形成了以家庭为单位的生产经营模式。同时，自由经济的发展打破了村民对土地

---

① 梁亚群. 明清时期蒙化土司的里甲制度与"土流并治"[J]. 贵州民族研究，2019，40（11）：154-162。

和行政的依赖，农民成为独立的经营主体。市场经济的出现也带来了平等、竞争和合作的理念，以及个人利益的合理追求，这强化了农民对政治权利的认同，有组织的农民成为农村治理多元化的重要参与者。

三、完善新时代农村治理体系和治理机制

改革开放以来，我国形成了"乡政村治"治理模式，其主要特点是在两大治理力量的支持下运行。一方面，党和政府等国家政权机构发挥作用；另一方面，市场机制和农村社会主体也积极参与，实现了自主治理。中国特色农村治理体系的发展路径是以政府主导和多元协同合作为核心，形成了"政府主导、市场引导、社会参与"的治理模式。

（一）体系指导思想

作为中国特色乡村治理体系建设的指导思想和理论基础，包括"坚持和加强党对乡村治理的集中统一领导""坚持农民主体地位""保障和改善农村民生、促进农村和谐稳定""推动基层治理重心下移""建立健全现代乡村社会治理体制和自治、法治、德治相结合的现代乡村治理体系""构建共建共治共享的乡村治理格局""走乡村善治之路"等。这些思想为乡村治理提供全面而系统的指导，强调了党的领导地位、农民主体的地位、农村民生的保障与改善、基层治理的下移、现代社会治理体制的建立等多个方面。

（二）治理体系

自治、法治、德治的"三治"结合是乡村治理体系的主要运作形式。一个系统完备的乡村治理体系应当包括基层组织建设体系、村民自治管理体系、依法守法行为体系、崇德向善民风体系、乡村公共保障体系、乡村产业发展体系等多个要素。在"三治"结合体系中，自治强调村民自治，法治注重法律制度的约束和规范，德治关注道德伦理的引导。三者相辅相成，共同构建了一个有机而协调的治理体系。

（三）治理体制

乡村治理体制的核心在于主体职能配置及其运作形式。中国特色乡村治理体系建设中，"坚持和完善党委领导、政府负责、民主协商、社会协同、公众参与、法治保障、科技支撑的现代乡村社会治理体制"不仅规定了基层

党委政府的关键主体地位，还要求"加强乡镇人民政府社会管理和服务能力建设，把乡镇建成乡村治理中心、农村服务中心、乡村经济中心"。这一体制的搭建强调了政府主导的重要性，注重了多元主体协同参与的原则。

（四）治理技术

近年来，随着乡村事务中科技因素的快速增长，信息在乡村中被不断制造、传播和再制造。在数字化、信息化和网络化的时代，村民们生活在一个充满科技元素的环境中，不得不参与乡村社会问题讨论，适应乡村治理技术转型的要求。现代化思潮下，基层民主的扩大更需要村民具备与之相适应的话语能力和技术能力。因此，从实现社会利益的宏观视野和实现农民个体利益的微观视野相结合的维度，探索如何运用现代科技助力乡村治理，制定数字乡村发展战略，发挥信息技术在乡村治理中的支撑作用成为重要举措。

第二节　村民自治与乡村组织振兴

一、村民自治与乡村全过程民主

新中国成立后，村民自治在我国宪法和法律中被明确提出，是我国改革开放以来，在建设中国特色社会主义伟大实践中探索乡村治理所取得的重大成果。这一探索解决了乡村基层政权的问题，将乡村治理引入了正确的轨道，为乡村治理体系的健全奠定了基础。

党的十八大报告提出："在城乡社区治理、基层公共事务和公益事业中实行群众自我管理、自我服务、自我教育、自我监督，是人民依法直接行使民主权利的重要方式。""依法直接行使民主权利"是各种形式的基层民主的特色和实质，肯定了包括村民自治在内的基层民主制度的合法性和地位，反映了我国亿万农民改革开放40多年来的直接民主实践和取得的伟大成果。

乡村全过程民主涵盖了民主选举、民主决策、民主管理、民主监督等环节。这一完整的民主链条密切连接了党、政府与人民，促进了以人民为中心的政治发展道路，保障了人民的权益。在农村治理中，全链条式的全过程民主参与机制确保了广大农民广泛、直接、真实地参与村庄各项事业的发展，维护了农民的知情权、参与权、表达权、监督权，从而激发了农民参与乡村振兴建设的主体性，有效提高了村庄治理的效能。

全过程民主有助于实现党的领导、农民当家作主与依法治村的有机统一。在村庄治理中，全过程民主旨在将农民当家作主的理念贯彻到民主选举、民主决策、民主管理和民主监督等四个关键环节，实现党的领导、农民自治和依法治村的制度有机统一。党的领导和依法治村构成了全过程民主的支持基础，它们共同确保了农民的自主权益，进一步提升了农村治理效能。全过程民主将村民自治为基础的村庄治理成果整合起来，不仅体现在民主选举村两委方面，还扩展到农民参与村庄公共事务管理的各个方面，真正实现了农民的当家作主。

全过程民主将选举民主和协商民主有机结合，拓宽了农民参与村庄治理的途径。选举民主（通过选票表决）和协商民主为农民参与农村治理提供了多维度的机会。在村庄治理实践中，全过程民主通过确保权力来源和权力行使的双重合法性，进一步增加了农民参与农村治理的方式和途径，体现在以下四个方面：首先，推进村两委"一肩挑"制度，加强党对农村事务的领导，同时，完善和规范党领导下的农村选举制度，确保村民充分行使民主选举权；其次，健全农村基层党组织领导的村民自治制度，逐步实现农民对农村事务的民主决策、民主管理和民主监督；再次，完善村务公开制度，拓宽农民参与农村治理的渠道，确保农民有序参与农村事务和公益事业的管理；最后，提高农民素养，不断增强农民自我管理、自我服务、自我教育、自我监督的能力和效率。这些措施共同构成了全过程民主的实现路径，促进了农村治理的有效性和农民权益的维护。

全过程民主，特别是通过协商民主这一重要实践形式，充分体现了农民参与村庄治理的主体性。在村庄治理实践中，协商民主的运行和实施吸纳农民参与农村公共事务的管理，充分满足农民的权利和愿望，凝聚了村庄治理的智慧和共识。首先，通过村务公开和村民议事制度，在涉及村民利益的事务中，广泛展开内部协商，以汇集村民的共识，积极建立凝聚村民智慧平台；其次，通过广泛的协商，参与村庄治理制度的建设，如村规民约的制定，有助于增进村民的一致意见，并促使村民自觉遵守；最后，以协商民主的方式推动村干部的作风改进和监督，村干部在公共事务的协商中可以倾听民声、咨询民意，从而改变工作风格，提高村庄治理的透明度，也有助于对村干部更好监督，遏制单方面决策和腐败行为。

全过程民主能够保障农民发展权和各项社会权益的实现。全过程民主是解决新时代中国特色社会主义社会矛盾的制度安排。在乡村振兴背景下，坚持发展为了农民、发展依靠农民的基本原则，农民在村庄治理中充分运用民主权利实施民主选举、民主决策、民主管理和民主监督，有利于建立人人参与、人人尽力的共建共治共享机制，有效保障农民发展权和各项社会权益的实现，从而不断增强农民的获得感、幸福感和安全感。

全过程民主融合了程序民主与实质民主、直接民主与间接民主，实现了人民民主与国家意志的有机统一，体现出鲜明的中国式民主特征与制度优势[①]。这一中国特色民主体系在村庄治理中扎根生长，将推动村庄治理共同体的建设，实现"共建共治共享"，从而提高村庄治理效能，满足农民对美好生活的追求。

二、村民自治实践面临的问题[②]

在乡村振兴背景下，亟需发挥村民自治组织的作用。产业振兴需要村民自治组织积极引导和支持当地产业的发展，为农民提供技术培训和市场信息，促进农村经济的多元化和可持续发展。人才振兴则要求村民自治组织关注本地区域的人才培养与引进，为农村提供更广阔的发展空间。在文化振兴方面，村民自治组织通过组织文艺活动、传承乡土文化，增强农村社区凝聚力。此外，生态振兴和组织振兴也需要村民自治组织在环境保护、社区组织建设等方面发挥积极作用。实践中，上述作用未得到充分彰显，主要存在以下方面的局限。

首先，村级治理行政化，无法有效整合农村社会。在乡村振兴中，国家以财政资源、产业项目、公共服务等方式全面进入农村社会，在促进农村经济社会发展的同时，也形成了村级治理行政化趋势逐渐加强的促成机制，突出表现为村干部的脱产化、正式化、坐班化和误工补贴工资化，越来越倾向于国家干部身份的村干部将主要精力和工作用于完成上级下达的任务，村党组织也成为事实上乡镇政府的"准派出机构"。村党组织将异化为自上而下执行行政任务的工具，难以有效整合农村社会、回应村民的公共需求，形成

---

① 麻宝斌. 全过程人民民主是社会主义民主政治的本质属性[J]. 法治与社会，2023，（7）：67。
② 秦中春，李青. 我国乡村治理的政策演变与未来取向[J]. 重庆理工大学学报（社会学），2021，35（10）：1-8。

一种"行政空转"的特殊村级治理形态,并逐步悬浮于乡村社会之上。

另外,从乡村振兴战略的实践来看,行政化的村党组织在上级党委和政府的大力支持下获得了强大的领导力,这与村民自治组织的软弱性形成鲜明的力量对比,两者在农村实践活动中无法构成平衡的治理结构以及协同的互动关系。其直接后果是村党组织对乡村振兴工作事务"直接包办"和"直接替代",弱化了村民自治组织在乡村振兴中的功能和作用。

其次,村庄内部空心化,面临"组织找人难"问题。近年来,农村大量青壮年劳动力向外流动的趋势尚未根本扭转,农村空心化、农民老龄化、农业兼业化现象依然突出,致使村党组织党员干部队伍青黄不接、后继乏人,面临着严重的"组织找人难"问题。许多农村地区的党组织领导班子处于留守型状态,出现了"年老的不能干、年轻的不愿干、有能力的不想干、无能力的干不了"的尴尬局面,严重制约了村级党组织在乡村振兴中领导核心作用的发挥。同时,乡村振兴战略要求全面推行村党组织书记"一肩挑"制度,客观上要求村党组织书记要具备较强的政治领导、经济发展、文化引领、社会治理等方面的能力与素质,但现实中相对衰落的农村很少有如此全面优秀的人才,即使一些农村地区通过乡镇优秀干部兼任、副科级干部待遇、打破晋升"天花板"等方式选拔了组织和群众期待的村党组织书记,也难以改变数量不足且总体质量不高的农村党员队伍结构困境,"有党支部书记而无党员""有党组织而无党员作用发挥"的问题依然不同程度地存在。

最后,治理功能弱化,引领作用难以发挥。如前所述,行政化和空心化的村级党组织面临着严重的弱化、虚化、边缘化问题,难以将乡村振兴战略的政策帮扶转化为农村经济社会发展的强劲动力。在动员群众方面,村级党组织的精力主要用于考核、迎检、开会等向上性工作,事实上用于服务农民、服务发展、服务民生的时间减少、工作减量、动力不足,作为农民利益直接代表者、维护者和践行者的角色和功能日益弱化,加剧了农民与党组织的离心感,影响了农民群众参与乡村振兴实践的积极性、主动性。在推动经济发展方面,村级党组织固化的设置方式导致对农村经济组织、合作组织的嵌入和影响不足,直接推动农村经济发展的功能被削弱,村集体经济"空壳化"现象依然严峻,无力解决村内基础设施、公共事业、民生服务等农民群众最关心、最直接、最现实的利益问题。在引领乡风文明方面,部分村级党组织忽略对农民群众的思维方式、价值观念、精神状态的正确引导,出现了农村物质文明和精神文明相对失衡的问题。

三、村民自治实践推动乡村组织振兴

首先，加强村民自治实践可提升乡村组织的民主化建设。通过建立自治组织，村民积极参与决策和管理，促进了基层治理的民主和公正。这鼓励了议事、村委会选举等民主活动，使村民直接参与决策，弘扬了民主精神，增强了村民对自身权益的维护和参与意识。

其次，加强村民自治实践可增强乡村组织的能力建设。这一过程可促使村民积累更多的管理和组织经验，提高其组织协调和解决问题的能力。这种机制下村民自治组织将鼓励村民参与培训和学习，传授相关知识和技能，帮助农民掌握更多的管理和操作技巧，从而提升整个乡村组织的管理水平和效能。

再次，加强村民自治实践有利于推动乡村组织的创新发展。通过村民自治实践，积极开展各种创新项目和活动，可促进乡村经济的增长和产业结构的优化。这可鼓励村民充分利用本地资源，发展农业、特色产业和乡村旅游，推动农村经济的多元化和可持续发展。同时，还鼓励科技创新，提高农业生产和管理效率，推动农村现代化。

最后，加强村民自治实践有助于增强乡村组织的凝聚力和共同体意识。通过这一实践，村民建立了紧密联系和合作关系，形成了相互帮助、共同发展的共同体意识。村民自治实践鼓励村民参与社区活动和公益事业，促进了社会和谐与稳定。

第三节　培养和提高农民的政治素质

一、我国农民政治素质存在的主要问题

在改革开放40多年的历程中，我国经济社会发展和人民生活水平的提高伴随着农民主体意识的日益增强，政治参与要求也相应提高，这为基层民主政治的发展奠定了一定的社会基础。尽管顶层对基层民主制度建设高度重视并进行了制度设计，但基层民主的实践，特别是农民的政治素质仍然存在一

些问题[1][2]。

首先,农民的政治参与层级仍然相对较低,主要限制在村内公共事务的治理范围。从村民自治在全国范围试点开始至今已有近40年的历史,我国农民的权利意识、参与愿望和能力不断提升。然而,村民的政治参与仍受制于各自行政村的范围,参与对象主要局限于村级事务的治理。特别是在乡(镇)人大和县人大这两个直接民主的关键平台上,对候选人产生方式的严格限制以及代表竞选过程的不足,导致农民很难参与县级政治活动。随着信息社会的快速发展以及乡村基础设施等方面的不断改善,乡村公共治理已经超越了行政村、乡(镇)甚至县域的范围。但当前农民政治参与的范围和层次仍然主要集中在村民自治领域,与乡村社会发展的变化存在一定的脱节。

其次,农村自治制度所涉及的民主参与环节相对较为单一,主要侧重于票决民主即民主选举。我国的村民自治制度主要包括两个层面的民主设计:一是票决民主,即民主选举;二是民主治理,包括村民的民主协商、民主决策、民主管理和民主监督等多个方面。实践中,虽然票决民主层面的制度建设取得了明显成效,获得了农民的广泛参与,但民主治理层面的四个民主环节在制度细化和农民参与程度方面存在一些问题,导致村民自治制度出现了"棚架化"和"错杂化"等问题。尽管各地根据当地实际情况进行了一些创新探索,试图在选举之后的各个民主环节中增加农民政治参与,但这些政策在运行成本和效率之间存在较大差异,缺乏可持续的操作性,难以形成长期有效的机制。

再次,农民的制度化政治参与程度较为有限,非法无序行为较为常见。当前,我国农民的制度化政治参与主要集中在村民自治和信访活动上。相对于占据人口大多数的农民而言,他们的政治参与渠道过于有限。我国的中下层民主政治制度框架中,县级、乡级人民代表大会和县级政治协商会议是人民最为重要的政治参与机构。但在人大代表和政协委员中真正具备农民身份的比例相对较低,与庞大的农村人口群体形成明显反差。这也与农民参与政治的能力有很大关系。我国农村内部的利益分化非常明显,一些农村社会面临着复杂的不稳定因素,超出了行政村村民自治范围的问题日益增多。一些公共危机事件涉及跨越乡镇和连接区县的范围。由于信访渠道无法有效解决

---

[1] 靖小琴. 村民自治存在的主要问题[J]. 学习月刊,2009(18):119,136.
[2] 覃庆厚,吴永婵. 当代中国村民自治存在的主要问题及对策探析[J]. 鄂州大学学报,2017,24(5):22-24.

社会问题，一些问题容易升级为群体事件，导致农民参与政治的非法和无序行为，对社会稳定带来一定压力。

最后，农民的政治参与意愿和能力存在不足。实践中，我国村民自治制度面临着"四难"问题，即村民大会召集难、村民代表大会决议难、村级事务群众参与难以及对村庄领导班子的监督难。这些问题主要源于农村社会变革引发的农民政治参与意愿和能力的不足。在意愿方面，村民自治的选举、决策、管理和监督需要投入金钱、时间和精力，这降低了农民积极参与政治的意愿。在能力方面，现阶段我国农民普遍缺乏政治参与所需的相关知识和经验，尤其是涉及一些需要专业知识的公共事务的治理，农村人口减少，特别是年轻人和精英群体的流失，留守农民因为缺乏相关知识而不愿、没有能力参与农村政治比较普遍。

美国社会学家艾利克斯·英格尔斯指出，现代化的本质是人的现代化[①]。在政治现代化过程中，仅有完善的政治制度这一"硬件"是不够的，政治现代化需要具备民主和法治意识的参与者。我国农民的政治参与积极性不高、参与能力不足，成为制约我国政治现代化的一个重要因素。

二、我国农民政治素质偏低的主要原因

我国农民政治素质偏低的主要原因包括教育资源不均衡、经济压力和生计问题、社会文化传统和价值观念、信息不畅通和传播渠道有限，以及政治参与机会有限等。

（一）教育资源不均衡

相比城市地区，农村地区的教育资源相对匮乏。农村学校师资力量薄弱，教学设施和教育装备滞后，教育质量普遍较低。这使得农村学生在政治知识、法律意识等方面的学习和掌握存在困难，影响了其政治素质的提升。

（二）经济压力和生计问题

长期以来，农民主要关注生计和经济问题。由于农村经济发展相对滞后，农民面临着土地流转、收入增长、社会保障等方面的压力。他们更关注

---

① 艾利克斯·英格尔斯. 人的现代化[M]. 殷陆君, 编译. 成都：四川人民出版社, 1985: 4。

实际利益问题，对政治参与和政治决策的关注程度相对较低。

（三）社会文化传统和价值观念

农村社会文化传统和价值观念对农民的政治素质产生具有一定影响。农村地区普遍存在着封建思想、传统观念和等级观念的传承，这可能抑制了农民对政治的关注和参与。传统观念中强调的家庭、村庄和集体利益可能限制了个人政治参与的意愿。

（四）信息不畅通和传播渠道有限

相比城市地区，农村地区的信息不畅通，传播渠道有限。农民难以及时了解政策信息、政治决策和公共事务，缺乏广泛的政治参与平台。这影响了农民对政治议题的了解和参与意愿。

（五）政治参与机会有限

农村地区的政治参与机会相对有限。由于农村地区基层组织建设和民主选举等方面存在问题，农民参与政治决策的机会较少，政治参与的意愿也相对较低。

三、提高农民政治素质的方法与途径

实施乡村振兴战略要坚持"以人民为中心"，引导农民积极、规范地提高政治素质，这是实施乡村振兴战略的基本路径[①]。实践这一路径必须抓住两个关键点：一方面，在现行体制下，党和政府作为乡村振兴战略实施的主导者和推进者，需要通过建立健全农村公共事务治理的体制机制，不断扩大农民的有序政治参与；另一方面，必须通过切实可行的方式提高农民政治基本素质，即不断培养农民的现代参与意识和能力，这是推动农民政治参与的基本路径。

（一）坚持在党的领导下推动农民政治素质的提高

党的领导是实现乡村振兴和农村有效治理的根本政治保证。首先，要建立健全党领导下的乡村治理组织体系，强化基层党组织对村民自治组织、

---

① 习近平谈治国理政：第3卷[M]. 北京：外文出版社，2020。

村务监督组织、村集体经济组织、农民合作组织和其他农村经济社会组织的全面领导，形成在党的领导、支持下，农民能够有效提高政治素质的体制机制。其次，要切实落实乡镇党员领导干部包村联户和村干部入户走访制度，密切联系群众，及时了解民情民意，切实为群众解决实际问题。最后，要发挥基层党员在村级治理中的先锋模范作用，推动党员在乡村治理中的带头示范，以此带动农民群众全面提高政治素质。

（二）发挥县、乡（镇）两级人大在提高农民政治素质中的应有作用

地方各级人民代表大会尤其是县、乡（镇）两级人大是农民政治素质提高最为根本性、最为重要的制度设计，也应该成为农民最直接的政治参与平台。可从以下几个方面不断完善县、乡（镇）两级人大制度：一是逐步提高农民代表的比重，确保在人民代表大会中有更多的来自农村的代表，以更好地反映农村居民的诉求和需求。二是提高农民在人大进行政治参与的效能感，适度开展候选人之间的公开选举竞争。这有助于增加选民的参与感，促使代表更好地履行其代表职责。三是逐步推进县、乡（镇）人大代表的半专职化，建立人大代表在选区内的蹲点调研和农民信访接待制度。通过这种方式，人大代表能更深入地了解基层情况，直接接触和解决农民的实际问题。通过这些改进，可以使县、乡（镇）两级人大在提高农民政治素质方面更好地发挥作用，使农民有更直接的政治参与平台。

（三）以协商民主促进农民政治素质的提升

党的十九大报告强调了协商民主的广泛发展，包括多层次和制度化等要求。2019年，中央农村工作领导小组办公室等六个部门联合发布了《关于推进乡村治理体系建设试点示范工作的通知》[①]，明确要求在推进乡村有效治理的过程中"创新村民议事协商形式""健全村级议事协商制度，创新方式和载体，丰富村民参与乡村治理渠道，激发参与乡村治理的内生动力"。因此，协商民主可以在提高农民政治素质方面发挥更大的作用。一方面，可以通过区县级人民政协，吸纳农民参与政治协商，提高农民政协委员的比例，优化委员的代表结构，加强委员与基层的联系制度建设；另一方面，应开展

[①] 2019年，中央农村工作领导小组办公室、农业农村部、中央组织部、中央宣传部、民政部、司法部联合发文。

多层次和多样化的农村公共事务治理协商活动,逐步扩大农民政治素质的提升范围。通过民意调查、农民陪审团、农民协商会等方式,制定、实施和评估乡村振兴战略的具体政策,逐步扩大农民的政治参与。

(四)完善村民自治制度

村民自治要求村民在民主选举、协商、决策、管理、监督等五个方面进行政治参与,但实际上,除了村民选举外,农民在其他四个方面的权利实现并不充分,导致村民自治实际上仅侧重于选举而忽略了民主治理,而民主治理才是村民自治的核心内容。因此,需要重点探索两个方面的改进:第一,明晰村民自治组织与乡镇政府的关系,减少行政干预,加强村民自治权利。第二,不断创新和完善村民选举、协商、决策、管理和监督等民主权利的实施机制,引入各种形式的农民参与,在村级公共事务治理过程中增强农民的政治素质。

(五)加强信访制度建设

信访制度是我国的一种权力救济机制,同时,也提供了农民政治素质提高的途径,它在维护农民权益和解决社会矛盾方面发挥了关键作用。在加强信访制度建设方面,需要着力解决以下问题:第一,完善信访与法律援助服务的衔接。在接访大厅和乡(镇)设立法律援助和诉讼受理窗口,通过降低法律服务门槛、减轻司法诉讼成本、缩短司法程序周期、完善信访与法律援助之间的衔接机制,以解决只信访不信法的问题。第二,建立健全大信访格局。整合各级党委、人大、政府、公检法等部门的信访工作力量,建立有权威性和高效率的信访工作机制。这将有助于更好地响应和解决农民的合理诉求,提高政府与民众的互动和信任。

(六)推动农民网络政治素质的提高

网络政治素质是指公民通过网络渠道参与政治决策和公共事务治理,以影响社会政治环境的能力和素养。随着农村网络信息技术的普及,一些农民也开始积极参与网络政治,以实现他们的政治诉求。相对于传统的政治参与途径,互联网的普及性和便利性极大地降低了政治参与的门槛,使农民可以超越金钱、地位等社会因素的制约,更加开放、多元、直接、自主地进行政治参与。网络政治参与通过信息技术对现有民主体系进行巩固和重塑,有助于推动政治现代化进程。引导和规范农民网络渠道政治素质的提高，需要从以下几个方面努力：大力发展农村网络基础设施，夯实农民网络政治参与的硬件条件；构建农村信息和网络安全管理体系，建设农民"网络问政"网站、村民微信群、乡村公众号等网络平台；在网络平台上及时回应农民关心的热点问题，加强与农民的在线互动；积极通过网络渠道收集农民的利益诉求，把网络意见纳入法律、法规及政策的制定、实施以及反馈等政策过程。

（七）构建乡村现代政治文化

解决农民的政治素质不足和政治素质不高的问题，除了加快城乡一体化发展，为农民政治参与准备经济基础之外，其基本路径是积极建构乡村现代政治文化。积极地参与政治，自觉遵守法律和维护法律权威，是公民文化影响公民政治行为的显著特征。对于我国现阶段的农村社会来说，构建现代政治文化就是构建自治、法治和德治"三治结合"的精神文化。

自治精神是法治和德治的基础，法治精神是自治和德治的保障，德治精神则是自治和法治的补充。首先，通过村民自治实践活动切实让农民感受政治参与的价值，培养和提升农民的自治精神。其次，开展法治乡村建设。县、乡（镇）级政府要切实遵守依法行政的原则，加强农村法律宣传和法律服务供给，开展"法治进乡村"活动。最后，培育和践行社会主义核心价值观、培育文明乡风，发挥道德引领等措施培育乡村德治文化。

第四章 高素质农民的道德素质

【内容提要】

提高农民的道德素质是实现乡村振兴的基础性工作。本章分析社会公德、职业道德、家庭美德、个人品德的内涵及其在乡村振兴中的意义，使高素质农民充分认识道德素质对社会的影响，从而自觉加强道德修养，形成善良的道德意愿、道德情感，培育正确的道德判断和道德责任，提升道德素质。

【思维导图】

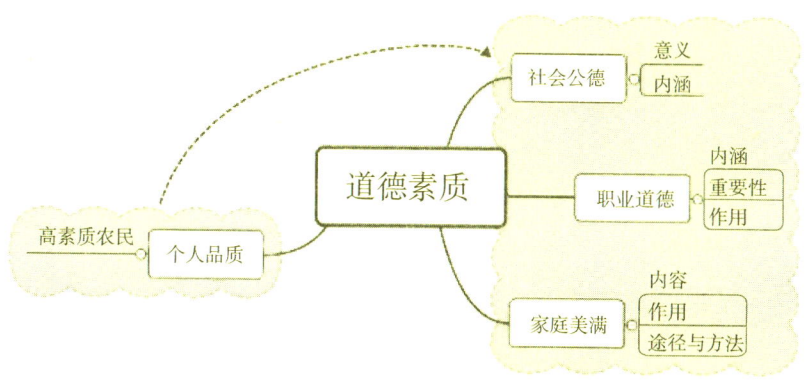

第一节 乡村建设中的社会公德

一、新时代社会公德建设的意义

社会公德是公民道德的重要组成部分，是社会道德风尚的评价标准和社会文明程度的衡量标准。在我国,随着从农业社会向工业社会、乡村社会向城市社会、同质单一型社会向异质多样型社会、封闭半封闭社会向开放社会的转变,社会公德水平和公众道德素养日益凸显其在促进国民经济健康快速发展以及提高国民素质方面的重要作用。《新时代公民道德建设实施纲要》[①]提出了"坚持积极倡导与有效治理并举"的要求。因此,社会公德的建设不仅需要强调倡导,还需要强调有效的治理。积极探索和建立社会公德建设的理论和实践体系对于我国具有关键和重大的战略意义。

首先,社会公德建设扮演着培养和实践社会主义核心价值观的关键角色。在我国的历史文化和社会现实背景下,社会主义核心价值观在多元价值观背景下发挥了导向、凝聚和评价的作用。它明确了社会公德建设的价值目标,如"富强、民主、文明、和谐";引领了社会公德建设的价值选择,如"自由、平等、公正、法治";规范了公民在公共领域的行为价值取向,如"爱国、敬业、诚信、友善"。这为国家、社会和公民三个层面的社会公德建设提供了价值指导,对人与人、人与社会、人与环境、人与网络等领域的社会公德建设具有重要意义。

其次,社会公德建设是促进整体公民道德体系建设的基石。社会公德、职业道德、家庭美德和个人品德共同组成了现代中国的公民道德体系,将这个完整的道德体系转化为人们自觉的道德生活是一项复杂的任务。社会公德不仅作为构建精神文明的众多要素之一,与其他要素相互联系、协调发展,推动整个精神文明的提升,还能够进一步推动法治国家和德治国家相结合,促进物质文明和精神文明的协调发展,推动社会的全面进步。相对于职业道德和家庭美德,社会公德的特殊性体现在其基础性质上。社会公德是全体公民为维护社会正常生活秩序和人际关系而必须共同遵守的最基本的社会公共生活规则,构成了公民道德体系的基石。积极强化社会公德建设被视为培养和践行社会主义核心价值观的关键措施。

最后,社会公德建设与治理是培育良好社会风尚的基础和支柱。社会风尚是社会中广泛传播的风气和习惯,也是评价社会文明水平的重要标志。形成健康的社会风尚是建设社会主义现代化国家的内在要求。充分发挥社会公德的作用,可以合理规范公众在公共生活和社会互动中的思想和行为,促进尊重老年人、男女平等、互相关爱、勇于正义的社会风尚的形成。

---

① 新时代公民道德建设实施纲要[EB/OL].(2019-10-27)[2024-07-06].https://www.gov.cn/gongbao/content/2019/content_5449646.htm。

二、乡村建设发展需要凝聚公德力量

改革开放40多年来，随着我国经济社会的全面发展和生产生活方式的日益变革，道德领域呈现多元、多样、多变的复杂态势。加强社会公德力量的凝聚，可以增强人民在公共领域的道德力量，使国家的道德力量强大、社会的道德风貌向上、人民的道德状态饱满。

（一）增强道德力量，促进农民全面自由与和谐发展

社会公德建设为推动农民的全面发展发挥着关键作用。社会公德，实际上是每个社会成员完善道德与人格，实现个体社会化的最基本途径，与个体的全面发展密切相关。农民的全面发展意味着在多个领域实现全面的、自由的发展，包括物质、精神、科技、人文、政治、道德等各方面的发展。

社会公德建设与治理有助于推动农民的自由发展。自由一直是人类历史的核心主题，农民的自由发展意味着每个农民都能相对自由地按照自己的意愿、兴趣和社会的需要发展自己，而不受强制或限制。外部自由和内心自由都是实现农民的自由发展的重要因素。外部自由提供了实现自由发展的可能性，而内心自由则涉及农民的主体性和思考能力。社会公德对提升农民的主体性和内心自由发展至关重要。

社会公德建设能促进农民的和谐发展。农民的和谐发展包括自身和谐与人际和谐。自身和谐指的是农民的身心和谐，而人际和谐涉及人际关系的和谐。这两者都是道德行为的体现。实现自身和谐需要树立正确的道德观，确定自我人生的价值追求，并通过正确认识现实与自我，融合崇高的事业追求与平凡的生活，最大限度地实现个人的人生价值。人际和谐则需要社会公德的支持，它在个体和社会之间建立了和谐关系，推动了农民与整个社会的共同发展。因此，社会公德不仅有助于农民的和谐发展，还促进了社会整体的和谐与进步。

（二）提升乡村治理水平，推进乡村治理体系和治理能力现代化

提升乡村治理水平，实现治理体系和能力现代化已成为当务之急。这一现代化进程涉及道德和制度的相互支持。首先，社会公德的培养有助于协调乡村社会关系。在现代乡村，各群体之间的复杂关系需要协调和谐，社会公德有助于引导人们理性制定利益目标，自觉调整利益需求，从而协调不同

群体的利益关系，促进社会和谐发展。其次，社会公德的存在有助于规范乡村社会行为。乡村社会的行为需要在社会规范的引导下进行，社会公德代表了乡村群体的共同认知和价值观念，它有助于确立乡村社会行为的规范和准则。再次，社会公德的推广有助于解决乡村社会内部的矛盾。随着乡村社会的复杂发展，社会矛盾不断增加，社会公德可用于处理非对抗性矛盾，通过道德手段减轻对立情况，促进社会和谐，维护乡村社会的稳定。最后，积极践行社会公德有助于保持乡村社会的稳定。乡村社会稳定是社会生活有序进行的前提，而社会公德在维护公共秩序、保障和谐人际关系方面发挥着关键作用，有助于维护乡村社会的稳定发展。

（三）增强文化软实力，进一步塑造良好形象

文化软实力包括一个国家或地区文化在内外两个层面的影响力，从政治、经济、科学、伦理等多个角度来看，它具备理想的凝聚感召力、理论的引导力、艺术的熏陶力以及道德的教化力。对于一个国家来说，文化软实力既是支撑力，又是创新力、推动力、凝聚力以及传承力的体现，是综合国力竞争中的核心力量。在新时代，提升国家文化软实力的任务，不仅需要在文化内容、形式、制度和传播方式方面实现创新，也需要加强道德建设，特别是社会公德凝聚力建设。

国家形象是国际社会对一个国家在经济、政治、文化、社会以及国民素质等方面的综合评价。国家形象包括物质形象和精神形象，而国家精神形象的构建中，社会公德凝聚力水平占有显著比重。社会公德凝聚力是一种基础的人类道德规范，具有国际间的共识。因此，提高社会公德凝聚力水平有助于确立国家的良好形象。

（四）全面建设社会主义现代化国家，实现乡村振兴

实现全面建设社会主义现代化国家的目标，不仅依赖科技进步和管理创新，还需依靠道德力量，提高劳动者以思想道德素质为核心的整体素质。社会公德为提高劳动者的素质，促进国民经济又好又快发展提供了重要动力。同时，它有助于培养积极的道德价值观，提升整个社会的精神风貌，为人们的物质生产活动注入热情和动力。唯有加强社会公德建设，才能逐步消除在公共领域制约经济发展的消极道德因素，提高社会公德在经济发展中的软实力，为全面建设社会主义现代化国家提供坚实的道德支持。

中国梦是全体人民的共同理想，它包含了经济、国家、公平和正义等多个方面的目标，而道德是实现这些目标的重要推动力量。新时代要实现中华民族伟大复兴中国梦，不仅要增强国家软实力，也需要提高民族素质，同时，营造能够为人民提供幸福感的道德环境。全社会的整体公德水平和个体的社会公德水准是公民道德体系的重要组成部分，提高整个社会的社会公德水准是提升道德素质的基础条件，也是实现中华民族伟大复兴中国梦的基本要求。

三、引导农民树立社会主义道德观念

农民作为农村社会的中流砥柱，其思想道德观念对于农村社会的和谐稳定、现代化发展至关重要。中国共产党领导人民在革命、建设和改革历史进程中，坚持马克思主义对人类美好社会的理想，继承发扬中华传统美德，形成了引领中国社会发展进步的社会主义道德体系。随着乡村振兴的全面推进，引导农民树立社会主义道德观念已成为一项紧迫任务，其内容如下。

以为人民服务为核心：将人民的利益置于首位，明确以人民为中心、为人民服务的核心价值。这强调了人民的利益和福祉在道德观念中的至高无上地位，倡导道德行为的首要目标是服务人民、造福人民。

以集体主义为原则：强调社会共同体的价值，倡导人们把集体利益置于个人利益之上，坚守集体主义原则。这鼓励个体在道德实践中表现出更大的社会责任感，确保个体行为符合社会整体利益。

以爱祖国、爱人民、爱劳动、爱科学、爱社会主义为基本要求：鼓励人们培养对国家、人民、劳动、科学和社会主义的深厚感情。爱国、爱民、尊重劳动、追求科学和社会主义的理念被视为道德行为的基本要求。

以社会主义核心价值观为引领：将社会主义核心价值观作为指导道德建设的基石。这些价值观（如自由、平等、公平、法治、民主、诚信、友善等）被贯穿道德规范中，引领人们的道德实践。

在继承传统中创新发展：强调传承中华传统美德，同时，要适应新时代的改革开放和市场经济发展要求。传统与创新相结合，确保道德观念具有时代性和实效性。

提升道德认知与道德实践相结合：强调提高人们的道德认知，同时，激发人们形成善良的道德愿望和情感。注重培养正确的道德判断和道德责任感，提高道德实践能力，鼓励人们朝着崇尚道德、坚守道德、实践道德的生活追求。

发挥社会主义法治的促进和保障作用：现代道德观将法治理念融入道德观念中，强调法治的重要性，鲜明的道德导向，弘扬美德，确保道德观念体现在法治的各个领域，引导人们向上向善。

积极倡导与有效治理并举：遵循道德建设规律，将先进性要求与广泛性要求结合，强调建设至上。它依靠榜样示范引领，加大力度解决突出问题，树立新的良好道德风尚，祛除不良风气。

第二节　乡村产业中的职业道德

一、职业道德概念

职业道德分为广义和狭义两个概念，这两者有各自的范围和内涵。广义的职业道德，是指在各类职业领域中，从业人员应当遵循的一系列行为规范和准则。这种职业道德的涵盖范围非常广泛，包括了从业人员与他们的服务对象、职业人员与同事、不同职业领域人员之间的关系。这种道德规范旨在保持职业活动的公平、诚信、责任和尊重，以促进社会和谐和合作。狭义的职业道德，则更专注于某一特定职业领域中应当遵循的道德原则和规范。这类职业道德是根据特定职业的性质和特征而形成的，以调整该职业内部和外部的职业关系为目的。这些道德规范关注职业主体与服务对象之间的关系，职业团体之间的协作，以及职业内部成员之间的互动。此外，它还涵盖了职业人员、职业团体和国家之间的互动和合作关系。

二、新时代高素质农民的职业道德

（一）新时代高素质农民的职业道德内涵

新时代高素质农民，作为中国农村现代化建设的中坚力量，承担着推动乡村振兴和农村现代化的历史使命。他们的职业道德内涵是决定其成功与否、乡村发展的关键因素之一。在新时代，高素质农民的职业道德内涵可以概括为以下几个方面。

第一，守护农村，在乡村振兴中发展自我是高素质农民的务农初心。坚守初心意味着不忘农业,不忘乡村,不忘种田的初心。新时代高素质农民应始终铭记自己是农村的根,农业的守护者,要始终把农业生产作为自己的首要任务,以实际行动践行初心,为乡村振兴贡献力量。

第二,勤劳致富是高素质农民基础的职业道德观念。勤劳致富是农民的传统美德,也是现代高素质农民应当具备的基本素养。他们应当充分发挥农民的天性,通过辛勤努力实现农业生产的高质量和高效益发展。

第三,诚实守信是高素质农民职业道德操守。诚实守信是农村经济活动的基础,也是社会和谐发展的关键。高素质农民应当保障农产品的质量和安全,不参与假冒伪劣农产品的生产和销售,应当维护农村产业的商业信誉,建立良好的商业合作关系,以确保自己的经济利益和农产品的市场竞争力。

第四,高素质农民应具备社会责任感的职业道德。农村是社会的一部分,高素质农民不仅要关注自己的经济利益,还要关心社会的公共利益。他们应当关注农村贫困问题,积极支持扶贫帮困工作,为社会的公平和公正作出贡献。高素质农民还应当参与社会公益事业,如环保活动、社区建设等,为构建和谐社会贡献力量。

第五,高素质农民应具备科技创新的职业道德。在新时代,农村现代化的推进需要农民具备科技创新的能力。高素质农民应积极采用现代农业技术,不断提升农业生产的智能化和科技化水平。他们应当关注农村科技创新的前沿动态,参与农业科研和技术推广,推动农村产业的现代化发展。科技创新的职业道德观念有助于农村实现可持续发展,提高农业生产的效益和品质。

(二)新时代高素质农民职业道德的重要性

农村现代化建设是中国社会发展的重要组成部分,作为农村现代化的中坚力量,高素质农民职业道德的培养和践行具有重要的现实意义和深远的历史使命。

第一,高素质农民的职业道德对农村经济发展至关重要。农业是农村的支柱产业,高素质农民的职业道德直接关系到农村经济的稳定和可持续发展。勤劳致富、诚实守信的道德观念能够激发农民的生产热情,提高农业生产的效益和品质。农村经济的繁荣不仅有助于改善农民的生活水平,也为城乡经济协调发展提供了坚实基础。

第二,高素质农民的职业道德对农村社会和谐稳定具有重要作用。社会和谐是现代化建设的重要目标,而高素质农民的社会责任感和热爱农村的道德观念有助于减少社会矛盾和冲突。他们关心弱势群体,积极参与扶贫帮困工作,推动社会公平和社区和谐。在农村社区建设中,高素质农民的积极参与和热情投入也能够促进社区的稳定和发展。

第三,高素质农民的职业道德对农村文化传承和发展有着积极的影响。农村是中国传统文化的重要承载地,而高素质农民热爱农村、热爱土地的道德情怀有助于弘扬农村的传统文化价值观念。他们通过自己的行为示范,为农村文化的传承和发展提供了坚实的基础。

第四,高素质农民的职业道德对国家形象和农村形象的树立具有重要意义。农村是中国的基础,高素质农民代表着中国农村的形象。他们的职业道德行为可以树立中国农民的良好形象,提升国家形象。同时,高素质农民的职业道德也能够改善农村的社会形象,吸引更多的资源和投资流入农村,推动农村现代化建设。

三、职业道德与乡村产业发展

乡村产业发展是中国农村现代化建设的核心任务之一,而职业道德在乡村产业发展中扮演着关键的角色。职业道德涵盖了诚实守信、勤劳致富、社会责任、科技创新等多个方面。职业道德的践行不仅有助于维护乡村产业的商业信誉,还能推动产业的可持续发展,促进农村社区的繁荣。

第一,职业道德对于乡村产业的信任和合作至关重要。乡村产业通常涉及多方合作,包括农民、农产品加工企业、销售商、政府等各种利益相关者。在这种合作中,建立和维护信任关系至关重要。通过践行职业道德,农民能够建立起稳定的商业伙伴关系,为长期发展奠定基础。

第二,职业道德对于产品质量和声誉的维护至关重要。乡村产业的核心是生产和销售农产品,产品质量和声誉是乡村产业成功的关键因素,直接关系到消费者的健康和满意度,而产品的声誉则影响着市场竞争力。通过践行职业道德,农民的产品能够获得更多消费者的信赖,提升市场份额,推动乡村产业的发展。

第三,职业道德强调社会责任感,对于乡村产业的可持续发展具有重要意义。农村产业的成功不仅应当追求经济利益,还要考虑社会和环境影响。职业道德要求农民和乡村企业关心社会问题,积极支持扶贫帮困工作,推动社会公平和社区和谐。同时,他们也应当参与环保活动,减少产业对环境的负面影响。通过践行社会责任的职业道德观念,农民能够树立良好的社会形象，促进农村可持续发展。

第四，职业道德观念有助于乡村产业的科技创新和竞争力提升。现代农村产业需要不断引入科技创新，提高生产效率和产品质量。职业道德要求农民关注科技创新的重要性，并积极参与科研和技术推广。通过践行科技创新的职业道德，农民可以提升自身的竞争力，适应市场需求，实现更好的发展。

第五，职业道德观念还有助于乡村产业的文化传承和乡村品牌塑造。乡村产业往往具有浓厚的地域文化特色。职业道德要求农民保护和传承农村的传统文化，这有助于形成乡村品牌，提升产品附加值。农村文化的传承和发展也能够吸引游客和投资，促进乡村产业的多元化发展。

第三节　乡村建设中的家庭美德

"家"不仅承载着中国人生命实践的美好愿景，而且还体现着中国人精神生活的重要追求。家文化是理解中国5 000多年文明历史的基因密码，是见证中国社会变迁的重要标示。中华民族家庭道德源远流长，并具有自身特质。当代中国家庭美德建设必须坚持以习近平新时代中国特色社会主义思想为指导，大力培育和践行社会主义核心价值观，将马克思主义家庭道德理论与当代中国家庭生活实际相结合，同中国传统家庭美德相结合，推动形成爱国爱家、相亲相爱、向上向善、共建共享的社会主义家庭文明新风尚。

一、新时代家庭美德建设内容

中共中央、国务院印发的《新时代公民道德建设实施纲要》指出，要推动践行以尊老爱幼、男女平等、夫妻和睦、勤俭持家、邻里互助为主要内容的家庭美德，鼓励人们在家庭里做一个好成员。这一重要论述，为新时代家庭美德建设指明了方向。

"尊老爱幼"源自中国传统家庭美德中的"老吾老以及人之老，幼吾幼以及人之幼"的传统价值观。这一观念强调子女应该尊敬父母，而父母则给予子女亲情和关爱，双方相互尊重人格权利和个人隐私。在家庭中，父母和子女共同承担家庭责任与义务，致力于共同建设幸福的家庭。

"男女平等"强调在家庭中男女应当享有平等的权利和承担平等的义务,拥有相同的社会地位和价值,以及平等的人格尊严。中国的宪法和法律已经贯彻了男女平等的原则,充分体现社会主义婚姻家庭制度的本质特征。

"夫妻和睦"强调夫妻之间要在生活中相互关心、互相帮助,在事业中互相理解和支持,以及在情感上相互爱护和关心。在处理家庭矛盾时,需要坦诚待人,相互理解,珍惜、培养和加强夫妻之间的感情,保持夫妻关系的和睦。

"勤俭持家"是确保家庭物质基础稳固的前提条件。任何家庭的幸福和美满都需要有一定物质基础。因此,每个家庭成员都需要通过勤劳、节俭、努力工作来奠定家庭的物质基础。勤俭持家能够锻炼人的品格,使其变得朴实和谦虚,避免奢侈和浪费,这本身也是中国传统文化崇尚的一种个人美德。

"邻里互助"是家庭内的道德特质在社会中的延伸。由于人类的社会本质,每个家庭都位于邻里社区中。邻里之间的团结、互助、互相关心和和睦相处将为家庭提供和谐愉快的外部环境。因此,我们崇尚相邻家庭之间以诚相见、互帮互助,形成良好的邻里关系。

二、家风建设助推乡村振兴

家风建设是指在家庭内部通过传承和弘扬传统文化、培养家庭成员的道德品质、促进家庭和谐关系等手段,塑造出一种积极、健康、向上的家庭文化和家庭氛围。它包括道德观念、价值观念、行为规范等多个方面。家风建设的重要性在于它不仅有助于传承中华传统文化,培养优秀的家庭成员,还能够促进社会和谐发展。因此,家风建设在乡村振兴和农村发展中具有不可忽视的重要作用。

中国几千年的文明史留下了丰富的文化遗产,这些文化元素往往在家庭内得以传承。通过家风建设,家庭能够将传统文化价值观传递给下一代,继承和弘扬中华优秀传统文化。家庭是培养人才的第一课堂,良好的家风能够培养出更多有责任感、爱心和创新精神的村民。通过家风建设,可以加强亲情、友情和邻里关系,减少矛盾和纠纷,为村民们提供一个和谐宜居的社区环境,进一步促进整个乡村社会的和谐稳定发展。

三、优良家风建设的途径和方法

优良家风建设是构建和传承家庭成员良好道德品质和价值观念的必要过程。家庭成员可以采用多种途径和方法来实现这一目标。

第一,发挥榜样示范作用,家长和长辈应以自己的言行为家庭成员树立正直、诚实、勤劳、包容等道德品质的楷模。家庭教育也扮演着关键角色,制定明确的家庭教育原则和价值观导向,培养年轻一辈尊重他人、关心弱者、守规则、敬长辈等价值观。家庭成员之间的积极沟通和互动有助于增强家庭和谐,保持开放对话,有助于理解和尊重彼此的需求和观点。

第二,传统文化传承是培养家庭优良风格的另一途径,通过庆祝传统节日、家族婚丧嫁娶活动、祭祖等方式,加深家庭成员对文化传统的认同感。家庭成员可以制定家族规矩,引导行为,包括行为习惯、家务分担等。家庭应通过家庭会议定期进行价值观念和行为的反思,保持积极向上的家庭风格。

第三,关心家庭成员的心理健康,支持心理辅导和咨询,有助于应对挫折和压力,增进家庭幸福。

第四,加强亲子和夫妻之间的情感联系,如信任、理解、亲密、支持,有助于建设健康的家庭风格。通过共同努力,家庭成员可以选择适合的方法,建设和传承优良家庭风格,创造一个和谐、幸福的家庭氛围,培养出具备道德、智慧和社会责任感的下一代。

第五章　高素质农民的科学素质

【内容提要】

本章通过分析农民科学素质的内涵、意义，为农民提升科学素质提供有效路径，使高素质农民树立相信科学、和谐理性的思想观念，自觉提升自身科学素质，提高文明生活、科学生产、科学经营能力，为乡村产业振兴奠定基础。

【思维导图】

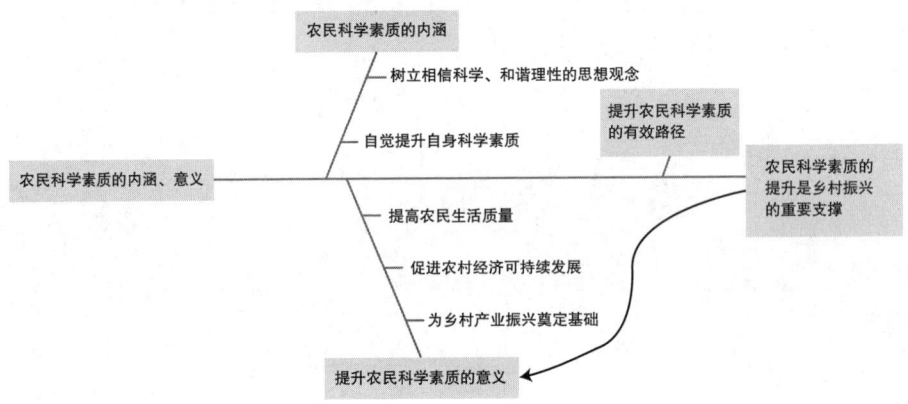

第一节　农民科学素质概述

一、农民科学素质的内涵

农民的科学素质既是我国国民科学素质的组成部分，也是对我国实施创新型国家建设战略、经济社会发展和农民生计发挥重要影响的因素之一。据统计，2018年，农村居民科学素质比例为4.93%，低于全国公民8.47%的平均水平[①]。因此，实施乡村振兴战略和全民科学素质行动计划离不开农民科学素质的提升。习近平总书记指出："科技创新、科学普及是实现创新发展的两翼，要把科学普及放在与科技创新同等重要的位置。没有全民科学素质普遍提高，就难以建立起宏大的高素质创新大军，难以实现科技成果快速转化。"这一重要指示精神是新时代科普和农民科学素质建设的根本遵循。

第一，拥有基本的农业科学知识是农民科学素质的基础。农民需要具备农业、生态、环境、健康等领域的基本知识，以适应现代农业生产的需求。这包括了解种植、养殖、农产品加工等方面的知识，以及关于农村资源管理、环境保护、气候变化等方面的信息。通过科学知识的积累，农民可以更好地抵御病虫害、提高农产品产量和品质、实现农业的可持续发展。

第二，运用必要的科学方法是农民科学素质的体现。这包括观察、实验、数据分析和问题解决等科学方法。农民通过科学方法的应用，可以更好地了解农田的状况、预测农作物的生长和病虫害的发生，从而采取有针对性的措施。此外，科学方法还有助于农民更好地管理农产品的生产和销售，提高经济效益。

第三，科学思维的养成是农民科学素质的核心。科学思维包括批判性思维、逻辑思考和创新思维等。农民需要具备这些思维方式，以更好地理解和解决复杂的农业和生活问题。例如，他们可以通过分析市场需求和农产品供应，制定更有效的种植计划。科学思维还有助于农民在面对新的挑战时找到创新的解决方案，提高对农村社区的适应能力。

第四，应用科学处理实际问题、参与公共事务是农民科学素质的标志。这包括了解科学道德、科学沟通和科学参与等方面的素养。农民需要了解科学研究的伦理规范，遵守科学道德，确保农产品的质量和安全。此外，他们还需要能够有效地与专业人士和决策者进行沟通，参与农村社区事务和政策制定，为自己的权益和发展提供支持。

第五，信息素质是农民科学素质的延展。信息素质包括信息搜集、筛选和应用的能力。随着信息技术的发展，农民可以通过互联网、手机应用等途径获

---

① 乡村振兴农民科学素质提升行动实施方案（2019—2022年）[EB/OL].（2019-01-17）[2024-07-06].https://mp.weixin.qq.com/s?src=11&timestamp=1720241370&ver=5365&signature=sdm9QU8sv6iqteI6eBUnpst-cM7u5J8zg2mEPOsDcJ8pfI5OF2CxRfhLcZIfvXD9jjqOFcBggz3zXrYwkVyaScY1Tcn*orbKc9e8HnEsjT9nSgyyST9B1Gy0PYZsbQNq&new=1。

取最新的农业信息，了解市场动态、天气变化等，以提高生产和经营的科学性。

二、农民科学素质的现状

自2006年全民科学素质行动实施以来，我国公民的科学素质水平大幅提升，2020年我国公民具备科学素质的比例达10.56%[①]，为创新发展营造了良好的社会氛围。但科学素质总体水平仍然偏低，不仅与发达国家仍有差距，而且城乡、区域发展不平衡，60~69岁公民、小学及以下文化程度人群的科学素质水平仍然低于5%。国务院发布的《全民科学素质行动规划纲要（2021—2035年）》提出，到2025年我国公民具备科学素质的比例要超过15%，到2035年我国公民具备科学素质的比例要达到25%，公民科学素质建设依然任重而道远。主要表现在：农民科学素质总体水平偏低，区域发展不平衡；科学精神弘扬不够，科学理性的社会氛围不够浓厚；科普有效供给不足、基层基础薄弱；落实"科学普及与科技创新同等重要"的制度安排尚未形成，组织领导、条件保障等有待加强。

三、提升农民科学素质的意义

农民是我国农村社会的基础和中坚力量，他们的科学素质水平直接关系到农村发展、农业现代化、精准扶贫、可持续发展以及国家现代化进程。提升农民科学素质具有深远而重要的意义，不仅对农村社区的可持续发展起到关键作用，还对整个国家的繁荣稳定有积极影响。

（一）促进农村现代化和农业现代化

提升农民科学素质有助于推动农村现代化和农业现代化进程。农村现代化包括经济、社会、文化和生态多个方面的现代化，而农业现代化是其中重要的组成部分。农民科学素质的提高意味着他们更容易掌握现代农业技术和管理方法，能够实施高效、可持续的农业生产，提高产量和品质，增加农产品附加值，为农村现代化的全面推进提供了坚实基础。

（二）提高农业生产效益

随着世界人口的不断增长，农业生产面临更大的挑战。提升农民科学素

---

① 中国科学技术协会. 第十一次中国公民科学素质抽样调查结果[EB/OL].（2021-01-26）[2024-07-06].https://www.kepuchina.cn/more/202101/t20210126_2962896.shtml.

质可以帮助他们更好地理解和应对气候变化、病虫害、土壤质量等问题，采用科学方法改进农业生产过程。这不仅可以提高农业生产的效益，还有助于粮食安全和农民收入的提高。

（三）加强农村社会文化建设

农民科学素质的提升有助于加强农村社会文化建设。农民具备更多的科学知识和文化素养，能够更好地传承和弘扬乡土文化，推动农村社会的文明进步。他们更容易理解和积极参与社会活动，提高社会责任感，促进社会和谐。

（四）推动可持续发展

农民科学素质的提升与可持续发展密切相关。农村是资源和环境的重要承载体，科学素质的提高有助于农民更好地保护土壤、水资源、生态系统等自然资源，采取可持续的农业生产和生活方式。这对于维护生态平衡、保护环境、实现农业可持续发展至关重要。

（五）促进农村就业和创业

农村居民具备科学知识和技能，更容易创造就业机会，开展农村产业，提高经济收入。此外，科学素质的提高也有助于培养创新创业的精神，激发农民的创业潜力，推动农村经济多元化发展。

（六）推动国家现代化进程

农村是国家现代化进程的重要组成部分。提升农民科学素质有助于农村社会的现代化，同时，也为全面建设社会主义现代化国家的目标提供了有力支持。农民作为国家现代化进程的参与者和受益者，其科学素质的提高将有助于国家整体实力的增强。

第二节　提高农民科学素质的途径

一、农民"相信科学、和谐理性"理念的培育

当今世界正经历百年未有之大变局，新一轮科技革命和产业变革正在

深入发展，人类命运共同体理念深入人心，同时，国际环境日趋复杂，不稳定性和不确定性明显增加，新冠疫情影响广泛深远，世界进入动荡变革期。我国已转向高质量发展阶段，正在加快构建以国内大循环为主体、国内国际双循环相互促进的新发展格局。科技与经济、政治、文化、社会、生态文明深入协同，科技创新正在释放巨大能量，深刻改变生产生活方式乃至思维模式。人才是第一资源、创新是第一动力的重要作用日益凸显，国民素质全面提升已经成为经济社会发展的先决条件。农民科学素质建设站在了新的历史起点，作为农业生产的主体和农村发展的重要力量，其科学素质和理念对于促进农业现代化、推动农村振兴具有重要作用。其中，培育农民"相信科学、和谐理性"的理念尤为关键。这里，从科学教育、科技推广、宣传引导等多个方面，探索农民"相信科学、和谐理性"理念的培育路径。

（一）加强科学教育

1. 强化科学教育内容

在农村教育中加强科学教育的内容和力度，包括自然科学、农业科学、环境保护等方面的知识。通过开设科学课程、组织科学实验和科技创新活动等方式，培养农民的科学素养和科学精神，使他们能够主动获取科学知识、运用科学方法。

2. 鼓励科学实践

组织农民参与科学实践活动，如科学观察、田间试验等。通过实践的方式，让农民亲身体验科学的力量和实用性，增强他们对科学的信任和认同，培养科学精神和创新能力。

（二）加强科技推广

1. 提供科技信息和服务

建立科技服务体系，加强科技推广力度，向农民提供准确、及时的科技信息和技术指导。通过科技人员进村入户、开展科技培训、建立农技热线等方式，提高农民获取科技信息和服务的便利性，增加他们对科技的接受度和运用能力。

2. 推广科学种植和养殖技术

推广科学种植和养殖技术，引导农民运用科技手段提高农业生产效益和质量。通过组织现场示范、技术培训和经验交流等方式，帮助农民了解和掌握先进的种植技术、育种方法、病虫害防治等科学管理措施。

（三）加强宣传引导

1. 科学宣传教育

通过各种媒体渠道开展科学宣传教育，向农民传递科学知识和科技成果。借助电视、广播、网络、报刊等媒体，普及农业科学知识，宣传科技创新成果，提高农民对科学的认知和理解。

2. 树立科学榜样

宣传和推广一些成功的科学典型和农业科技先进个人，让农民了解他们的科学理念和成功经验。通过他们的榜样力量，增强农民对科学的信心，引导他们践行科学、追求创新，为农业发展和农村振兴作出贡献。

（四）优化政策环境

1. 提供政策支持

加大对农业科技创新和农民科学素质提升的政策支持力度。通过出台奖励政策、设立科技创新基金、支持农民参与科技项目等方式，鼓励农民积极投身科学实践，推动科技创新在农村的广泛应用。

2. 加强农村科技基础设施建设

提升农民获取科技服务的条件和能力，建设农村科技推广中心、农业科技示范园等，提供科技展示、培训和交流的平台，方便农民学习和参与科技活动。

总之，培育农民"相信科学、和谐理性"的理念是农村振兴和农业现代化的重要任务。通过加强科学教育、科技推广、宣传引导和政策环境的优化，可以增强农民对科学的认知和信任，引导他们运用科学方法和科技手段，实现农业的可持续发展和农村的全面振兴。各级政府、农业科技部门、农民组织和社会各界应共同努力，为培育农民的科学素质和理念创造良好的环境和条件。

二、农民科学视野的拓展

农民是农业生产的主体和农村社会的基石，他们科学视野的拓展对于推动农业现代化、实现乡村振兴具有重要意义。农民科学视野的拓展是指农民对社会科学知识的了解和应用能力的提升，包括了解农村社会发展、农业经济形势、社会政策等方面的知识，并能运用这些知识进行农业决策和农村发展规划。

（一）农民科学视野拓展的重要性

随着社会的不断发展和科技的日新月异，农村社区所面临的挑战和机遇也变得前所未有的复杂和多样化。

第一，农村社区正面临着农业现代化的压力。随着全球农业技术的飞速发展，现代农业不再是传统的种植和养殖，而是需要高度科学化的决策和技术应用。农民需要了解最新的农业科学知识，以提高农业生产效率、质量和可持续性。只有拓展科学视野，他们才能更好地应用现代农业技术，提高农产品的竞争力。

第二，农村社区也面临着环境保护的挑战。随着环境问题日益严重，农民需要理解生态系统的复杂性和生态平衡的重要性。拓展科学视野可以帮助他们更好地参与农业生产和土地管理，采取可持续的农业实践，减少对环境的负面影响。

第三，全球市场的开放和竞争使农民需要更广泛的市场洞察力。他们必须了解国内外市场的需求和趋势，以便制定更明智的市场策略。只有拓展科学视野，他们才能更好地适应市场的变化，提高农产品的市场竞争力。

第四，农民的个人和社会发展也需要更广泛的知识和技能。拓展科学视野有助于提高他们的文化素养和终身学习的动力。这将有助于他们更好地适应社会变革，提高生活质量，为农村社区的可持续发展作出更大的贡献。

（二）农民科学视野拓展的途径

现阶段如何促进农民科学视野的拓展是一个至关重要的议题。为了更好地实现农村社区的可持续发展和乡村振兴战略的目标，需要采取一系列措施来拓展农民的科学视野。

第一，建设更优质的农村教育体系至关重要。农村学校需要提高教育质量，拓宽教育内容，将科学知识纳入课程体系，培养学生的科学兴趣和综合素质。同时，农村教育也应该与农村实际相结合，开展实践性教育，帮助学生更好地将科学知识应用于生产和生活中。

第二，推广农村继续教育和培训项目。这些项目可以为农民提供灵活的学习机会，使他们能够获取最新的农业技术和科学知识。农技推广中心、农民培训学校和农村示范基地等都可以成为农民学习的场所，提供实用的技能培训和科学指导。

第三，利用互联网和信息技术的优势。在数字化时代，互联网为农民提供了广阔的学习渠道。政府和相关机构可以建设农村网络学校、农村电子图书馆等在线资源，为农民提供科学教育和信息服务。此外，利用手机应用程序、社交媒体等工具，也能够传递科学知识和农业信息。

第四，培养农民科普意识。通过开展科普宣传活动、科学展览、科学节等形式，提高农民对科学的认识和兴趣。鼓励科普志愿者和科学普及机构积极参与，为农村社区提供科学知识和技术支持。

第五，政府和农业部门应制定政策和激励措施，鼓励农民参与科学教育和培训。这包括提供奖学金、科技创新奖励、科研资金等激励措施，以及支持农民组建农业合作社和农民合作社，共享资源和信息，促进农村社区的共同发展。

三、科技服务实践辐射带动

科技服务实践辐射带动是指科技服务在实践中的广泛影响和推动作用，通过科技服务的提供和应用，促进技术创新、产业升级和社会进步。科技服务实践辐射带动具有重要的意义，可以推动科技成果的转化和应用，促进经济发展、社会进步和可持续发展。

实现科技服务实践的辐射带动需要采取一系列策略和措施，以确保科技成果能够最大程度地应用于实际生产和生活中，推动经济社会的全面发展。以下是一些关键的策略和措施。

（一）建设科技创新生态系统

构建完善的科技创新生态系统，包括政府、企业、高校、科研机构等各方的合作和协同机制。政府应当提供政策支持和资金扶持，鼓励企业增加研发投入，高校和科研机构应积极参与产业技术创新，形成一个有机的创新网络。

（二）技术转移和科技中介服务

提供技术转移和科技中介服务是关键。政府可以设立专门的技术中心或机构，帮助科研机构和企业将科技成果转化为实际应用，推动技术的产业化和商业化。这包括知识产权保护、技术转让、市场对接等方面的支持。

（三）产业政策支持

制定和实施相关产业政策，以鼓励和引导科技成果在战略性新兴产业中的应用。这包括对重点领域的资金支持、税收优惠政策、市场准入政策等，以创造有利于科技服务实践的产业环境。

（四）科技人才培养

科技服务实践需要高素质的科技人才。因此，应当重视科技人才的培养和引进，鼓励科学家和工程师积极参与技术转移和科技服务。培训和教育机构应调整课程设置，增加实践环节，培养学生的创新和应用能力。

（五）科技服务平台建设

建设科技服务平台是重要的一步，这些平台可以提供科技咨询、技术支持、创业孵化等服务，帮助科技创新者将创意变为市场产品。这些平台应该具备专业知识和资源，能够满足不同领域的需求。

（六）加强国际合作

科技服务实践不应仅限于国内范围，国际合作也是至关重要的。与国外科研机构、企业和投资者合作，可以加速新技术的引进和传播，拓展市场和资源，推动创新的发展。

（七）监管和评估体系

建立科技服务实践的监管和评估体系，确保科技成果的质量和安全性。这包括技术标准的制定、验收程序的建立，以及对科技服务项目的评估和监督。

（八）科普宣传和社会参与

加强科技普及宣传工作，提高公众对科技服务实践的认知和理解。鼓励社会组织、志愿者团体等积极参与科技服务活动，推动科技成果的社会化应用。

第六章　高素质农民的文化素质

【内容提要】

文化是民族的魂和根。本章通过介绍农民文化素质的内涵、特征，分析农民的心理素质、传统文化的价值等，彰显中华文化对农民的精神塑造，推动高素质农民把传统农耕文化与新时代社会主义文化相结合，自觉加强人格塑造，愉悦身心，铸成精神家园，推动乡村文化振兴。

【思维导图】

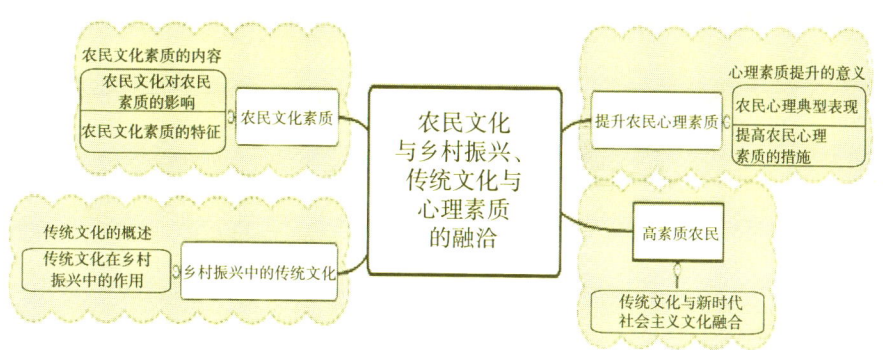

第一节　农民文化素质概述

一、农民文化素质的内容

农民文化素质是指农村居民在文化知识、道德伦理、社会习惯、审美情趣等多个方面的素养和修养水平。它是农村社会的重要组成部分，直接影响着农村社会的文明程度和社会进步。农民文化素质的提高意味着农村居民更好地掌握了知识和技能，更具有社会责任感和公民意识，更能够与现代社会互动和融合。

中国传统农耕文化深刻地塑造了中国文化的特质，并体现在多个方面。首先，中国农耕历史悠久，农耕文化贯穿了中国几千年的历史。这一文化形成了中国人勤劳、勇敢、坚韧不拔的品质。农耕文化注重季节的变化和农时的安排，培养了中国人的时间观念和生活规律，使他们习惯于追求和谐与平衡。其次，中国的农耕文化体现在中国人的饮食文化中。中国是世界上最早开始种植和利用大豆、小麦、稻米等农作物的国家之一，这些作物构成了中国饮食的基础。农耕文化的传承使中国人注重饮食的平衡，倡导谷物、蔬菜、肉类和海鲜的搭配，追求饮食的多样性和卫生。再次，传统农耕文化也反映在中国的农村社会组织和节庆活动中。中国的传统节庆多与农事活动相关，如春节、中秋节等。这些节庆强调家庭团聚、尊重祖先、感恩大地的价值观，体现了中国人对农耕文化的传承和崇尚。

中国的文学、艺术和哲学作品中常常反映出农耕文化的影响。诗歌、书法、绘画等艺术形式常以自然、田园和农村生活为题材，体现出中国文化对大自然的敬仰和农民生活的赞美。中国传统农耕文化是中国文化特质的重要组成部分，影响着中国人的价值观、生活方式、饮食文化、社会组织和艺术创作等方面。

作为新时代农耕文化主要传承者的高素质农民，其文化素质主要包括以下内容。

（一）文化素养

农民的文化素养，体现在其具备比较扎实的农业知识和技能，一定的审美能力、文化修养以及人文精神，具有对美的感知和欣赏能力，能够从农田中的自然风光和人文艺术品中感受到美的力量。同时，对社会价值观有认同和追求，良好的道德品质和人文关怀也是农民所应具备的素养，做到注重与他人的互动，保持善良、宽容和友善的态度，并积极融入社会，为社会进步作出贡献。

（二）文化技能

农民的文化技能体现在具有一定的阅读、写作、表达以及演讲等方面的能力，通过良好的语言表达能力和沟通能力，有效地与他人进行交流和沟通，能够清晰地表达自己的观点和意见。

（三）文化参与

农民的文化参与体现在参加各类文艺演出、书法绘画、民间文化等活动。通过这些活动进一步开阔眼界、提高审美素养，增长知识，培养自身的文化修养。同时，作为传统文化的传承者和弘扬者，积极参与传统文化的学习和传承，参与当地文化建设和社区文化活动，激发自身创造力、提升自我价值感。

（四）文化创新

农民的文化创新能力体现在具备一定的创作、设计、传播等方面的创新能力。需要有创新思维，能够运用自身的文化知识和文化素养，开展文化创意产业，推动乡村文化的创新和发展。

二、农民文化素质的特征

在新时代推动文化繁荣，建设文化强国，建设中华民族现代文明，聚焦农民文化素质是实现文化繁荣重要的环节。通常来说，农民文化素质特征是农民在文化领域中所具备的独特特点和素质表现，这些特征反映了农民在文化素养、价值观念、审美意识和文化传承等方面的特点和品质。

（一）传统文化的传承

农民对传统文化的传承体现在积极参与传统文化活动，如传统节日的庆祝、民俗文化的表演等。农民通过乡土文化的传承，弘扬民间文化和民族文化，保护和传播传统文化的价值观念和知识体系。

（二）自然环境的认同

农民对自然环境有着特殊的认同感。由于与自然环境有密切联系，农民对自然景观、生态环境和农田的特殊情感和理解使得他们对自然的美感和保护意识更加敏感。这种认同促使农民在文化表达中更注重对自然的描绘和表达，传递着独特的自然情怀和生态观念。

(三)劳动精神和创造力

农民在农田劳作和生活实践中培养了较强的劳动精神和创造力。他们通过农田劳动的实际经验,形成了勤劳、坚韧和创新的品质。这种劳动精神和创造力在农民的文化创作、民间艺术和农业技术创新中得到体现。

(四)乡土情怀和社区认同

农民对乡土情怀和社区认同具有较高的情感投入和归属感。他们对家乡和社区的传统习俗、文化活动和社会关系具有深厚的情感认同,这种乡土情怀和社区认同使农民在文化传承、社区建设和乡村发展中发挥着重要的作用。

(五)文化学习和自我教育

农民对文化学习和自我教育具有积极的态度和实践。尽管受到教育资源和环境的限制,农民通过书籍、报刊、广播、电视和互联网等渠道积极获取文化知识,提高自身的文化素养。他们通过自我教育和学习,不断充实自己的知识储备,拓宽自己的思维视野。

三、农民文化素质产生的影响

农民文化素质对个人、社会、农业发展以及农业产业升级等多个方面产生了深远而积极的影响。

(一)个人方面

农民文化素质有助于个体的全面发展。高文化素质的农民更容易获得教育和知识,提高自身综合素质,拓宽职业发展机会。他们具备更好的创新能力,更容易适应新的科技和管理方法,提高农业生产效益,增加家庭收入。文化素质有助于培养社会责任感和公民意识,使农民更积极参与社会和公共事务,为社会进步和稳定贡献力量。

(二)社会方面

农民文化素质对社会风貌和社区建设产生积极影响。高文化素质的农民更容易树立社会主义核心价值观,积极传承和弘扬社会正能量。他们注重社会责任感和公德心,形成和谐的社会关系,改善了社会风貌。在社区建设方面，高文化素质的农民更积极参与社区治理和公共事务，推动社区的民主化和法治化建设，提高社区的凝聚力和共建共享水平。文化素质还有助于乡土文化的传承和发展，维护了地方文化的多样性和特色。

（三）农业发展方面

农民文化素质对农业现代化和农村产业发展有重要影响。高文化素质的农民更容易接受新的农业技术和管理方法，提高农业生产的效益和质量。农民的文化素质还有助于农村生态环境保护和可持续发展，使他们更能理解和实践可持续农业的理念，维护农村的生态平衡。

（四）农业产业升级方面

农民文化素质对农村产业升级和农产品质量提升起到关键作用。高文化素质的农民更容易适应市场需求，生产高附加值的农产品。他们更注重质量安全和品牌建设，提高农产品的市场竞争力。此外，文化素质还有助于农民参与农业产业链的各个环节，促进农业产业升级。

第二节　提升农民的心理素质

一、提高农民心理素质的意义

（一）历史发展方面

提高农民心理素质，使他们更具抗压能力、适应性和创新能力，对农村的农业现代化和乡村振兴具有关键意义。随着改革开放政策的推进，农村土地改革和承包责任制的实施为农民提供了稳定的土地权益，但同时也带来了经济和社会的变革。在这个过程中，农民需要具备较高的心理素质，以应对土地变革、产权调整和市场竞争等方面的挑战。提高农民心理素质有助于维护他们的合法权益，促进农村社会的稳定与和谐。

（二）个人方面

提高农民心理素质对个体的成长和发展至关重要。良好的心理素质可以帮助农民更好地应对生活中的各种挑战和压力。包括情感管理、自我激励、抗压能力等方面的素质。提高这些素质有助于农民更好地应对农村生活的变化和挑战，更好地迎接未来的机会和挑战，提高生活质量，提升自身幸福感。

（三）家庭方面

农民心理素质的提高对家庭和家庭成员的幸福稳定具有积极作用。健康的心理素质有助于家庭内部关系的和谐，减少了争吵和冲突的可能性。农民家庭中的成员能够更好地支持和理解彼此，共同应对家庭生活中的压力和挑战。这有助于家庭的稳定和幸福感的提升，为下一代的成长提供了更好的环境。

（四）社会方面

提高农民心理素质对社会稳定和和谐具有重要意义。心理素质良好的农民更容易融入社会，积极参与社会活动，为社会进步和稳定作出贡献。他们更具社会责任感和公民意识，更容易树立积极的社会价值观。这有助于社会风貌的改善和社会文明程度的提升，维护社会的和谐与稳定。

（五）文化方面

提高农民心理素质有助于乡土文化的传承和发展。心理素质健康的农民更容易理解和珍惜本地的文化传统，积极参与文化活动，推动乡土文化的传承和发展。这有助于保护和弘扬地方文化的多样性和特色，丰富了中国乡村文化的内涵。

二、我国农民心理典型表现

在我国，农民在劳动人口中占绝大多数，广大农民的心理状况：一方面，直接影响着农民的行为动机和习惯，进而影响农民的劳动模式，影响农民群众的生活与发展趋势；另一方面，农民群众的心理状况与我国社会的可持续发展有关，是社会稳定的关键性因素。我国农民在长期的生产生活中，普遍表现出一定的心理特征，主要分为从众心理、守旧心理、求稳渴望心理、趋避冲突心理等①。

从众心理：在不了解事物的情况下，往往跟随潮流会让人感到更加安全。相对于其他社会群体，农民通常缺乏在农村以外社会的生活适应能力。他们可能不太擅长从复杂的环境中筛选出正确的关键信息，而更容易接受符合他们心理倾向的错误信息。

守旧心理：在中国的农村社会，经历了千年的封建社会变革，农民养成了一种按往常方式从事农作的习惯。他们通常不太愿意接受新事物，难以进行创新。通常情况下，农民会观察其他人的做法，特别是如果看到他人成功地应用某项技术取得良好的效果，他们会坚定地继续采用这项技术，并长期保持不变。然而，对于他们从未接触或使用过的技术，农民通常持怀疑态度，即使听说过也不太愿意尝试。

求稳渴望心理：随着经济的高速发展，农民开始意识到科学技术的强大威力，也迫切希望改变他们原有的生产和生活方式。考虑到自然气候变化的不确定性、有限的经济资源以及市场风险等因素，农民往往需要亲眼见到推广活动真正产生实际效果，才愿意采纳新的方法和技术。

趋避冲突心理：农民群众面对新的农业技术通常会表现出两种心态，一种是对经济效益的渴望，另一种是对潜在风险的担忧，这也就是常说的趋避冲突心理。一方面，他们渴望新技术能够带来经济效益，急切地期望提高农业生产的产出；另一方面，小农守旧的思维方式限制了他们的观念，让他们难以跳出过去的框架。农民在抉择时既表现出积极主动的一面，又容易陷入被动状态。在决策时，他们常常选择沿袭传统的农业方法，因为这些方法对他们来说更加熟悉和可靠。

三、提高农民心理素质的措施

提高农民心理素质是一个复杂而系统性的任务，需要综合考虑各个方面的因素。以下是从系统性角度分析提高农民心理素质的措施。

（一）教育体系的优化和改进是提高农民心理素质的基础

加大对农村教育的投入，改善学校设施，提高教师的培训水平，确保农村学生能够获得高质量的教育。农村教育中应更加注重心理健康教育，培养

---

① 柳宛君. 农业推广活动中的农民心理[J]. 传播力研究，2018，2（22）：234。

学生的情商和心理韧性，使其更好地应对生活中的压力和挑战。

（二）农村社会支持网络的建设对提高农民心理素质至关重要

农村社区和合作社等组织可以为农民提供社会支持和心理支持。这些组织可以组织各种社交和文化活动，帮助农民建立社会联系，减轻他们的孤独感和社会压力。此外，社会组织还可以开展心理健康教育和心理治疗服务，帮助农民解决心理问题。

（三）政府的政策支持是提高农民心理素质的重要保障

政府可以制定相关政策，鼓励和支持农民参与社会、文化和经济活动，提高他们的社会地位和幸福感。政府还可以提供农村心理健康服务的补贴，降低心理治疗和咨询的成本，使农民更容易获得这些服务。

（四）科技普及和信息化建设也可以帮助提高农民心理素质

农村地区可以通过互联网和移动应用获得丰富的信息资源，包括心理健康知识和应对方法。这将有助于农民更好地理解和管理自己的情感和压力。

（五）农村心理健康教育的普及是提高农民心理素质的重要途径

学校、社区和农村卫生机构可以开展心理健康教育活动，向农民传授心理健康知识和技能，提高他们的心理健康水平。

总体上，提高农民心理素质需要综合考虑教育、社会支持、政策支持、科技普及和心理健康教育等多方面的措施，构建一个完整的系统。只有通过系统性的干预，才能有效提高农民的心理素质，帮助他们更好地应对生活中的各种挑战。

第三节 乡村振兴中的传统文化

一、传统文化概述

传统文化是一个广泛而复杂的概念，可以从学术、民俗和国内外多个角度来理解。从学术角度看,传统文化是一个社会或群体长期形成并传承下来的文化体系,包括了语言、宗教、伦理道德、风俗习惯、艺术、技术等各个方面。这些元素反映了特定社会、地域或群体的历史、价值观念、审美标准和生活方式,是一个社会的文化记忆和身份认同的体现。从民俗角度看,传统文化注重的是群体的习惯、传统仪式和节庆等,以及这些传统在日常生活中的表现。传统文化通过庆祝节日、宗教仪式、婚礼、葬礼、祈福仪式等民俗活动传达价值观念、团结社区和弘扬文化传统。它反映了特定社群的集体记忆、共同历史和社会秩序。从国内外角度看,传统文化包含了各个国家和地区的文化遗产。不同国家和地区的传统文化各具特色,反映了不同历史、宗教、地理和文化环境的影响。例如,中国的传统文化包括了儒家、道家、佛教等多种哲学思想,以及中国书法、绘画、茶道、传统医学等各个方面的文化元素。而在国际层面,世界各国也有各自的传统文化,如希腊的古典文化、印度的印度教文化、日本的武士文化等。

  传统文化具有丰富多彩的特点,这些特点反映了它的独特性和价值。首先,传统文化通常具有悠久的历史。它经历了数百甚至数千年的演化和传承,代表了一个社会、地域或文化群体的历史积淀。这使得传统文化成为了一个文化群体的宝贵遗产,承载着丰富的历史记忆和文化传承。其次,传统文化具有地域性。它在特定的地理环境和社会背景下形成,因此,在不同地区呈现出不同的特色和表现形式。这种地域性特征反映了不同地区的文化多样性,丰富了世界文化的面貌。传统文化还包括了丰富的价值观念和伦理道德。它传达了对生活、人际关系、社会责任等方面的看法和理念,为社会提供了道德准则和价值导向。传统文化在社会中具有积极的社会功能,有助于社会秩序的维护和社群凝聚力的增强。传统文化通常通过口头传承、故事、歌谣、神话、寓言等方式传递给后代,这种传承方式有助于文化的延续和传播。它不仅是文化的传承,也是文化认同的一部分,有助于形塑个体和社会的文化认同。

  总之,传统文化是一个社会、地域或文化群体的文化遗产,它具有历史悠久、地域性强、价值观念丰富、口头传承等特点。它不仅为文化多样性贡献力量,也为人们提供了历史记忆、文化认同和价值指导。因此,保护和传承传统文化是维护文化多样性和促进文化繁荣的重要任务。

二、中国传统文化在乡村振兴中的价值

传统文化在乡村振兴中发挥着多重关键作用，涵盖了文化传承、产业发展、社会建设和文化自信等方面。

第一，传统文化在乡村振兴中具有重要的文化传承功能。乡村地区通常扎根于丰富的传统文化氛围之中，包括民间艺术、习俗、宗教信仰等。传承这些文化遗产有助于维护文化多样性，传承历史记忆并弘扬民族文化。这不仅有助于保持农村社区的文化连续性，还为年轻一代提供了文化教育和身份认同。

第二，传统文化可以促进产业发展。许多乡村地区拥有独特的传统文化资源，如传统手工艺、民间美食、节庆活动等。这些资源可以成为文化创意产业的重要素材，推动文化产品和体验的开发。通过挖掘这些资源，可以创造就业机会，提高乡村居民的收入水平，促进乡村产业的多元化和可持续发展。

第三，传统文化有助于社会建设和社区凝聚。许多传统文化活动和节庆都是社区性质的，参与者通常是村民和社区居民。这些活动促进社区内部的互动和交流，强化社会关系，减少社会矛盾。传统文化还强调伦理道德和社会责任，有助于塑造社会公德，促进社会和谐关系。

第四，传统文化可以增强文化自信和身份认同。通过传承和发扬传统文化，乡村居民更容易树立文化自信，认识到自己所属文化的独特性和价值。这有助于改变农村地区长期以来的文化自卑感，增强社区的自我认同和自尊心，培养文化自信的新一代农民。

三、充分发挥传统文化价值，助力乡村振兴

在现代生产方式的背景下，传统文化具有重要的文化价值、经济价值和产业发展价值。充分发挥传统文化的价值，助力乡村振兴是当前乡村发展中的一项重要任务。具体应从以下几个方面努力。

（一）传承与保护

首要任务是传承和保护传统文化的核心元素，包括语言、文学、音乐、舞蹈、传统工艺、节庆等。通过建立文化档案、成立传统文化传承机构、组织文化活动、培训传统文化传承人等方式实现。政府和社会组织可以提供资金和资源支持，确保传统文化不断传承下去。

（二）创新与应用

传统文化不仅是历史的遗产，还可以为现代社会提供创新的灵感和资源。通过将传统文化与现代技术、现代产业相结合，推动文化创意产业的发展。例如，借鉴传统文化元素设计现代产品，将传统故事融入文化创意产品，或者将传统文化与文化旅游相结合，吸引游客和投资。

（三）文化教育与培训

加强乡村地区的文化教育，培养农民的文化素养，有助于提高他们的文化认同感和文化自信心。可以开设传统文化课程，鼓励农村学校和社区组织文化活动，帮助农民更好地理解和参与传统文化。

（四）文化旅游与产业发展

乡村地区通常拥有丰富的自然和文化资源，可以发展文化旅游业，吸引游客前来参观体验。政府可以制定支持政策，投资基础设施建设，提升乡村旅游的品质和吸引力。这不仅有助于增加农民收入，还能促进当地经济的发展。

（五）社区文化建设

强化社区文化建设，培养文化氛围和文化共同体感。社区可以举办文艺演出、传统节庆活动、文化讲座等，提供文化交流的平台，加强社区居民的文化互动，增进彼此之间的了解和认同。

（六）传统文化与乡村产业融合

鼓励农村产业与传统文化相融合，开发具有地方特色的产品和服务。例如，利用传统农产品和手工艺品开展深加工，推动乡村产业的升级。同时，传统文化也可以成为产品包装和营销的亮点，提高产品竞争力。

总之，充分发挥传统文化的价值，助力乡村振兴需要政府、社会组织、文化传承人和农村居民的共同努力。通过传承、创新、教育、旅游、社区建设以及产业融合等多种方式，可以使传统文化焕发新的生机，为乡村振兴注入文化力量，实现文化与经济的双赢。

第七章　高素质农民的生态与绿色意识

【内容提要】

本章主要介绍新发展理念、绿色生产的内涵和要求及其与公民健康的关系，以及其在乡村振兴中的意义，使高素质农民更新观念，在产业振兴中坚持生态保护、绿色生产和健康生活，为实现生态宜居、绿色健康和乡村生态文明建设奠定基础。

【思维导图】

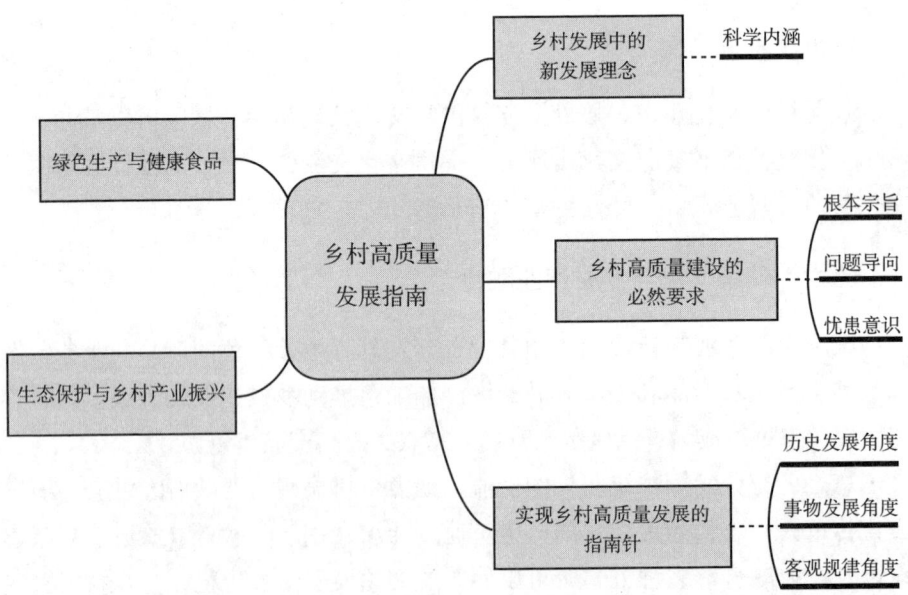

第一节 乡村发展中的新发展理念

党的十八大以来,以习近平同志为核心的党中央科学判断经济形势,形成经济社会发展许多重大理论创新,提出以"创新、协调、绿色、开放、共享"为主要内容的新发展理念。新发展理念是一个系统的理论体系,回答了关于发展的目的、动力、方式、路径等一系列理论和实践问题,阐明了我国关于发展的政治立场、价值导向、发展模式、发展道路等重大政治问题。

一、新发展理念的科学内涵

新发展理念立足于我国当前新发展环境、发展条件,是符合我国国情、顺应时代潮流、厚植发展优势的重大抉择,具有战略性、纲领性、引领性。我们必须把握其科学内涵。

创新发展注重的是解决发展动力问题。我国创新能力不强,科技发展水平总体不高,科技对经济社会发展的支撑能力不足,科技对经济增长的贡献率远低于发达国家水平,这是我国这个经济大个头的"阿喀琉斯之踵"。

协调发展注重的是解决发展不平衡问题。我国发展不协调是一个长期存在的问题,突出表现在区域、城乡、经济和社会,物质文明和精神文明,经济建设和国防建设等关系上。在经济发展水平落后的情况下,一段时间的主要任务是要跑得快,但跑过一定路程后,就要注意调整关系,注重发展的整体效能,否则"木桶"效应就会更加显现,一系列社会矛盾会不断加深。

绿色发展注重的是解决人与自然和谐问题。我国资源约束趋紧、环境污染严重、生态系统退化的问题十分严峻,人民群众对清新空气、干净饮水、安全食品、优美环境的要求越来越强烈。

开放发展注重的是解决发展内外联动问题。现在的问题不是要不要对外开放,而是如何提高对外开放的质量和发展的内外联动性。我国对外开放水平总体上还不够高,用好国际国内两个市场、两种资源的能力还不够强,应对国际经贸摩擦、争取国际经济话语权的能力还比较弱,运用国际经贸规则的本领也不够强,需要加快弥补。

共享发展注重的是解决社会公平正义问题。我国经济发展的"蛋糕"不断做大,但分配不公问题比较突出,收入差距、城乡区域公共服务水平差距较大。在共享改革发展成果上，无论是实际情况还是制度设计，都还有不完善的地方[①]。

二、乡村高质量建设的必然要求

（一）从"根本宗旨[②]"把握新发展理念，始终坚持把高质量发展同满足人民美好生活需要紧密结合起来，提升发展质量问题

习近平总书记强调："为人民谋幸福、为民族谋复兴，这既是我们党领导现代化建设的出发点和落脚点，也是新发展理念的'根'和'魂'。"新发展理念的核心元素表明，人民需求是创新发展的关键；协调发展问题是制约人民追求美好生活的障碍；绿色发展是人民生活质量的增长点；开放体现了中国式现代化新道路在为全人类创造美好生活方面的世界历史意义；共享使人民在多个领域、层面和环节中体验到成就感和获得感。

（二）从"问题导向[③]"把握新发展理念，紧盯解决突出问题形成整体推进力量，解决好发展问题

系统观念、高质量发展和乡村振兴是中国新时代的核心概念。系统观念作为一种根本性思维方式，与新发展理念紧密相连，共同回答了如何实现"高质量发展"和"乡村振兴"的问题。

习近平总书记强调："要完整、准确、全面贯彻新发展理念，必须坚持系统观念，统筹国内国际两个大局，统筹'五位一体'总体布局和'四个全面'战略布局，加强前瞻性思考、全局性谋划、战略性布局、整体性推进。"这意味着"五位一体"总体布局、"四个全面"战略布局，以及新发展理念，共同构成中国特色社会主义事业的总体设计，推动中国走向更高效、可持续的发展方向。

这一综合的思维方式与新发展理念的实施将有助于中国实现高质量发展和乡村振兴的目标，推动全国经济和社会的全面进步。

---

① 新发展理念就是指挥棒、红绿灯[EB/OL].（2016-06-06）[2024-07-06]. http://www.xinhuanet.com/politics/2016-06/06/c_129041657.htm。

② 郝桂荣，蒋海彬. 论中国共产党全心全意为人民服务根本宗旨的实践维度[J]. 学校党建与思想教育，2022（2）：6-8。

③ 程淑兰. 推动高质量发展必须坚持问题导向[J]. 前进，2023（7）：41-44。

（三）从"忧患意识[①]"把握新发展理念，坚持统筹发展和安全，树立底线思维，确保现代化事业推进。

新发展理念是针对中国经济发展进入新常态、世界经济复苏低迷形势提出的治本之策，是对国内经济长期积累的结构性矛盾逐步显现、国际经济运行下行风险较大的科学回应。强调保障粮食、能源、重要资源的供给安全，增强供应保障能力，实施全面节约战略，筑牢发展的基础。新发展理念的内容指向正是高质量发展和乡村振兴的"双轮驱动"，旨在增强国家的韧性，推动我国由"大国阶段"迈向"强国阶段"。

综上所述，新发展理念紧密联系着高质量发展和乡村振兴，提供了系统的思维方式和科学的指导原则，使我国能够在不断变化的国内外环境中稳步前行，为实现更高水平的发展和社会安全打下坚实基础。

三、实现乡村高质量发展的指南针

乡村发展中的新发展理念既承载了历史发展的经验，又融合了事物发展和客观规律的智慧，已成为实现乡村高质量发展的科学指导。

（一）从历史发展角度看

新发展理念承载着我国农村改革开放40多年来的发展经验和成就。改革开放以来，我国农村发生了翻天覆地的变化，农村面貌焕然一新。新发展理念的提出是对这一历史发展进程的总结和升华，标志着中国乡村事业迈向了一个新的发展阶段。

（二）从事物发展角度看

新发展理念秉持着以人民为中心的发展思想，把人的全面发展置于核心地位。它强调了农村全面振兴，不再仅仅关注农村经济增长，而是追求经济、社会、文化、生态等多维度的协同发展。这种多维度、全面发展的思想在事物发展的历史长河中得以延续和发展，使乡村发展不再是简单的农业发展，而是一个更加丰富多彩的综合性工程，包括了产业、教育、文化、生态等各个方面的进步。

[①] 薛安泰. 论中国共产党的成功密码：忧患意识[J]. 黄河科技学院学报，2023，25（7）：41-48。

(三)从客观规律角度看

新发展理念强调了生态文明和绿色发展,这是顺应社会、自然发展规律的必然选择。随着全球环境问题日益突出,生态文明已成为世界各国共同面临的挑战。在这一背景下,新发展理念提出了绿色发展的理念,强调了生态保护和可持续发展的必要性。这是一种对客观规律的深刻把握,也是适应未来发展趋势的明智之举。

第二节 生态保护与乡村产业振兴

一、生态保护是实现生态宜居的必然前提

良好生态环境是农村最大优势和宝贵财富。必须尊重自然、顺应自然、保护自然,推动乡村自然资本加快增值,实现百姓富、生态美的统一。生态宜居不仅是一个有着美丽自然风景的地方,更是一个生活环境良好、健康可持续发展的社区,而生态保护是实现这一目标不可或缺的前提。

首先,生态保护旨在维护自然生态系统的平衡。自然界的各种生物和生态过程相互依赖,构成了一个复杂的生态网络。任何一个环节遭到破坏,都可能导致连锁反应,影响整个生态系统的稳定。因此,保护生态平衡是确保生态宜居的基础。

其次,生态宜居的地方必须依赖可持续利用的自然资源。这包括清洁的水源、富饶的土壤、可再生的能源等。生态保护可以确保这些资源的可持续性,防止资源的过度开采和浪费,从而保障了生态宜居环境的基础。实际上,生态保护对人类健康有着直接的影响。清新的空气、干净的水和有机食物等都是生态健康的重要组成部分。保护自然环境,减少污染和毒性物质的释放,有助于减少环境污染对人体健康的危害,提高了生态宜居地区居民的生活质量。所以,生态保护对于维护生态系统的稳定性至关重要。

生态系统提供了许多重要的生态服务,包括净化水源、防止土壤侵蚀、抵御自然灾害等。只有通过保护自然环境,我们才能够确保这些生态服务的持续提供。众所周知,生态保护与全球气候变化应对密切相关。保护森林、

湿地等生态系统有助于吸收二氧化碳,减缓气候变化的速度。通过降低碳排放、减少能源浪费,生态宜居地区可以更好地应对气候变化带来的挑战。生态保护也包括了保护当地的文化和传统。此外,许多乡村地区的文化与生态环境紧密相连,通过传承和保护这些文化,可以提升乡村地区的文化宜居性。

总之,生态保护是实现生态宜居的必然前提,它与人类健康、可持续发展、生态系统的稳定性以及气候变化应对密切相关。只有通过采取积极的生态保护措施,我们才能够创造出一个环境友好、健康宜居的乡村社区,满足现代社会对高质量生活的需求,为未来的可持续发展创造坚实的基础。

二、生态宜居是完成乡村振兴的关键核心

从历史传统、生态环境、发展需求和文化认同等方面分析,我们认为生态宜居是完成乡村振兴的关键核心,并为其提供了坚实的支撑。只有保护好生态环境,打造宜居乡村,才能实现乡村振兴的目标,提高农民生活水平,促进农村可持续发展。

(一)从历史角度看

中国自古以来就有着崇尚自然和谐的文化传统。古代文人墨客常常吟咏山水田园,强调人与自然的和谐共生。这种文化传统影响着中国乡村的建设和发展,促使人们注重生态环境的保护和改善。历史上,许多乡村都因其自然环境而成为人们向往的生活胜地,如丽江古城、桂林山水等。这些地方之所以吸引了大量游客和居民,正是因为它们的生态宜居特质,这也是中国乡村发展的历史积淀。

(二)从生态角度看

生态宜居是指一个地区具备了清洁的水源、健康的空气、丰富的生态资源和良好的自然环境。这种生态环境不仅提高了农村居民的生活质量,还有助于农业生产的可持续发展。农村的生态环境与农业生产密切相关,生态宜居为农村提供了可持续发展的生态基础。

(三)从发展角度看

生态宜居是乡村振兴战略的核心要素之一。政府提出了一系列生态保

护和环境改善的政策措施，旨在提高农村的生活质量、促进农村产业发展。生态宜居不仅有助于吸引人才返乡创业，还为乡村产业的发展提供了良好环境。农村旅游、农产品加工等产业的兴起与生态宜居密切相关。

（四）从人文角度看

生态宜居不仅关乎生活质量，还关乎人的精神层面。一个宜居的环境有助于人们的身心健康，有助于传承乡村文化。传统文化与生态宜居的结合，形成了独特的乡村文化，有助于提升居民的文化素质和文化认同感。

三、统筹生态保护与乡村产业振兴

从不同角度看问题是一种综合思考和分析的方法，有助于更全面地理解和解决复杂的问题。因此，从可持续、生态、高效等方面针对统筹生态保护与乡村产业振兴之间的关系分别进行论述可以厘清发展方向与目标。

（一）从可持续发展的角度看

统筹生态保护与乡村产业振兴是实现乡村可持续发展的关键。生态保护确保了农村地区的自然资源和生态环境得到有效保护，不仅维护了生态系统的稳定性，还为后代提供了可持续的生存环境。乡村产业振兴则通过促进农村产业结构的优化升级，提高了农民的收入水平，为农村提供了可持续的经济支持。这两者相辅相成，共同推动了乡村的可持续发展。

（二）从生态发展的角度看

生态保护和乡村产业振兴是实现乡村生态发展的必然选择。生态保护可以维护农村地区的生态平衡，保障水源、土壤和空气的质量，提高了生态系统的恢复和稳定能力。乡村产业振兴则通过发展绿色农业、生态旅游、可再生能源等产业，实现了与自然环境的协调共生，促进了农村生态系统的健康发展。生态发展和乡村产业振兴相辅相成，有助于建设生态宜居的农村社区。

（三）从高效发展的角度看

统筹生态保护与乡村产业振兴可以提高资源利用效率和产业生产效益。生态保护使农村地区的资源得到合理配置，避免了过度开发和浪费，有助于降低生产成本。乡村产业振兴通过技术创新、产业升级等方式提高了产业的效益，提高了农民的经济收益。这一高效发展的模式不仅使乡村地区的资源得到最大化利用，还提高了农村居民的生活水平。

综上所述，统筹生态保护与乡村产业振兴是在可持续发展、生态发展和高效发展等多个角度下应采取的重要举措。这种综合性的发展模式不仅有助于实现乡村振兴战略的目标，也有助于保护农村地区的自然环境，提高农村社区的生活质量，促进了乡村的全面发展。

第三节　绿色生产与健康食品

一、绿色生产概念与内涵

绿色生产是一种以可持续发展为导向的生产方式，其核心概念是在生产过程中最大程度地减少对环境的负面影响，实现资源的高效利用和保护生态系统的健康，它综合考虑环境影响和资源效率，旨在确保生产过程的整个生命周期中对环境影响最小化，同时，实现资源的最大效率利用，并在企业经济和社会效益之间达到协调的最佳平衡[①]。其内涵包括以下几个方面。

资源高效利用：绿色生产着重追求资源的充分利用，通过降低能源和原材料的消耗，采用循环经济模式，最小化废弃物的产生，以推动资源的可持续使用。

减少环境污染：绿色生产致力于减少或消除生产过程中产生的污染物排放。通过采用清洁技术和生产方法，目的是减少农业生产对空气、水和土壤的污染，以维护生态环境的健康。

生态系统保护：绿色生产注重维护和恢复生态系统的健康。这意味着在生产过程中需要考虑生态系统的需求，避免对生态系统的破坏，以保护生物多样性。

产品生命周期管理：绿色生产强调整个产品生命周期的管理，包括设计、生产、使用和废弃阶段。它鼓励环保的产品设计，减少废弃物的产生，

---

① 刘培基，刘飞，王旭. 绿色制造的理论与技术体系及其新框架[J]. 机械工程学报，2021，57（19）：165-179。

提高再循环和再利用率。

创新与技术应用：绿色生产鼓励技术创新和研发，以改进生产过程，降低资源和能源的消耗，提高生产效率。

社会责任：绿色生产关注社会责任，包括员工福祉、社区关系，以及消费者的健康和安全。

法规遵守与认证：绿色生产要求企业遵守环境法规，并通常寻求绿色认证，以证明其产品或生产过程的环保性。

市场竞争力：绿色生产也有助于提高企业的市场竞争力。随着越来越多的消费者和企业认识到环保的重要性，他们更愿意支持和购买绿色产品和服务。

简单来说，绿色生产的内涵涵盖了资源利用效率、环境保护、生态系统维护、产品生命周期管理、技术创新、社会责任、法规遵守和市场竞争力等多个方面，旨在实现可持续发展的目标，为企业等主体的长期成功和市场竞争力提供支持。

二、绿色生产与生态资源优势发挥

党的二十大报告提出，必须牢固树立和践行"绿水青山就是金山银山"的理念，站在人与自然和谐共生的高度谋划发展。绿色发展不仅是技术层面的革新，更是对生产方式、生活方式、思维方式和价值观念的全方位、革命性变革。绿色生产在最大程度上利用了生态资源的优势，同时也为生态资源的保护和可持续利用提供了有效途径，因此，二者关系密切，共同构成了可持续发展的基础。

第一，绿色生产通过充分利用生态资源来实现可持续发展。生态资源包括土地、水资源、气候等，它们是农业、工业和服务业的重要基础。通过科学的管理和技术创新，绿色生产能够最大限度地发挥这些资源的潜力，提高生产效率，降低生产成本。

第二，绿色生产重视生态资源的保护。在生产过程中，绿色生产倡导减少对生态资源的损害，采用清洁技术和方法，减少对水、土壤和大气的污染，从而保护了生态环境的完整性。这有助于维持生态系统的稳定，保护生物多样性。

第三，绿色生产强调生态资源的可持续利用。它鼓励农民和企业在生产中考虑生态资源的可再生性，推动农业、林业和渔业等产业的可持续发展。

这意味着不仅要确保资源的现在利用,还要为后代留下丰富的资源。

总之,绿色生产与生态资源的优势发挥是相辅相成的。通过合理利用、保护和可持续利用生态资源,绿色生产有助于实现生态宜居,推动乡村振兴,同时,也为人们提供了更加健康和可持续的生活方式。这一理念对于解决资源紧缺和环境问题,实现可持续发展目标至关重要。

三、绿色生产、生态保护和生态宜居

(一)三者关系及特点

绿色生产、生态保护和生态宜居之间存在复杂而微妙的关系,相互交织,共同塑造着我们的世界,探讨绿色生产、生态保护和生态宜居之间的微妙平衡,将为人类的可持续未来提供关键支持。绿色生产强调在生产和制造过程中采用可持续的方法,以减少资源消耗和环境污染。从绿色生产角度分析其不同场景要求,呈现如下特点。

(1)绿色生产与资源高效利用。绿色生产注重资源的高效利用,减少浪费,这有助于减少对自然资源的压力,实现资源可持续利用,同时降低了对生态系统的破坏。

(2)绿色生产与环境污染减少。绿色生产采用清洁技术和方法,努力减少生产过程中的污染物排放,从而有助于降低空气、水和土壤的污染,维护生态环境的健康。

(3)绿色生产与生态系统保护。绿色生产考虑到生态系统的需求,避免生产活动对生态系统的破坏,有助于维护和恢复生态系统的健康,保护生物多样性。

(4)绿色生产与产品生命周期管理。绿色生产关注产品的整个生命周期,包括设计、生产、使用和废弃阶段,鼓励产品设计更环保,减少废弃物,提高再循环和再利用率,从而减少对资源的需求。

(5)绿色生产与技术创新应用。绿色生产鼓励技术创新和研发,以改进生产过程,减少资源和能源消耗,提高生产效率,同时促进了清洁技术的发展。

(6)绿色生产与社会责任。绿色生产强调企业的社会责任,包括员工福祉、社区关系,以及消费者的健康和安全,有助于创造更宜居的社区和城市。

(7)绿色生产与法规遵守及认证。绿色生产要求企业遵守环境法规,并通常寻求绿色认证,以证明其产品或生产过程的环保性。

（8）绿色生产与市场竞争力。绿色生产可以提高企业等主体的市场竞争力，因为越来越多的消费者和企业认识到环保的重要性，愿意支持和购买绿色产品和服务。

上述诸多关系说明了绿色生产追求高效、清洁、低碳的生产方式，旨在创造更环保的产品和服务。要实现绿色生产，就必须充分考虑生态系统的保护和可持续利用。生态保护是为了维护自然生态系统的健康和稳定，以确保地球上的各种生物和自然资源得以保护和再生。它包括野生动植物的保护、生态系统的恢复以及减少污染和环境破坏等方面的工作。生态保护与绿色生产之间存在紧密联系，因为保护自然环境有助于确保可持续资源供应，为绿色生产提供了基础。

与此同时，生态宜居关注的是人类的居住环境，包括城市和农村社区。它追求健康、舒适和可持续的生活方式，要求城市规划和建设符合生态原则，创造适宜人居的环境。生态宜居与生态保护和绿色生产之间也有着千丝万缕的联系，因为人类的生活方式和居住环境直接影响着自然生态系统的健康。

总之，这些关键点共同构成了绿色生产、生态保护和生态宜居之间的紧密联系，为可持续发展和和谐共生提供了坚实基础。

（二）倡导绿色生活方式，建设文明生态社会

习近平总书记强调，我们要倡导简约适度、绿色低碳的生活方式，拒绝奢华和浪费，形成文明健康的生活风尚。绿色生活方式与每个人息息相关。只有在大家普遍认同和积极实践绿色发展理念的前提下，绿色发展和生态文明建设才能够建立坚实的社会基础。因此，我们必须将促进绿色生活方式的推广放在更加重要的位置，树立生态文明理念，加强全民节约、环保和生态意识。开展全民绿色行动，鼓励采用绿色衣着、普及绿色饮食、倡导绿色居住、推广绿色出行、发展绿色旅游，同时，反对奢侈浪费和不合理消费，以培养文明健康的生活风尚。与此同时，还需要积极推动垃圾分类和减少资源浪费。这包括强化生活垃圾分类处理系统设施的建设，通过有效的引导和监督，培养居民良好的垃圾分类习惯。同时，应加强生态文明宣传教育，积极动员全体市民参与生态文明建设，集结强大的力量来推动绿色发展的实施。

四、绿色生产与健康食品

健康食品是指那些在一定的食用量下，能够提供身体所需营养，维持生

理功能正常运转,并且不含有对人体有害的物质的食品。绿色生产与健康食品之间存在着密切的关系,且两者内涵同时呈现动态变化。我们以简单、容易确定的参照物或标定物来评价两者之间的关系,具体如下。

(一)有机农业和无害农药

绿色生产强调减少农业化学品的使用,有机农业和无害农药的采用有助于生产更加安全、健康的食品。这些食品通常不含农药残留和化学添加剂,对人体健康更友好。

(二)生态友好的农业

绿色生产鼓励采用生态友好的农业方法,如农业多样性、生态系统健康维护等。这些方法有助于减少土壤和水源的污染,生产的食品更加纯净。

(三)避免基因改造

绿色生产通常避免使用转基因技术,生产食品更符合自然生态系统的原生态状态。这些食品更容易被认为是健康的选择。

(四)可持续渔业和农业

绿色生产不仅限于农业,还包括渔业。可持续渔业和农业方法有助于保护水生生物和陆地生态系统的健康,同时提供更多的健康食品。

(五)食品质量和安全

绿色生产通常更加注重食品的质量和安全。通过减少对化学品和有害物质的依赖,生产出的食品更容易满足高质量和安全标准。

(六)健康的消费者选择机会

绿色生产提供了更多健康的消费者选择机会。人们越来越关注健康,更愿意选择那些没有农药残留和化学添加剂的食品。

总之,绿色生产与健康食品之间的联系体现在生产方法的生态友好性、食品的质量和安全性,以及人们健康意识的提高。通过采用绿色生产方法,可以更好地满足人们对健康食品的需求,同时,保护生态系统的健康。这为食品产业的可持续发展和人类健康提供了有益的基础。

第八章　高素质农民创新创业

【内容提要】

不是所有人都适合创业，只有具备特定的素质，并具备一定条件的人才能创业成功。从最初的创意生成到最终的市场推广，每一步都需要精心策划和实施。本章主要介绍高素质农民在创新创业过程中应该具备的基本素质，以及创新创业的基本步骤。

本章内容将有助于您建立一个成功的企业。

【思维导图】

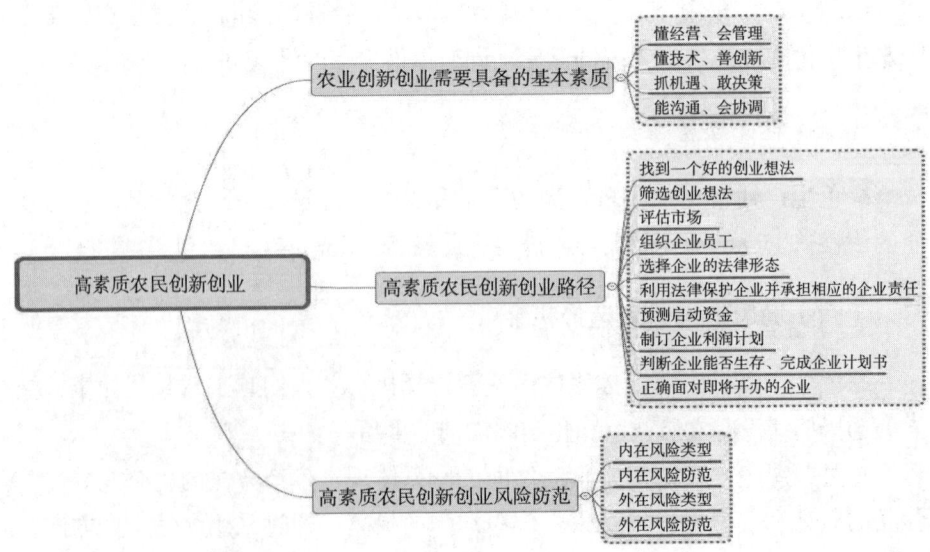

第一节 农业创新创业需要具备的基本素质

一个企业的成功和企业的老板有着密不可分的关系。当我们想要成功创办企业时,第一件事情就是"照镜子",认真地打量一下自己,判断自己是否适合创业,是否适合成为一个企业老板。

这一节的内容主要讲解成功的农业企业家应该具备的基本素质。

一、什么是农业企业家

所谓农业企业家,是指以农业资本增值为经营目标,通过产权市场竞争的过程将自己的知识产权(即人力资本)与农业企业的物质资本结合在一起,从而在其经营管理中占有农业企业的整体资本,独立地、创造性地组织和指导农业企业根据农产品市场需求进行生产、流通、服务等经济活动,并承担经营风险的职业经营管理者[①]。

二、农业创新创业需要具备的基本素质

老板是一个公司的核心竞争力,在企业创业过程中起着至关重要的作用。作为从事农业经营活动和推动农业产业化发展的农业企业家,既要有一般意义上企业家所应当具备的素质,又要有其适应农业现代化发展的个性特点,是"共性"和"个性"的统一。农业创业者应具备的基本能力包括懂经营、会管理,懂技术、善创新,抓机遇、敢决策,能沟通、会协调。

(一)懂经营、会管理

1.懂经营

(1)经营。经营是指根据企业的资源状况和所处的市场竞争环境对企业长期发展进行战略性规划和部署、制定企业的远景目标和方针的战略层次活动。它解决的是企业的发展方向、发展战略问题,具有全局性和长远性。简而言之,经营就是根据外部环境和内部条件,以市场为导向,以商品生产和交换为手段,为实现发展目标,使生产技术、经济活动与外部环境达成动态

---

① 焦立新.对提升农业企业家素质的思考[J].高等农业教育,2007(3):88-91.

平衡所采取的一系列活动。当前农业生产正从粗放型向集约型转变,杜绝农业生产的盲目性,改变当前农民落后的经营理念,充分发挥自己的优势和特色,在市场竞争中也就更有优势。在一定程度上可以认为,会经营是农民优先富裕起来的一个重要条件[①]。

(2)经营的要素。经营要素包括经营资源和经营能力。经营资源(本钱)包括经营人、财、物等硬件要素和经营信息、市场、商标、信誉等软件要素。经营能力(本事)是经营的主要要素,是指经营者利用经营资源达到经营目标的能力,包括决策能力、组织实施能力、技术开发能力、市场开拓能力、创新能力等。

(3)懂经营。包括明势、敏感、胆量、谋略和人缘五个方面。

①明势。创业成功的关键是做对方向!创业者一定要明势,不但要明政事、商事,还要明世事、人事,这是一个创业者的基本素质。

势分大势、中势、小势。大势是指观察政府,研究政策,明辨大势,跟对形势。在政策方面,国家鼓励发展什么,限制发展什么,对创业成败关系极大。做对了方向,顺着国家鼓励的层面努力,可能事半功倍。但是做反了方向,一定会鸡飞蛋打。中势是指准确地把握市场机会。现在市场上时兴什么,流行什么,人们现在喜欢什么,不喜欢什么,这可能就是创业的方向。创业者应懂得借势。不管做什么,一定要和所处环境合拍,才容易获得成功。假如准备创业,而你的资金不足,经验也不足,那么,可以看看周围的人都在做什么,大家一起做的,跟着做,一定没有错,虽然可能赚不到大钱,但赔本的机会也少,风险也小。当然,也可以从创业伊始就剑走偏锋,寻冷门,赚大钱,只是这样的创业者不多,风险也较大。小势是选择适合个人的能力、性格、特长的专业来选择创业项目,一定要找那些适合自己能力、契合自己兴趣、可以发挥自己特长的项目,这样才能提高创业的成功率。

农业创业者应衡量一下自己的能力,自己适合种果、养猪或种菜,选出自己强项,发挥自身优势。选好项目,先挖出第一桶金后,再试图扩大,这对初次创业者尤其重要。创业不是为了要跟谁赌气,而是为了争气,目的是成功。

---

① 农业创业者应具备的基本能力 能经营 会管理[J]. 农民科技培训,2011(4):39-40.

②敏感。创业是一个发现和捕捉机会并由此创造出新颖的产品或服务,从而实现其潜在价值的过程。创业者的敏感,是对外界变化的敏感,是对潜在利润机会的敏感,"有眼力",能看出好歹,尤其是对商业机会的快速反应。一些人的商业敏感来自耳朵(耳听八方),一些人的商业敏感来自眼睛(眼观六路),还有一些人的商业敏感来自于自己的两条腿(跑步跟踪)。良好的商业感觉,是创业者成功的最好保证。

有人说创业者应当学习七种动物:第一种动物即多莉绵羊,克隆先进的成功模式。第二种动物即土狼,团队作战,在思考中高速奔跑。第三种动物是老鹰,具有敏锐的直觉。第四种动物是牛,具有吃苦、勤劳、坚韧不拔的精神。第五种动物是鹦鹉,具有较好的语言沟通能力。第六种动物是蜘蛛,具有织网精神,能够吸引比自己强大的人才。第七种动物是不死鸟,因它每天都要提醒自己,最重要的是如何活下去。

企业家要能想到一般经营者所想不到的事情,要能看到一般经营者所看不到的事物,发现一般经营者发现不到的机会和问题,确定企业发展方向。这就要求企业家要了解世界经济、政治和科技的发展趋势;熟悉国家经济和科技的发展战略及政策信息。日本企业家池本正纯指出:"以深刻而敏锐的洞察力去发现时机才是企业家精神的本质。"

③胆量。有人问,什么样的人最适合创业?

有的人给出答案是:赌徒。这有一定的道理,创业本身就是一项冒险活动。赌徒最有胆量,敢下注,想赢也敢输,所以,他们最适合创业。创业需要胆量,需要冒险,但创业毕竟不是赌博。创业者一定要分清冒险与冒进的关系,要区分清楚什么是勇敢,什么是无知。

一个人问一个哲学家,什么叫冒险?哲学家说,比如有一个山洞,洞里有一桶金子,需要进去把金子拿出来。假如那山洞是一个狼洞,这就是冒险;假如那山洞是一个老虎洞,这就是冒进。这个人表示懂了。哲学家又说,假如那山洞里的只是一捆劈柴,那么即使那是一个狗洞,也是冒进。这个故事意思是说,冒险是这样一种东西:经过努力,有可能得到,而且那东西值得得到。否则,只是冒进,死了都不值得。

举例:某村的一户人家,家中有5口人,家中男主人左腿先天残疾,老母亲得了脑血栓,一个准备上高中的小儿子,大女儿在外打工,一个月2 000元的收入,但也只够她自己生活。母亲的医疗费和儿子的学费,都要靠他和妻子种的6亩地和国家的低保补贴。当了解了国家在"加快解决农民增收致富,全面落实各项支农惠农政策,加大帮扶力度,积极开展资金帮扶、救助帮扶、创业帮扶"时,他就想,山区污染少,可以做个蔬菜大棚,另外还有补贴,省了很多创业资金。当事人就找到村支部书记商量。后来,村支部书记找到懂大棚种植的人到村里实地考察,他们觉得土地分布零散,又高低不平,不适合做蔬菜大棚,建议可以养羊。政府还给予了一定的资金、技术支持。通过这件事可以看出,困难不可怕,可怕的是懒惰和胆怯。

④谋略。创业是斗智斗力的活动,创业者的智谋,将在很大程度上决定其创业成败。在目前产品日益同质化、市场竞争激烈的情况下,创业者不但要能够守正,更要有能力出奇。对创业者来说,无所谓大智慧小智慧,能把事情做好、能赚到钱就是好智慧。

⑤人缘。俗话说:"天时、地利、人和",一个创业者如果不能在最短时间之内建立自己最广泛的人际网络,那他的创业一定会非常艰难,即使能够依靠其自身素质,如吃苦耐劳或精打细算,获得某种程度上的成功,但可以断言他的事业一定做不大。朋友犹如资本,对创业者来说是多多益善。"在家靠父母,出门靠朋友""多一个朋友多一条路"是至理名言。一个创业者如果不能交朋友,没有几个朋友,肯定只有死路一条。

2. 会管理

现代经济发展主要依靠管理和技术这两个轮子。人们常说"三分靠技术,七分靠管理"更是充分说明了管理的重要性。管理工作做得好,人、财、物使用得当,搭配合理,就能以尽可能少的开支创造最大的经济效益。在当今,重视管理、完善管理、向管理要效益已成为企业永恒的主题。

(1)管理的含义。指根据客观事物的内部条件和外部环境,运用一定职能(计划、组织、控制、指挥、沟通、协调、激励、决策和核算等)对组织的资源进行有效的整合和利用,协调他人的活动,使他人同自己一起实现组织的既定目标的活动过程。

(2)管理内容:人、资金、物、信息、时间、效率。

(3)管理手段:管理机构和管理规章。

(4)什么是会管理?市场经济要求所有企业必须面向市场,抓住机遇,在市场竞争中求生存、争发展。这就要求创业者要摆脱长期计划经济体制的影响和束缚,克服对政府的依赖性,树立自主的市场意识、市场观念和竞争意识,自主、自立求得发展。

①决策英明。简单地说,决策就是做决定、拿主意。做出一个英明决

策所需要的八个要素分别是：问题、目标、备选方案、结果、取舍、不确定性、风险承受力和相关联的决策。

提出一个问题是决策的开始，它决定了后续的一切。

问题确定之后，先不要急急忙忙进入决策过程。先问自己几个问题：真正想要什么？真正需要什么？希望是什么？得到诚实、清晰和完整的答案，有助于做出正确的选择。发现一系列有创意的备选方案。如果说决策是一道大餐，那么备选方案就是做成这道大餐的原材料。原材料是大餐成功与否的关键，所以一定要高标准、严要求。

理解决策带来的结局。在决策之前，必须理解每个备选方案的结果，如果不清楚，将来可能会对所做的决策不满意。

在多个互相冲突的目标中进行适当的取舍。鱼和熊掌不可兼得，重要的决策经常会遇到冲突的目标。这个时候，就需要壮士断腕做出取舍了。取舍是决策过程中最重要、也是最困难的挑战。

明智地处理不确定因素。不能对不确定因素满不在乎，因为它与决策如影随形。所以，必须承认不确定因素的存在，然后系统地考虑它们，搞清可能出现的不同结果、它们各自的概率和影响。

考虑自己的风险承受能力。一般来说，风险结局预测越低，就越愿意去承担这种风险。

②计划有方。首先要制定目标。要对目标进行分解，坚持小目标是大目标的条件，大目标是小目标的结果。抓好制定目标的四个关键，第一，明确责任人一人，否则易出现扯皮、推托的现象；第二，要数字能量化；第三，要分解细化；第四，有时间限制。

其次是措施与计划。目标进度要清晰，计划进度完成多少，实际进度完成多少，什么原因。目标检查进度表要详细，有任务、标准、检查方式、检查时间、检查人数、检查结果、备注等。要有目标进度任务书，同时对计划进度要监督。

③监督严格。要管理过程，检查结果。强调什么，就检查什么，不检查什么，就等于不重视，为结果而设定的评估与检查，要重视结果导向和过程监督。

管理者要善于制造管理工具，让工具去管理，工具管人替代愿望管人。企业"执行不力"原因有以下方面。

第一种，组织目标不够明确。有了明确的目标，做事情才有方向，所以，谈执行力的时候，先明确我们要做什么。

第二种，战略不清。没有清晰专注的战略。

第三种，组织指令系统不明确。在重要的事情开会前去避免会上声音杂乱。

第四种，职责不清楚。每个部门，岗位职责不清楚，领导有任务就分担，员工没有清晰的职责范围，无从完成本职工作。

第五种，跟踪不到位。经常听到领导说的一句话"不管过程，只要结果"其实这是一个错误的观点。在执行的过程中遇到的问题跟踪不到位，问题就会拖沓延长，结果执行力大打折扣。

第六种，标准不统一。什么结果才是合格的，往往缺乏相应的考核标准。

（二）懂技术、善创新

创业不能光靠一身力气，创业者自己要懂技术，不能蛮干；科学技术是第一生产力，任何时候，技术的力量是不可忽视的。作为企业家不一定是专业技术专家，但要懂企业的主要技术。同时，更要懂必要的管理知识和技能。也就是说，应具有解决管理、技术、商业、财务等问题所必要的知识与经验。

创业是一个充满创新的事业，创业者必须具备创新能力。坚持"人无我有，人有我优，人优我特，人特我专"。

（三）抓机遇、敢决策

商机无时不在，无处不在！关键在于创业者是否具有敏锐的洞察力和果断决策的能力，机会要抓好，决策要及时。

1.商机在哪里？

有四个营销员接受任务，到庙里推销梳子。

第一个营销员空手而回，说到了庙里，和尚说没头发不需要梳子，所以一把都没有销掉。

第二个营销员回来了，销了十多把，他说，我告诉和尚，头发要经常梳梳，可以止痒，可以活络血脉，有益健康，这样就销掉了十多把。

第三个营销员销了百十把。他说，我到庙里去，跟老和尚说，您看这些香客多虔诚呀，在那里烧香磕头，磕了几个头起来头发就乱了，您在每个庙堂的前堂放一些梳子，他们磕完头可以梳梳头，会感到这个庙关心香客，下次还会再来。这一来就销掉百十把。

第四个营销员说销掉好几千把，而且还有订货。他说我到庙里跟老和尚说，庙里经常接受人家的捐赠，得有回报给人家，买梳子送给他们是最便宜的礼品。您在梳子上写上庙的名字，再写上三个字"积善梳"，说可以保佑对方，这样可以作为礼品储备在那里，谁来了就送，保证庙里香火更旺。这一下就销掉好几千把。

最成功的是第四个营销员，因为他在没有需求的地方发现了需求，在没有市场的地方开发出了市场！

雕塑大师罗丹曾说过这样一句话：对于我们的眼睛，不是缺少美丽，而是缺少发现。对于创业者来说，市场并不缺少商机，只是缺少发现商机的眼睛。

2. 农业经营需要做出哪些决策？

（1）生产决策。指经营项目的选择，生产技术方案的确定，产品的开发，设备更新、生产过程组织等方面的决策。

（2）供应决策。指原材料的采购渠道、方式、储备量及仓库管理等方面的决策。

（3）销售决策。主要指销售渠道、销售方式、销售地点，产品价格、产品包装及广告促销、售后服务等方面的决策。

（4）财务决策。包括资金来源、分配、使用、消耗、补偿，以及产品成本、利润、收益分配等方面的决策。

（5）组织和人事决策。包括组织机构设置、职责划分、组织成员搭配，及管理者任用考核、任免和培训等方面的决策。

（6）投资决策。指投资方向、投资额等方面的决策。

3. 农业经营决策要符合哪些要求？

经营决策关系到经营者的生存和发展，往往"一步走错，全盘皆输"，它关系到经营者的人、财、物的使用方向及其经济效益。

（1）及时性。适应市场具有瞬息万变的特征，抓住机遇。

（2）经济性。应考虑资金的时间价值、机会成本、资金收益率等经济因素和指标，并进行各种核算，以取得经济效益。

（3）系统性。即应综合考虑各种制约因素和有利条件，正确处理好当前利益与长远利益之间的关系。

（4）灵活性。一定要根据内外部条件的变化，及时调整决策的重点和内容。

（四）能沟通、会协调

1. 能沟通

（1）沟通促进了解。沟通是指组织之间、人与人之间为了实现一定的目标，把信息、思想和情感在个人或群体间传递，并达成共同协议的过程。

沟通无限，商机无限！

一个人成功的因素75%靠沟通，25%靠天才和能力。只有与人良好的沟通，才能为他人所理解；才能得到必要的信息；才能获得他人的鼎力相助。正所谓"能此者大道坦然，不能此者孤帆片舟"。

（2）管理者的沟通误区。未主动与其他部门加强联络。不及时上传下达、不与员工交心（同流才能交流）、不明真相批评指责（沟通不畅带来的都是管理问题）。

沟通的三个70%：管理者70%的精力用于沟通；70%的矛盾都和沟通不畅有关系；70%的成功管理者都有很高效的沟通能力。

2. 会协调

协调又称调节，指在经济管理活动中，处理好各方面的配合关系，解决好各种矛盾，从而保证整个经济活动的正常进行。

协调分为纵向协调、横向协调、内部协调和外部协调。

例如：生产过程的协调，生产作业的顺序是从原材料采购→生产→销售一步一步进行的。往往采购、生产、销售等业务环节是各自为政、互相脱离的，所以各环节之间由于供求种类及数量不一致而出现矛盾，要求出现库存来维持经营，如果库存量过多，占用了过多的流动资金，直接影响了资金的利用率和经济效益。

现代农业企业家，根据农业生产的特点，还需要具有以下能力：

（1）能够冲破世俗观念和具有为"三农"献身的精神；

（2）熟悉国家有关的方针政策和农村政策法规；

（3）掌握农业自身的发展规律和具有可持续发展观；

（4）通晓农业知识和市场经济对农业的特殊作用和影响；

（5）适应低素质管理对象和特殊的感召力；

（6）在经营中不断实现技术、管理和制度创新方面的能力。

第二节 高素质农民创新创业路径

一、找到一个好的创业想法

一个成功的企业始于正确的理念和好的构思。合理而又周密的创业想法可以避免日后的失望和损失。如果创业想法不合理,无论投入多少时间和金钱,企业注定是会失败的。

(一)创业想法

创业想法是用简短精确的语言对打算创办的企业的基本业务的描述。一家好的企业往往始于一个好的创业想法。在创办一家企业之前,需要对未来将要创办的企业有一个明确的想法。

成功的创业想法既要能满足顾客的需求,又要能够赢利。它既要向人们提供其想要的产品或服务,又要为企业带来利润。创业想法可以包括:企业将要销售什么产品或服务;企业将向谁销售产品或服务;企业将如何销售产品或服务;企业将满足顾客哪些需求。

1. 企业将销售什么产品或服务

创业想法应该基于了解的产品或擅长的服务,而且必须是人们愿意付钱购买的产品或服务。分析各种创业想法,把注意力集中到擅长和熟悉的企业类型上来。

产品是指人们需要付钱购买的物品。它可能是自己制作的东西,也可能是进货之后再销售出去的东西,例如,各种工具、日用品、服装等都是产品。

服务是指为他人做事,并使他人从中受益的活动。他人愿意为此付钱,例如,擦鞋、理发、送货、修理农机具等。

2. 企业将向谁销售产品或服务

清楚地了解谁能够购买企业的产品或服务是非常重要的。企业是向某一类特定的顾客销售还是向一个地区的每一个人销售?除非有足够多的顾客能够并愿意花钱购买企业的产品或服务,否则,企业将赚不到钱。

3. 企业将如何销售产品或服务

如何销售企业的产品或服务?一个生产型企业既可以直接向顾客销售,

也可以向零售商销售。

4. 企业将满足顾客哪些需求

企业产品或服务将满足顾客的哪些需求？创业想法应该始终想到顾客以及顾客的需求。当思考创业想法时，应调查企业未来的顾客想要什么是非常重要的。

创办一家企业不是一件容易的事，需要做大量的工作，并且制定切实可行的计划。如果我们创办了一家不适合的企业，那么在创办企业时所付出的努力和金钱都可能会白费。一家适合的企业始于一个好的创业想法。

（二）产生创业想法

1. 激发我们的创业想法

激发创业想法，重点从以下几个方面考虑。

（1）调查我们家乡的环境。

（2）调查我们准备创业地区的企业。

（3）利用我们的技能和经验。

（4）借鉴别人的经历。

（5）利用互联网。

当我们应用这些方法时，我们可以从家人那里得到支持帮助，还可以邀请各方面的朋友帮忙。

2. 调查家乡的环境

发挥自己的创造力，分析当地经济的发展依赖于哪些产业或服务业。例如，考虑一下自然资源。

自然资源包括来自于土地、农业、森林、矿产、沙漠、水域中的各种材料。分析家乡盛产哪些东西，其中，哪些东西可以用来制作有用的产品而不会破坏环境。例如，家乡附近有很好水质的河流或者湖泊，可以用于创办鱼虾养殖企业。例如，广西壮族自治区恭城瑶族自治县西岭乡大岭山村，在石头缝里种桃子1 200多亩，人均水果面积达9.6亩，年水果总产量40多万千克，人均纯收入5 900元。恭城瑶族自治县已成功举办了7届"桃花节"，每届都吸引了数十万游客。还有，该县红岩生态旅游新村，该村95户共390人，月柿是该村主导产业，人均有果660千克，人均纯收入8 000多元。如今的红岩村，家家有产业、户户有别墅，成为远近闻名的生态富民示范村。目前，红岩新村还开办了农业生态观光旅游业，共有客房170间，餐馆23家，每天可接待游客

700多人次。

3. 调查准备创业地区的企业情况

另一个产生创业想法的好办法，是调查准备创业地区的企业情况，到实地走走看看，了解这个地区有哪些类型的企业，分析所在的市场中能否找到生存的空间。如果住在一个小城镇里，可以走遍整个城镇。如果准备创业的地区是在较大的城镇里，我们就可以访问工业区、集市和商业区。

调查的内容可以包括：企业基本信息、企业背景及发展历程、市场及竞争情况、产品与服务、营销策略与销售渠道、经营管理与运营情况、企业风险与应对措施、政策支持与创业环境、企业愿景与发展规划。

4. 利用技能和经验

工作经验，技术能力，企业实践经验、爱好，人际交往和家庭背景对于企业的成功也是很重要的影响因素。例如，如果我们做了很多年的家政工作，从中学会了烹饪、插花和安排晚宴。我们就可以利用这些经验创办一家家政企业。如果擅长销售和市场营销，那么可以考虑从事电商平台的创业。如果有计算机技术和编程方面的专业知识，那么，可以从事互联网和移动应用开发的创业。

5. 借鉴别人的经历

认真倾听其他人讲述的亲身经历，问问自己家人和朋友的经历，也可以与那些平时很少和我们说话的人们聊一聊，他们也许是老年人，也许是青少年，或者是不同民族或不同社会阶层的人，了解他们在寻找需要的产品或服务时遇到的问题。

6. 多聆听抱怨

创业者寻找创业点时应该要做的事情就是可以常收集抱怨，这是一条非常重要的创业途径。抱怨包含了很多低风险的创业机会。如抱怨"打车越来越难"，所以后来有了滴滴打车。抱怨"从地铁口到单位路程太远经常迟到"，后来就有了"共享单车"；再比如，过去常有人抱怨"方便面不好吃，总是那几种味道，经常吃不健康"，所以，后来有了"美团"和"饿了么"，有了现在异常火爆的互联网外卖业务，这些都是在人们的抱怨中找到了潜在的创业机会。日本银座有一家线下实体书店，叫森冈书店，一周就卖一本书。在这里，爱书的人们不必担心选择太多而无从下手，一周只卖一本书反而让读者更坚定了自己的选择。

7. 利用互联网

随着科学技术的不断发展，我们会发现互联网已经和我们每个人的联系越来越紧密。互联网提供了各种关于企业的信息，这些信息为我们寻找创业想法提供一个非常好的途径。例如，淘宝网、京东、拼多多等。这些网站上有数量众多的商家，提供很多新奇的产品，如果我们发现有些产品在准备创业的地区是买不到的，而且很多人对这些产品又很感兴趣，这也许可以为我们提供一个创业想法。互联网不仅可以提供很多创业想法，而且也可以为企业提供创业场所和销售渠道。

二、筛选创业想法

（一）筛选创业想法

创业者评估创业想法的五个问题：

（1）what＝到底做什么？我们到底是做一个产品、一个解决方案，还是说技术提供商或者是一个端到端的服务。在回答这个问题的时候，自己对自己也是越实在越好，这个问题如果讲不明白，下面4个问题都无从开始。

（2）why＝对谁有价值？有什么独特价值？我们在看这个问题的时候，通常也会想到一个点就是说这个价值到底是解决一个痛点还是痒点？它痛点有多痛？到底谁是他的客户，它有什么样的独特价值？

要强调的是"独特"和"价值"两个都很重要。没有价值，这个产品完全是做不下去的，没有人想要，创业就无从说起了。但是没有独特价值，创业项目也是获取不到任何回报的，因为有很多人都能提供同样的价值的话，我们也是获取不了任何价值的，所以"产生价值"与"获取价值"同样都是需要考虑的。

（3）why us＝为什么是我们来做这件事？市场上有很多的团队能够解决同样的问题，但为什么是我们？是有什么独特的能力？

（4）how＝怎么做这件事？往往是在技术创业者当中，我们可能要回答这个问题更多一些，比如说埃隆马斯克做电动汽车的时候，我们在想如果有一个非常好的电动汽车，价格又便宜，跑得又远，然后各项性能都非常突出，这当然是很多人都会想要的东西，但关键是没有多少人真正能做到这一点，所以关键点就是how。

（5）why now＝为什么是现在做这件事？为什么不是5年前或者5年后？

我们有的时候知道，一个东西确实是未来的趋势，但它的时机也同样重要。举例来说，在"iPhone"之前，有这种概念的电子器械非常多，但是唯独到"iPhone"那个时间节点，它才是真正把技术产品做到了一个关键点，然后在市场上有了独特的突破。

对于时间节点这件事情，我们创业者可能也会有一些商业直觉，这个问题往往也不可能回答得完全精确，但是通过一些直觉，比如说可以感觉到的市场上的变量。

（二）对创业想法进行实地调研

通过与顾客、供货商和企业界人士交谈，能够搜集到一些十分有用的信息。

1. 交谈对象

与谁交谈，这取决于我们的想法或调查领域。如果我们正在考虑创办一家零售店，需要与其他零售店老板交谈，不管他们是竞争对手还是开办同类商店的人。也可以去另外一个城镇与间接竞争对手交谈，还可以与将来的供货商交谈，以便明确价格、库存和运输情况。如果考虑生产一种产品，需要了解这种产品的制作方法以及对设备和厂房的要求。应该与原材料供货商以及那些卖生产工具或机器的人交谈。

2. 关键信息提供者

我们称那些对我们帮助很大的交谈对象为"关键信息提供者"或"意见型领导"。这些人对我们计划进入的企业领域了解甚多，或者对于我们的潜在顾客非常了解。他们可能是大公司的采购人员，也可能是政府机构的人员，在政府里监管一个特定的产业，他们可能是大公司经理。

3. 进行访谈

通过访谈向他们介绍自己和自己的创业想法，同时，搜集相关的信息。注意要对创业想法做正面的描述，说明我们访谈的目的，为了得到更好的回答，避免问那些可以用"是"或"否"来简单回答的问题，要问"谁？""什么？""为什么？""哪里？""何时？""如何？"等开放性问题。

（三）对创业想法进行SWOT分析

当我们实地搜集完企业机会和风险方面的信息之后，就可以做SWOT分析。这种分析可以帮助我们集中考虑每个想法可能存在的问题和潜在的优势。

SWOT的意思是：S优势（Strength）；W劣势（Weakness）；O机会

（Opportunity）；T威胁（Threat）。

1. 企业内部

为了分析一个创业想法的优势和劣势，先要看看计划创办的企业的内部情况。这个企业的优势是什么，劣势是什么。

优势是指计划创办的企业的积极方面，与同类企业和竞争对手相比，优势可以是计划出售质量更好的产品，也可以是计划选一个离顾客更近的地点。

劣势是指企业弱点或不太擅长的方面。例如，企业远离供货商，不得不多付运输费，造成成本增加。

2. 企业外部

为了分析计划创办的企业会面临的机会和风险，需要掌握企业外部环境的哪些方面对企业有利，哪些方面对企业产生负面影响。

机会是指周围环境对企业有利的潜在发展机会。例如，越来越多的游客前来企业所在地区观光，我们计划生产的产品需求量将会增加。

威胁是指可能发生的对企业产生负面影响的事情。例如，创业想法太简单，以至于其他人也可能在这个地区开办类似企业，这样就减少了市场份额。

（四）环境影响评估

1. 企业对环境的影响

企业在将资源转变为产品的过程中会对环境产生影响。例如，它可能会因为开采大量的非再生资源，或在生产过程中污染环境。为了保证计划创办的企业能够长期生存和可持续发展，必须保证将企业对环境的负面影响降到最低程度。

2. 环境影响评估

依据《中华人民共和国行政许可法》规定，涉及生态环境保护，直接关系人身健康、生命财产安全、有限自然资源开发利用等特定活动，需经相应主管部门的许可。

在保护自然资源和环境方面，我国建立了完备的法律和法规体系，宪法和刑法是环境保护基本法，如大气污染防治法、水污染防治法、海洋环境保护法、防止噪声污染法、固体废弃物污染环境防治法。同时，还有很多资源保护法、环境保护行政法规、环境保护部门规章、环境保护地方法规和地方政府规章等。所以，在创办企业之前需要与当地政府有关部门联系，咨询与获得许可证有关的法律规定。

三、评估市场

市场是指商品交换的场所，是买卖双方购买和出售商品，进行交易活动的地点，如农贸市场、小商品批发市场、零售店等。市场又指为了满足某种特定的需要和欲望且有能力购买或准备购买某种特定商品的消费者群体。他们有可能是个人，也有可能是团体或其他企业。这其中又包括目标顾客和潜在顾客。

为了制定出切合实际的市场营销计划，首先要了解我们的顾客和竞争对手的情况，即市场需求和供给两个方面的情况，也就是通常所说的市场调查。

（一）了解顾客

1. 了解顾客的意义

顾客是企业的"衣食父母"，顾客是上帝，企业如果缺少足够的客户，企业就将倒闭。士为知己者死，女为悦己者容，顾客是企业的根本，如果不能以合理价格提供给顾客需要和想要的产品，他们就会到别处购买。而对我们感到满意的顾客会成为我们的回头客，甚至他们会向自己的朋友和其他人宣传我们的企业。让顾客满意，就意味着会带来更多的销售额和更多的利润。

2. 了解顾客的有关信息

谁是我们的顾客？有需要且有购买能力的人，也就是有需求的人。人的"需要"是人的消费欲望，是自然需求。"需求"则是有支付能力的社会消费欲望。需要是企业的使命，需求是企业赖以生存的基本，因而企业应当根据需要发展长期战略，根据需求发展短期战略。

根据马斯洛需要层次可知，满足顾客的需求就是满足其以下需求。

（1）生理需求。满足最低需求层次的市场，消费者只要求产品具有一般功能即可。

（2）安全需求。满足对"安全"有要求的市场，消费者关注产品对身体的影响。

（3）社交需求。满足对"交际"有要求的市场，消费者关注产品是否有助于提高自己的交际形象。

（4）尊重需求。满足对产品有与众不同要求的市场，消费者关注产品的象征意义。

（5）自我实现。满足对产品有自己判断标准的市场，消费者拥有自己固定的品牌，需求层次越高，消费者就越不容易被满足。

人口多但收入低，购买力差，则不能构成容量很大的市场；人口少，购买力虽然高，也不能成为很大的市场；只有人口多，顾客购买欲望强而购买力又高，才能成为一个有潜力的市场；如果产品不适合市场需求，不能引起人们的购买欲望，购买力再高也仍然不能成为现实的市场。

同时，还要掌握顾客消费求实的心理、求廉的心理、从众的心理、求新的心理、求名的心理、攀比的心理、显贵的心理等消费心理。

3. 收集顾客信息的方法

市场调查的方法多种多样，做顾客需求调查的方式有以下几种。

（1）创建问卷。可以设计一份问卷，其中，包含有关顾客的详细信息，如他们的购买习惯、他们最喜欢的产品或服务、他们的需求和期望等。可以通过电子邮件、在线平台或纸质形式分发这份问卷。

（2）利用社交媒体。通过社交媒体平台，可以与顾客进行互动，了解他们的需求和反馈，并收集有关他们兴趣和偏好的线索。通过定期发布调查或提问，我们可以获得即时的反馈，以帮助我们更好地理解顾客的需求。

（3）开展调研。我们可以定期开展调研，了解顾客对我们的产品或服务的满意度、他们的需求和期望以及任何改进的建议。这不仅可以让我们收集到丰富的数据，还可以建立起与顾客的联系，建立起长期的客户关系。

（4）使用人工智能和机器学习。AI和机器学习技术正在改变我们收集和分析数据的方式。通过使用这些技术，我们可以预测顾客的需求，提供个性化的推荐和服务，并实时跟踪和分析顾客的行为。

（5）数据挖掘。如果我们已经有了大量的顾客数据，我们可以使用数据挖掘技术来识别和分析顾客的行为模式和偏好。这种方法可以帮助我们了解哪些产品最受欢迎，哪些促销活动最有效，哪些客户最具有潜力等。

（二）了解竞争对手

1. 了解竞争对手的意义

对市场进行调查，只了解我们的潜在顾客的情况还不够，我们还需要了解竞争对手的情况。因为我们多半得与提供相同或类似产品或服务的企业竞争，这些企业将是我们的竞争对手。

通过了解竞争对手的情况，我们可以学到很多东西。了解他们做生意的方法，可以帮助我们去琢磨怎样使我们的创业想法变成现实。

2.了解竞争对手的有关信息

我们需要了解竞争对手提供的产品或服务的价格怎样，了解他们提供的产品或服务的质量如何，了解他们如何推销产品或服务，了解他们提供什么样的额外服务，了解他们的企业坐落在地价昂贵还是便宜的地方，了解他们的设备先进还是落后，了解他们的雇员是否受过培训，了解他们的待遇如何，了解他们的优势和劣势是什么？

（三）制定市场营销计划

在掌握了顾客和竞争对手的情况之后，我们便可以着手准备我们的市场营销计划了。市场营销计划就是以顾客为中心，为了达到预计的销售数量和利润而制订的详细的营销方案和具体的行动方案。

制订市场营销计划的一种方法是从市场营销的四个方面，即产品（Product）、价格（Price）、地点（Place）、促销（Promotion）着手。这四个方面构成了市场营销的整个内容。因为这四个词英文的第一字母都是P，所以简称为"4P"。

如果说企业和顾客之间隔着一条河流，那么市场营销组合的这四个方面就像是过河用的四块踏脚石。

1.产品

产品是指我们准备向顾客销售的东西或提供的服务，包括产品的效用、质量、包装、式样、品牌、说明书、售后服务、维修和零配件供应。

产品是可以满足人们某种需求的东西，它不仅包含有形的实体，还包括一些无形的蕴含在产品中的其他因素。有人曾经说过："我们生活在一个对产品或服务的认识同以前相当不同的时代。从很大程度上说，重要的不是基本的核心产品而是我们围绕着核心产品的满意度的组合。"

现代市场营销理论认为，产品的整体包括核心产品、有形产品和附加产品。核心产品是顾客购买产品时真正追求的利益；外观、包装则是核心产品得以实现的有形部分；附加产品则指购买和使用产品能够带来的地位感等附加价值。一个好的产品是核心产品、有形产品和附加产品的完美组合和统一。

核心产品：核心产品是指顾客购买某种产品时所追求的实际利益，是顾客真正要买的东西，因而在产品整体概念中核心产品也是最基本、最主要的部分。例如，我们购买农机是为了方便农业生产，购买馒头是为了充饥，可以说，企业在开发和设计产品乃至宣传产品时一定要明确自己产品能提供的利益所在，让消费者首先知道我们的产品是干什么用的，这样的产品才具有吸引力。

有形产品：有形产品是核心产品功能借以实现的形式，即向市场提供的实体和服务的外在形象，是消费者通过感官能感受到的产品实体，包括产品的形状、式样、商标、质量、包装、设计、风格、色调等。

附加产品：附加产品是顾客在购买商品时所获得的全部附加服务和利益，包括分期付款、送货上门、免费安装和维修、技术指导、售后服务等。

但是，随着社会的发展，产品的核心价值也在发生变化。如消费大众对酒类消费价值的评定，已经从单一的满足基本的生理需求，上升为对归属、尊重和地位等方面的情感追求。白酒已不是一种单纯的商品，它已经脱离了产品本身的产品性能，在消费者消费价值观念的支配下，已经变成了一种实现情感寄托和自我价值满足的消费载体。因此，我们说酒不但是物质的商品更应该是情感的商品，实现情感价值的满足和升华，这就是酒这种产品的核心价值。

2. 价格

价格是我们用产品要换回的钱数。在确定了产品之后，我们要为其定价。在制定产品价格时，我们必须知道，根据产品寿命周期，产品可以分为非耐用品、耐用品、劳务。根据消费者的需求程度分为生活必需品、奢侈品、特殊品。生产用品分材料、能源、零部件、成套设备。

（1）产品决策。对于非耐用品，价格要低，可以设超市、便民店。对于耐用品，质量要好，性价比适中，可以开设专卖店，要投入广告，做好售后服务。对于劳务服务要设置个性化、人性化的专业店。

（2）市场定位。所谓市场定位，就是指根据顾客对于某种产品属性的重视程度，给本企业的产品确定市场位置，让它在特定的时间、地点，对某一阶层的消费者出售，以利于与其他厂家的产品竞争。目的在于为自己的产品创造和培养一定的特色，富有鲜明的个性，树立独特的市场形象，以区别于竞争对手，从而满足消费者的某种需要和偏爱。市场定位策略分为功能定位、品质定位等。

3. 地点

地点包括生产、经营的场所和分销两层意思。

生产、经营的场所是指把自己的企业设在什么地方。不同类型的企业，选择生产经营场所应考虑的因素不同。

如果计划开办一家零售店或一家服务企业，地点设在离顾客较近的地方非常重要，这样便于顾客光顾店铺。一般来说，如果竞争对手离顾客较近，顾客就不会跑很远的路来我们的商店。

而对制造商来说，离顾客远近并不是最重要的，最重要的是能否容易获得生产所需的原材料。这就是说，工厂或车间应该设在离原材料供应商较近的地方。同时，能获得低租金的厂房对于制造商来说也很重要，而且，还应考虑环保问题、土地和水域的资源利用问题、员工招聘的难易问题等。

此外，选址也要考虑产品的分销方式和运输问题。仅仅生产好的产品是不够的，必须让顾客方便地得到我们的产品，至于采用什么样的方式让顾客方便地得到产品，这就涉及产品的分销方式了。一般来说，分销有如下方式：

直销：指生产商直接把产品销售到顾客手中，减少了中间环节。即生产商→顾客。比如，农民自己种植的蔬菜、水果直接卖给顾客。

零售：指生产商把产品卖给零售商，零售商再把产品卖给顾客的一种方式。即生产商→零售商→顾客。比如，家具厂把家具卖给家具销售店，家具销售店再卖给顾客。

批发：这种方式中，生产商以追求销量为目标，把产品大量批发给批发商，批发商又转卖给零售商，通过零售环节卖给顾客。即生产商→批发商→零售商→顾客。比如，服装厂把成衣卖给服装批发市场，服装店到服装市场去进货，再卖给顾客。

4. 促销

促销是企业通过人员或非人员的方式，沟通企业与消费者之间的信息，引发刺激消费者的消费欲望和兴趣，使其产生购买行为的活动。核心是沟通信息，目的是刺激消费者产生购买行为。方式有人员促销和非人员促销。

在品牌经营过程中，只有隐藏的资源被充分发掘并结合外部条件加以整合，向世人传播，才能产生强大的品牌销售力。整合传播之父舒尔茨曾提到："在现今同质化的市场中，唯有促销能够创造出差异化的品牌竞争优势。这种促销，以消费者的欲求为轴心，从产品概念的开发到产品包装设计以及公关、广告、促销等营销推广工具的综合运用，始终围绕这个轴心转。所以，在目前激烈竞争的市场态势中，企业只有采用多种促销方式，对目标消费者接触产品和企业的每一点都进行精心构思的有效传播，才能让自己的品牌最终取于市场。"

促销通常有三种方法：

（1）广告。向目标顾客提供产品信息，让他们有兴趣购买我们的产品。可以通过报纸、广播、电视做广告。招贴画、小册子、铭牌、价格表和名片也是给企业和产品做广告的方法。

（2）人员推销。销售人员和顾客进行面对面的沟通，促成交易。例如，保险产品的销售。公共宣传企业，通过树立优质守信的形象取得人们的好感，往往也借助媒体发布好的企业信息为企业进行宣传来影响顾客。例如，在地方报纸或杂志上刊登介绍新企业的文章，从而达到免费促销的目的。

（3）销售促销。当顾客来到企业或以其他方式与我们接触时，我们要想办法让他们买我们的产品。促销的手段很多，例如，我们可以用在显眼的地方摆放产品、展示、竞赛活动吸引顾客，也可以用买一赠一、打折的方式来刺激顾客的购买欲。

促销可能很费钱。所以，要先从美工设计人员、印刷商和其他专业人员那里打听清楚所需要的费用，而且还要先了解我们的竞争对手使用的促销方法，然后再决定对我们的企业奏效的促销方式。

案例一　白加黑

"白加黑"是个了不起的创意。它看似简单，只是把感冒药分成白片和黑片，并把感冒药中的镇静剂"扑尔敏"放在黑片中，其他什么也没做。实则不简单，它不仅在品牌的外观上与竞争品牌形成很大的差别，更重要的是它与消费者的生活形态相符合，达到了引发联想的强烈传播效果。在广告公司的协助下，"白加黑"确定了最简练的广告口号："治疗感冒，黑白分明"。所有的广告传播的核心信息是"白天服白片，不瞌睡；晚上服黑片，睡得香。"产品名称和广告信息都在清晰地传达产品概念。

案例二　舒肤佳

舒肤佳的成功自然有很多因素，但关键的一点在于它找了个新而准确的"除菌"概念。在中国人刚开始用香皂洗手的时候，舒肤佳就开始了它长达十几年的"教育工作"，要中国人把手真正洗干净，把看得见的污渍洗掉，看不见的细菌我们洗掉了吗？

在舒肤佳的营销传播中，以"除菌"为轴心概念，诉求"有效除菌护全家"，并在广告中通过踢球、挤车、煤气等场景告诉大家生活中会感染很多细菌，然后用放大镜下的细菌"吓我们一跳"。然后，舒肤佳再通过"内含抗菌成分"之理性诉求和实验来证明舒肤佳可以让我们把手洗"净",另外,还通过"中华医学会验证"增强了品牌信任度。

5. 销售预测

销售预测是制定创业计划时最重要和最困难的部分。收入来自销售,没有好的销售就不可能有利润,大多数人往往过高估计自己的销售额。因此,我们在预测销售时不要过分乐观,应保守一点,留有余地。

销售预测有几种基本方法:

(1)经验。我们可能在同类企业中工作过,甚至在竞争对手的企业中工作过,应该对市场有所洞察和了解,利用这方面的知识来预测我们的销售。在研究一家现有的企业时,如果要达到与其相同的销售和利润水平,需要一段时间。

(2)与同类企业进行对比。将企业资源、技术和市场营销计划与竞争对手的进行比较。基于他们的水平来预测我们的企业销售,这可能是最常用的销售预测方法。如果在本地区没有竞争者,到其他地方看看那里的企业是怎样运作的。

(3)实地测试。小量试销产品或服务,看看能销出多少。这种方法对制造商和专业零售商很有效,但不适合于有大量库存的企业。如果使用实地测试的方法,创业的起步规模要小,甚至保持半开工状态,慢慢将企业做大。

(4)预订单或购买意向书。可以通过分析要求提供产品或服务的近期来函来预测销售量。如果企业客户不多,可以采用这种方法。这种方法适用于出口商、批发商或制造商。这些必须是书面购买意向书,不能信赖口头协议。

(5)调查走访。调查访问那些可能成为我们客户的人,了解他们的购买习惯,做好调查不容易,最初打算提的问题一般应先以亲戚、朋友为对象进行初测。分析一下结果,然后判断提的问题是否提供了预测销售所需的信息。不可能访问所有的潜在顾客,所以,需要做抽样调查。抽样调查的对象要能够代表潜在的顾客群,这点很重要。

四、组织企业人员

产品是靠人来生产的,企业是靠人来管理的。现在,需要为我们的新企业做人员计划,组织企业人员去实现我们的生产销售计划。为了让新企业能成功而顺利地运转起来,必须很好地选择和安排人员。如果我们的新企业只依赖我们自身的资源不能使之运转，我们可能需要朋友或亲戚的加入，我们必须知道我们的企业有哪些工作要做，并且要雇用合适的人去做这些工作。一个有效率的企业，必须有一支具备知识和技能的员工队伍。

每个员工都对企业的成功起作用。因此，要认真对待雇用员工的问题，要明确员工的职责，掌握安排他们工作的技巧。在这一步中，我们将学习有关员工挑选、工作安排和组织管理方面的知识。

（一）企业人员的组成

小企业规模不大，一般由企业老板（即我们本人）、企业合伙人、员工、企业顾问等人员组成。

1. 企业老板

在大多数小企业中，老板就是经理。老板（经理）的职责是开发创意、制定目标和行动计划、组织和调动员工实施行动计划、确保计划的执行，使企业达到预期的目标。

在计划开办新企业和制定企业计划时，我们要考虑自己的经营能力，要明确哪些工作可以由我们自己去做，哪些工作是我们既没能力也没时间去做的。如果我们需要一个经理，就要考虑他应具备的能力和经验。

我们可以向其他有经验的老板请教，看看他们是如何管理企业和员工的。

2. 企业合伙人

如果是和我们的朋友或亲戚共同出资创办企业，也就是说企业不止一个老板，那么，这些老板将以合伙人或股东的身份与我们共享收益、共担风险。他们将决定彼此如何分工合作。也许一个人负责销售，另一个人管采购，还有一个人抓管理。

要管理好一个合伙制企业，合伙人之间应在透明、诚恳、相互信任的基础上常沟通、多交流，求同存异，以避免因合伙人之间意见不一致而导致企业失败。因此，有必要准备一份书面合作协议，明文规定各自的责任和义务，一定要建账，且账目明晰。

3. 员工

如果我们没有时间或能力把全部工作包下来，就要雇人。最小的企业可能只雇1~2个临时工就可以了。有的企业则需要雇用更多全日制员工。

为了雇用到合适的员工，要考虑以下几点：

（1）参照我们的企业想法，把该做的工作列出来。

（2）明确哪些工作我们自己做不了，需要雇人。

（3）详细说明所缺岗位需要的技能、工作态度和其他要求。

（4）决定完成每项工作需要的人数。

（5）要对员工（包括企业老板本人）合理定岗、定薪、定责。

（6）选择合适的招聘途径。

（7）做好员工岗前培训。

4. 企业顾问

企业顾问重要职责是为企业管理层提供全方位的咨询服务，帮助企业解决管理问题，提升企业运营效率和竞争力。内容包括，企业战略规划、组织架构和流程优化、绩效管理、组织发展与人力资源管理、业务流程咨询和改进等。

（二）员工管理

企业的成功在很大程度上取决于员工，企业在了解需要雇用怎样的人员后，就需要认真考虑员工的选聘和管理问题了，这在企业中显得尤为重要。

1. 明确岗位职责

岗位职责主要包括岗位名称、员工所需要的素质、工作态度和技能等。

2. 合适的员工

要根据岗位职责来聘用企业员工。在录用员工之前，我们要面试所有应聘的人选。从多个方面了解员工，判断员工能否适合岗位需要，而且是否有良好的意愿来我们的企业工作，最后向所有参加面试的人员发出是否录用的通知。

3. 进行人性化的员工管理

由于是初创的小企业，也许不能开出高额的工资，因此，我们需要运用人性化的员工管理手段来留住人才、激励员工。比如，夸奖、额外奖励、明确的加薪升职制度、关心员工生活等，以实现优秀员工长期留用和高效工作的目标。

4. 选择企业顾问

各种咨询意见对所有企业老板都有意义。因为我们不可能是所有企业事务方面的专家和"万事通"。可以选择那些对我们有过帮助而且将来还可能扶持我们的行业专家做企业顾问，包括专业协会会员、会计师、银行信贷员、律师、咨询顾问和政府部门专家、农业科研院所的科研人员、技术人员等。当然，从谨慎的角度考虑，在企业聘请以上顾问之前，一定要注意验证他们的资质，以免上当受骗。

五、选择企业的法律形态

接下来，我们需要了解企业作为一个组织，应具有一种法律形态，也就是我们决定开办什么形式的企业。

（一）企业的法律形态

我国企业的主要法律形态有：个体工商户、个人独资企业、合伙企业、有限责任公司、股份有限公司、中外合资企业、中外合作企业、外资企业、农村承包经营户、农民专业合作社等。

不同的企业法律形态有不同的要求，对我们的企业会产生诸多的影响，这些影响主要包括：开办和注册企业手续的难易程度、创业资金的筹集、寻找合伙人的可能性、老板对企业的掌握和控制、企业的纳税、企业利润分配、企业的风险责任。

（二）各类企业法律形态的特点

1. 个体工商户

个体工商户是指经依法核准登记、从事工商业经营的公民。所以，严格意义上讲，个体工商户不是企业。

个体工商户有以下特点：

（1）个体工商户不具有法人资格，是以个人或家庭的财产对外承担债务。

（2）个体工商户只能经营法律、政策允许个体工商户经营的行业。

（3）个体工商户可以起字号、刻印章、在银行开设账户及申请贷款、与劳动者签订劳动合同等，但个体工商户雇工人数一般不超过7人，且不得设立分支机构。

个体工商户是一种具有中国特色的经济形式，它是在我国由计划经济向市场经济转变过程中产生的。随着我国市场经济的逐步完善，尤其是《中华人民共和国个人独资企业法》颁布实施后，相当数量的个体工商户（特别是有自己的字号名称，有一定的出资，有固定的生产经营场所和生产经营条件的个体工商户）将转变为个人独资企业。

2. 个人独资企业

个人独资企业是指由一个自然人投资，财产为投资人个人所有，投资人以其个人财产对企业债务承担无限责任的经营实体。

个人独资企业有以下特点：

（1）个人独资企业的出资人是一个自然人。

（2）个人独资企业的财产归投资人个人所有。该企业财产不仅包括企业成立时投资人投入初始资产，而且包括企业存续期间积累的资产。投资人是个人独资企业财产的唯一合法所有者。

（3）个人独资企业不具有法人资格，投资人以其个人财产对企业债务承担无限责任。这是个人独资企业的重要特征。也就是说，当投资人申报登记的出资不足以清偿个人独资企业经营所负的债务时，投资人就必须以其个人财产甚至是家庭财产来清偿债务。

3. 合伙企业

合伙企业是指由各合伙人订立合伙协议，共同出资、合伙经营、共享收益、共担风险，并对合伙企业债务承担无限连带责任的营利性组织。

合伙企业有以下特点：

（1）合伙协议是合伙企业成立的根底。合伙人之间是平等的，合伙企业的利润和亏损，由合伙人依照合伙协议约定的比例分配和分担。合伙协议未约定利润分配和亏损分担比例的，由各合伙人平均分配和分担。

（2）合伙企业不具有法人资格。

（3）合伙企业的合伙人对企业债务承担无限连带责任。所谓无限连带责任，是指合伙企业财产缺乏以抵偿企业债务时，合伙人应以其个人甚至家庭财产清偿债务，而且债权人可以就合伙企业财产缺乏清偿的局部债务，向任何一个合伙人要求全部归还。

4. 有限责任公司

有限责任公司是指依法设立的、有独立的法人财产、以其全部财产对其债务承担有限责任的、以营利为目的的企业法人。

有限责任公司有以下特点：

（1）公司须依法成立，并须依照公司法规定的设立条件和设立程序才能取得法人资格。

（2）公司具有法人资格，公司财产独立于股东个人财产；公司责任独立于股东个人责任。公司以其全部财产对公司的债务承担责任，股东以其认缴的出资或认购的股份为限对公司承担责任。

（3）公司以营利为目的，公司设立的最终目的是获得利益并且将所得利益分配于股东。

（三）选择合适的企业法律形态

选择企业法律形态时要考虑的主要因素有：准备创办企业的规模、创业资金的多少、老板对企业的掌握和控制能力、企业经营风险、业主风险承受能力、企业税负问题、企业业务特点、个人投资还是与他人合作投资、创业者的价值观念。

不同的企业法律形态各有利弊，在选择自己企业的法律形态时，要结合实际考虑。

总之，选择企业的法律形态并非易事，要考虑很多方面。在选择企业的法律形态和注册企业时，应该寻求更多帮助。我们可以到为微小企业提供咨询的机构（如工商行政管理部门、民政部门和劳动保障部门、创业服务机构等）或向专业人士进行咨询。

六、利用法律保护企业并承担相应的企业责任

我们已经选择了企业的法律形态，现在需要了解我们的企业所适用的法律和企业应承担的法律责任。所有企业老板都要按照国家的法律创办和经营企业，并承担相关的企业法律责任。我们只有了解自己企业所适用的法律，依法经营，企业的合法利益才能受到国家法律的保护。

（一）企业相关法律知识

1. 了解企业相关法律的重要性

作为一个想创办企业的小企业老板应该懂得有关与企业开办和经营相关的法律法规。否则，将给我们的企业带来很多麻烦。

2. 与新办企业直接相关的基本法律

法律是规范公民和企业经济行为的准则，具有权威性、强制性、公平性。作为一个想创办企业的小企业主来说，我们应该了解与创办企业和未来企业经营有关的法律法规及关键内容。

与新办企业直接相关的基本法律如下：

民法典：个体工商户、农村承包经营户、个人合伙、企业法人、联营、代理、财产所有权、债权、知识产权、民事责任等。一般合同的订立、效力、履行、变更和转让、权利义务终止、违约责任等；具体合同如买卖、借款、租赁、运输、技术、建设工程、委托等。

企业法：个体工商户管理条例、个人独资企业法、合伙企业法、公司法、农民专业合作社法等。

劳动法：促进就业、劳动合同和集体合同、工作时间和休息休假工资、职业安全卫生、女职工和未成年工特殊保护、职业培训、社会保险和福利、劳动争议、监督检查等。

与企业相关的其他法律有：会计法、税收征收管理法、产品质量法、消费者权益保护法、反不正当竞争法、保险法、环境保护法、食品安全法等。

（二）企业法律责任

1. 工商登记

办新企业，首先得给它一个明确的法律地位，如同办理"户口"。根据我国法律规定，新办企业必须经工商行政管理部门核准登记，发给营业执照并获得有关部门颁发的经营许可证（如卫生、环保、特种行业许可证等）。企业只有领取了营业执照，才算有了"正式户口"，才可以开展各项法定的经营业务。

七类人申办个体工商户不收费，具体是高校毕业生、返乡农民工、下岗失业人员、残疾人、退役军人、库区移民、农转非，他们申办个体工商户一律免收登记费、工本费。

2. 依法纳税

根据我国税法的规定，所有企业都要依法申报纳税。这是企业对国家的法定责任和应尽义务。

税收：税收是政府凭借政治权力，从社会经济活动中无偿地征收财富、取得财政收入的一种方式。

与企业和企业主有关的主要税种如下：增值税、营业税、企业所得税、个人所得税、消费税、关税、城市维护建设税、教育费附加等。

国家和地方还制定了一些税收优惠政策，如特殊商品（粮食、食用植物油、煤气、沼气、居民用煤制品、图书、报纸、杂志、饲料、农药、化肥、农机、农膜等）增值税税率为13%。

高新技术企业可以根据情况减免税收。

从事农林牧渔的企业，国家免征、减征企业所得税。

农民专业合作社，国家免除增值税，对企业所得税按不同情况给予全免或50%税额的优惠。

3.尊重员工的合法权益

企业竞争力的一个关键因素是员工的素质和积极性。聪明的老板往往通过订立劳动合同来明确企业与员工双方的权利和义务，通过创造良好的工作条件等，留住企业优秀人才，增加企业的市场竞争力。

劳动合同的基本内容有：劳动合同期限、工作内容和要求、工作时间和休息、休假、劳动报酬、保险福利、劳动保护和劳动条件、劳动合同的解除、终止及经济补偿、劳动争议处理。

一般各地都有统一的劳动合同文本，有关信息可以从当地劳动部门获得。

企业竞争力的一个关键因素是员工的素质和积极性。尊重职工的权益是企业（也是企业主）对员工的法定责任。我们可以制定有激励性的奖励制度，让员工明确知道哪些行为和表现是值得肯定和鼓励的。奖励可以是物质奖励，如加薪、红包、礼物等，也可以是精神激励，如表扬、荣誉、晋升等。同时，奖励的量化和公正也需要得到重视，不要让员工感觉到奖励不公或者轻重不当。

（三）商业保险

企业经营随时会有风险。经营的企业类型不同，风险也会不同，并不是所有的企业风险都能投保。例如，产品需求下降这种企业最基本的风险，只能由企业自己承担；而另一些风险，如机器、存货、车辆被盗窃，资产发生火灾或意外等，则可以通过投保来降低损失。

企业的保险险种通常包括：财产保险，如机器、库存货物、车辆、厂房的防盗险，水险和火险；商品运输险，特别是进出口商品的这类险种。人身保险——业主本人和员工的商业医疗保险、人身事故保险、人寿保险等。

七、预测启动资金

开办企业必须购买的物资和必要的其他开支，并测算其总费用，这些费用叫作启动资金。

（一）预测启动资金需求的原因

我们可能会认为小企业投资小，不需要详细计算启动资金，但有许多小企业在创业初期却因无钱购买原材料等后续流动资金不足而造成创业失败。因此，正确预测启动资金需求是企业老板开办企业之前必须考虑的问题。

（二）启动资金的类型

启动资金用来支付场地（土地和建筑）、办公家具和设备、机器、原材料和商品库存、营业执照和许可证、开业前广告和促销、工资以及水电费和电话费等费用。

这些支出可归为两类：

投资：指为企业购建的固定资产以及为开办企业而支出的一次性费用。固定资产是指价值较高、使用寿命较长的资产，如设备、房屋等。一次性费用指装修费、开办费等。每个企业开办时总会有一些投资，有的企业用很少的投资就能开办，而有的却需要大量的投资才能启动。明智的做法是把必要的投资降到最低限度，让企业少担些风险。

流动资金：指企业日常运转所需要支出的资金。

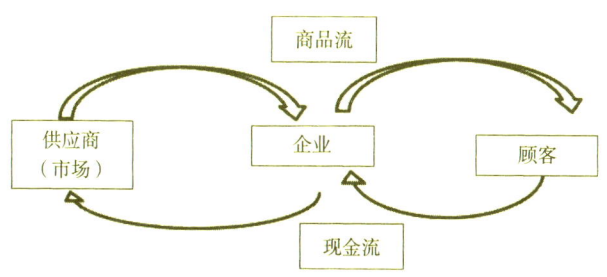

（三）投资预测

投资需要资金，企业开办在时，必须有这笔钱，而且说不定要等好几年后才能收回这笔投资。因此，开办企业之前，有必要预算一下企业到底需要投入多少资金。我们的投资一般可分为三类：企业用地和建筑、设备、一次性费用。

1. 企业用地和建筑

办企业或开公司，都需要有适用的场地和建筑。也许是用来开工厂的整个建筑,也许只是一个小工作间,也许只需要租一个铺面。如果已经有合适的场地和建筑,就能降低投资。在前面谈选择生产、经营地点的问题时,已经决定在哪里设置企业。现在要进一步看企业具体需要什么样的场地和建筑等。

当我们弄清楚需要什么样的场地和建筑时,就要作出以下选择:建造新的建筑、购买现成的建筑、租房、在家开业。

(1)造房。如果企业对场地和建筑有特殊要求,最好造自己的房子,但这需要大量的资金和时间。

(2)买房。如果我们能在优越的地点找到合适的建筑,那么买现成的建筑既简便又快捷,但购买和改造房子都需要花费大量的资金。

(3)租房。租房比造房和买房所需要的启动资金少,这样做也更灵活。如果是租房,当需要改变企业地点时,就会容易得多。不过租房不像自己有房那么安稳,而且也得花些钱进行装修才能使用。

(4)在家开业。在家开业最便宜,但也少不了要做些调整。在我们确定企业是否成功之前,在家开业是起步的好办法,待企业成功后再租房和买房也不晚。然而,在家工作,业务和生活难免互相干扰。

2.设备

设备是指开办企业所需要的所有机器、工具、车辆、办公家具等。对于制造商和一些服务行业,最大的需要往往是设备。一些企业需要大量投资在设备上,这样一来,弄清楚需要什么设备,选择正确的设备类型就显得非常重要。即使是只需要少量设备的企业,也要慎重考虑自己确实需要哪些设备,并把它们写入创业计划。

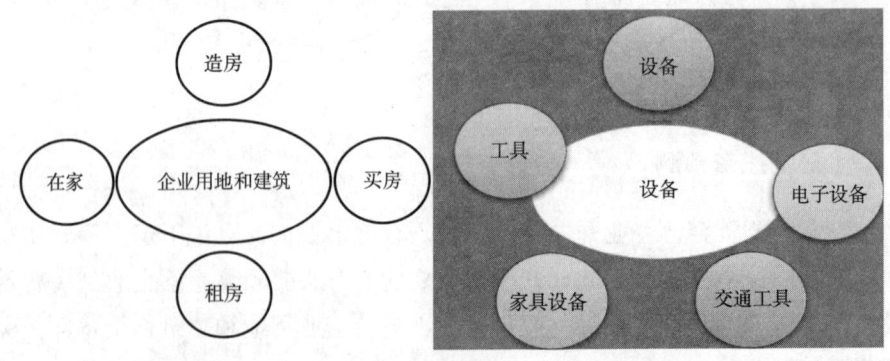

3.一次性费用

企业还需要支付开业前发生的一些费用,如开办费、装修费等。开办费包括开业前市场调查费、培训费、差旅费、印刷费、注册登记费等。

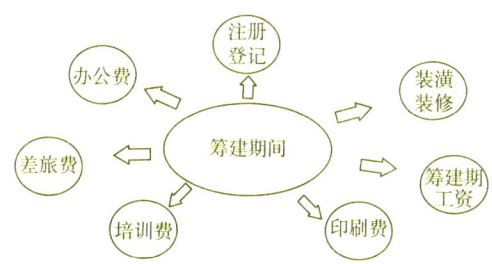

（四）流动资金预测

企业开张后要运转一段时间才能有销售收入。制造商在销售之前必须先把产品生产出来；服务商开始提供服务之前要买材料和用品；零售商和批发商在卖货之前必须先买货、企业都要先花时间和费用进行促销。所以，还需要一定数量的流动资金，用于支付以下开销。

1. 购买并储存原材料和成品

制造商生产产品需要原材料，服务商的经营者也需要一些材料；零售商和批发商需要储存商品来出售。预计的库存越多，需要用于采购的流动资金就越多。既然购买存货需要资金，就应该将库存降到最低限度。

如果企业是一个制造商，就必须预测生产需要多少原材料库存，这样才可以计算出在获得销售收入之前需要多少流动资金。如果企业是一个服务商，就必须预测在顾客付款之前企业提供服务需要多少材料库存。如果企业是一个零售商或批发商，就必须预测企业在开始营业之前需要多少商品存货。

2. 促销

新企业开张，需要促销自己的产品或服务，而促销活动需要流动资金。

3. 工资

如果企业雇用员工，在起步阶段企业就得给员工支付工资。而且，企业还要以工资方式支付自己家庭的生活费用。这样一来，计算流动资金时，就要计算用于发工资的钱，通过用每月工资总额乘以还没达到收支平衡的月数就可以计算出来。

4. 租金

正常情况下，企业一开始运转就要支付企业用地用房租金。计算流动资金用于房租的金额，用月租金额乘以还没达到收支平衡的月数就可以得出来。而且，还要考虑到租金可能一付就是6个月或1年，会占用更多的流动资金。

5. 保险

同样，企业一开始运转，就必须投保并支付所有的保险费，这也需要流动资金。

6. 公用事业费

企业开始运转后，还需要支付一些公用事业部门的费用，如交通费、邮电费、电费、水费等。

7. 其他费用

在企业起步阶段，还要支付一些其他的费用，如设计费、文具用品费、业务招待费等。

八、制定利润计划

企业一旦运转，就要制定利润计划。主要包括：

制定销售价格——企业卖出的东西，顾客应付多少钱。

预测销售收入——我们应从前12个月的销售中收到多少钱。

制定销售和成本计划——看看我们是挣钱，还是赔钱。

制定现金流量计划——我们是否有足够的资金保证企业正常运转。

（一）制定销售价格

在确定产品价格之前，要计算出为顾客提供产品或服务所产生的成本。每个企业都会有成本。作为企业老板，必须详细了解经营企业的成本。

很多企业因为没有能力控制好企业的经营成本而陷入财务困境。一旦成本大于收入，必然导致企业倒闭。

制定价格主要有两种方法：成本加价法和竞争比较法。

1. 成本加价法

将制造产品或提供服务的全部费用加起来，就是成本价格。在成本价格上加一个利润百分比得出的就是销售价格。这样制定出的价格有无竞争力，取决于成本的高低，而成本的高低则反映出企业经营的好坏。在这种定价方法下，将所有制造某种产品或提供某项服务而发生的耗费计入成本的范围并将成本加起来，计算出单位产品总成本，再加上企业的目标成本利润，最后得出销售价格。这种定价方法是企业最常用、最基本的定价方法。

其计算公式为：单位产品价格=单位产品成本+成本利润率

采用成本加价法定价，确定合理的成本利润率是一个关键问题，而成本利润率的确定，必须考虑市场环境、竞争程度、行业特点等多种因素。这种方法尤其适用于制造商和服务商。

如果我们的企业经营有效，成本不高，用这种方法制定出的销售价格在当地应该是具有竞争力的。但是，如果企业经营不好，我们的成本就可能会比竞争者的高，这意味着用成本加价法制定出的价格太高，不具有竞争力。

具体地计算单位产品的成本时，首先，要了解自己生产产品或提供服务的成本构成（固定资产折旧也是一种成本）。其次，计算出月总成本和月总生产量。最后，计算出单位产品的成本价格。

（1）了解成本构成

对于一个新企业来说，预测成本绝不是一件容易的事。最好的方法是参照一家同类企业，了解一下它计算成本构成时，算入了哪些成本。

所有企业都有两种成本。有些成本在一定时间范围和业务量范围内是不变的，如租金、保险费和营业执照费等，这些成本叫做不变成本。另外一些成本在一定范围内会随着生产或销售的起伏而变化，如材料成本，这些成本是可变成本。

对于制造商或服务商来说，可变成本就是制造产品或提供服务的成本。例如，一个面包师要购买诸如面粉、酵母和牛奶等原料做面包；一个零售商要买进用于再出售的商品；一家食品店要买存货，如糖果和饼干等。

预测成本时，必须认真区分可变成本和不变成本，材料成本永远属于可变成本。如果还有其他可变成本，必须知道这些成本是怎样随着销售的增长而变化的。而且，还要清楚在不变成本中还有一些是需要分摊的，如保险费、开办费等。

（2）折旧是一种特殊成本

折旧是由于固定资产（如设备、工具和车辆等）在使用过程中不断贬值而产生的一种成本。它虽然不是企业的现金支出，但仍然是一种成本。

由于折旧是针对固定资产而言的，因此，只需要计算固定资产（有较高价值和有较长使用寿命的资产）的折旧价值。

计算折旧要根据《中华人民共和国企业所得税法实施条例》相关规定：

第六十条　除国务院财政、税务主管部门另有规定外，固定资产计算折旧的最低年限如下：

①房屋、建筑物，为20年；

②飞机、火车、轮船、机器、机械和其他生产设备，为10年；

③与生产经营活动有关的器具、工具、家具等，为5年；

④飞机、火车、轮船以外的运输工具，为4年；

⑤电子设备，为3年。

残值率一般为5%（内资企业5%，外资企业10%）。残值率是固定资产的残值率。残值就是固定资产报废时的价值。

比如，固定资产的入账价值为10 000元，残值率为5%，那么固定资产报废时的残值就是500元。

年折旧率=年折旧额÷固定资产总额×100%

年折旧额=固定资产总额÷折旧年限

固定资产总额=各项固定资产总和

（3）计算单位产品或服务的成本

产品成本=月总成本÷月生产量

大部分企业都不止生产一种产品，而是同时生产多种产品，这就要求企业对多种产品同时定价，此时可运用产品的成本加价法定价。多产品的成本加价法是成本加价法的一种简单扩展，主要涉及多产品生产中部分成本的分摊问题。这些成本是企业生产多种产品而共同发生的，不能直接计入某种产品的成本，可称之为企业的间接成本。例如，利息支出、房租、水电费、共用设备的折旧与修理费、共同的销售费用等，都属于间接成本。间接成本最常用的分摊方法是以间接成本占全部产品直接成本的比例进行计算。

单位产品或服务的成本价格：单位产品成本=总成本÷产品产量

产品单价=单位产品成本×（1+利润率）

运用多产品的成本加价法定价可采取以下步骤：

第一步，测定各产品的直接成本，包括直接材料成本和直接人工成本。直接材料成本指直接用于产品生产的材料成本，直接人工成本指直接从事产品生产人员的工资、奖金等。

第二步，测定企业的间接成本，并将企业间接成本分摊于各产品。

第三步，各产品直接成本与分摊的间接成本之和构成各产品的总成本。

第四步，设定成本利润率，并对各产品定价。

2.竞争比较法

定价时，除考虑成本外，还要了解一下当地同类商品或服务的价格，以保证定价具有竞争力。如果我们定的价格比竞争者的高，就要保证我们能更好地满足顾客的需要。

这是确定价格的另外一种方法。参照竞争对手的价格，看看我们定的价格与他们的相比是不是更有竞争力。

实际上可以同时用成本加价法和竞争比较法这两种方法来制定价格。一方面，要严格核算产品成本，保证定价高于成本；另一方面，我们要随时观察竞争者的价格，并与之比较，以保持我们的价格有竞争力。

在进行定价时，有一件事可能是难以预料的，即竞争对手对新企业的反应。当一家新企业进入市场时，竞争对手的反应是很激烈的，他们也许会压低价格，使新企业难以立足。所以，即使企业计划做得很完善，也总会面临一些意外风险。

（二）预测销售收入

在计划新企业时，知道一定量的销售能带来多少收入，叫做销售收入预测。为了预测销售收入，可以采取以下步骤。

列出企业推出的所有产品或产品系列，或所有服务项目。

预测第一年的每个月我们期望销售的每项产品数量，它来自于我们所做的市场调查。为计划销售的每项产品制定价格。

用销售价格乘以月销售量来计算每项产品的月销售额（月销售额=销售价格×销售量）。预测销售和销售收入是创业计划中最重要和最困难的部分。

销售预测不要太乐观，一定要符合实际。千万要记住，在开办企业的前几个月里，销售收入不会太高。很多企业成活率低，大多都是因为预测销售过高，从而导致盲目投资所致。

（三）制定销售和成本计划

仅仅知道自己的销售收入是不够的。为了掌握企业实际运转的情况，一定要计算企业是不是有了利润。只有这样，才能准确地知道企业是否挣钱。利润来自销售收入减去企业经营成本。

（四）制定现金流量计划

现金就如同使企业这台发动机运转的燃料，有些企业老板由于缺乏管理现金流量的能力，导致企业经营中途抛锚。现金流量计划显示每个月预计会有多少现金流入和流出企业。现金流量计划中的现金指企业的库存现金、可以随时用于支付的存款以及现金等价物。其中，现金等价物一般指自购买之日起3个月到期的短期债券，它们必须能够轻易地转化为已知数额的现金。而企业作为短期投资而购入的可流通的股票，尽管期限短，变现的能力也很强，但由于其变现的金额并不确定，价值变动的风险较大，因而不属于现金等价物。

大多数企业每天都要收取和支付现金，成功的企业老板都要制定现金流量计划。制定现金流量计划将帮助企业保持充足的动力，使企业在任何时候都不会面临现金短缺的威胁。

当然，制定现金流量计划绝非易事，下列原因会给制定现金流量计划带来困难：有些销售需要赊账，赊销通常在几个月后才能收回现金。在制定市场营销计划时，就已经决定了赊销政策，这个因素不能被忽视。

有时企业采购会赊账，以后再付现金，这也会使现金流量计划的制定变得更加复杂。但赊购对于一个新企业而言不太可能，因而也就不太常见。

企业的有些费用是"非现金"的，如固定资产折旧这样的项目将不包括在现金流量计划里。但是，固定资产折旧期一过，就可能丧失功能，就必须用现金购买新设备。如果我们没有考虑到这个因素，没有备足现金，将会给企业正常运转带来麻烦。如果企业需要一次性支付本期和以后各期的费用，如支付一年的保险费和房租，那么，支付的当月在现金流量计划中应记一年的保险费和房租，而不能像销售和成本计划中那样按12个月对其进行分摊。

通过制定现金流量计划，可以时常确定自己的流动资金需求。现金流量计划有助于企业在任何时候都不会陷入无现金经营的窘境。企业可以根据自身实际要求按短期、中期和长期的不同时间预测现金流。通常，期限越长，预测的准确性越差。因此，选择短期限的现金流预测方法尤其重要。短期的现金流预测比中期和长期的预测更具时效性，更能充分掌握和控制现金流的周期和流动性。企业一般按月编制现金流量计划，如需更准确地预测短期的现金流，也可以根据自身情况按周或按日编制现金流量计划。

（五）资金来源

企业所需要的启动资金额已经确定之后，就要考虑从哪里筹措这笔资金。对于大多数微小企业来说，启动资金主要来自企业老板自己的积蓄。不过也可以试试以下渠道：从朋友或亲戚处借钱、从供货商处赊购、从银行或其他金融机构贷款。

筹措启动资金并非易事，获得创办企业的启动资金需要恒心和决心。在创办企业时，可能需要多试几条不同的渠道来筹措启动资金。有时，可能要同时从几个渠道筹集足够的费用。

1. 借钱

从朋友或亲戚处借钱是创办企业最常见的做法。但是，一旦企业创办失败了，亲戚朋友会因收不回自己的钱而伤了感情。因此，从一开始，就要向他们说明借钱给我们具有一定的风险。为使他们了解我们的企业，就要给他们一份企业创业计划副本，并定期向他们报告创业进展情况。

2. 从供货商处赊购

在制造业中，可以从供货商那里赊一部分账。不过，这也不容易，因为大多数供货商只有在弄清楚企业确实能够运转良好之后，才会提供赊账。

3. 从银行或金融机构贷款

银行或其他金融机构是正规金融部门，它们在向借款人贷款时有以下严格的条件和审查程序。

首先，要填写一份借款申请表，并在表后附上创业计划。其次，银行一般需要贷款抵押品，如私人房产、银行存单、有价证券等。例如，以私人房产作抵押，还要办理房产价值评估以及公证等手续。而且，银行或金融机构为了降低风险，一般不会按抵押品的实际价值给企业贷款。它们通常要确保抵押资产的价值高于贷款和未付利息额。如果创业失败了，则将失去这些个人资产。可见，向正规金融部门贷款是不易的。即使我们有抵押品，借贷机构还是会提出不同的利率和贷款条件。

在寻找资金创办企业时，为了获得最好的贷款条件，要多了解几条渠道。目前，为了帮助小企业家创业，国家正在制定各种相关法规和政策，为小企业家创业创造宽松的环境。其中，建立小额贷款信用担保基金和担保体系，就是为解决小企业融资难问题而采取的有效措施。同时，为鼓励返乡人员自谋职业、自主创业，国家还出台了返乡人员创业优惠政策，企业在寻找资金时，也可以寻求这些政策的帮助。

（六）申请企业贷款

在贷款创办企业时，有必要使贷款人相信我们是确实需要并清楚我们所要买的资产。核实了其他成本和资产类型、能够偿还贷款的本息，还款来自未来的利润。

为了提高自己获得贷款的机会，在设法接近潜在的贷款者时，要考虑以下步骤：提前约定见面时间，不要随便走访。

准备好回答有关企业的任何问题，因为贷款人多半想知道企业的情况，也更想了解创业团队的情况。多准备几份创业计划副本。

准备回答个人信用和企业资产方面的问题。

询问何时能够对贷款申请作出答复。如果没有及时得到答复，要问问是否还需要提供什么信息。

大多数银行都有贷款申请表。可以从创业计划中找到贷款申请表所需要的内容，要认真、准确地填写表格，并在表后附上创业计划书。

如果申请被拒绝，问问为什么。最常见的原因是：创业想法被认为风险太大；没有足够的抵押、质押或担保品；贷款人需要抵押品，以便在无法还款时，能收回贷款；要求贷款的理由不清楚；贷款人看上去不自信、不乐观、不投入、不专业；对于自己的企业目标了解得不够或不实际；没有准备好完整的创业计划。如果贷款申请被拒绝，要修改创业计划书。要有恒心和决心，直到被接受为止。

九、判断企业能否生存，完成创业计划书

在这一路径中，要对所有信息进行综合分析，完成并充实创业计划，再度判断创业项目有多大的成功机会，从而决定是否应该创办这个企业。

（一）为什么要编制创业计划书

创业计划就是创业的指南针，就是创业过程中每个步骤要做什么？为什么这样做？怎么做？保证创业过程向预定目标不断前进，并及时发现问题、解决问题。它为创业者提供一个在纸面上而不是在现实中测试所构思的企业项目的机会。如果创业计划表明创业构思不好，那么就要放弃或调整它，避免时间、金钱和精力的浪费。

（二）完成创业计划

创业计划一定要写得很详尽，它应该包括以下几部分。

1. 概要

高度概括创业计划各部分内容的要点，勾画出企业的轮廓。概要的内容要全面，条理要清晰，它是新办企业给人的第一印象。这部分尽管是在最后写成，但却要放在创业计划的首页。

2. 企业想法

概括描述新办企业，重点说明要推出的产品或提供的服务，以及目标顾客群体，同时，充分考虑企业可能面临的各种风险及应对措施。

3. 市场评估

任何生意都是通过满足顾客需求而获取利润的。对市场的大小、未来的前景，以及顾客和竞争对手都要进行调查和了解。市场营销计划说明新办企业针对哪些特定顾客群的需求来确定产品的市场定位，详细介绍产品或服务的特点、价格、营业特点、销售渠道和促销方式。

4. 企业组织

阐述如何组建新企业，包括企业的法律形态、组织结构、员工和企业的职责。

5. 企业财务

任何企业的目的都是赢利。创业计划的这个部分就是要我们通过测算销售额、成本和利润来反映企业的效益和启动资金的需要量。一般来讲，提供的信息越详尽，获取帮助的机会就越大。所以，诸如创业者的个人情况（受教育程度和培训经历、企业工作经验、专利证书、荣誉证书）、质量检测报告、调查报告、申请哪种营业执照、产品或服务目录、价格表、岗位责任和工作定额等，均应附在创业计划书后面。

（三）判断自己能否开办企业

创业计划已经完成，接下来就要考察我们是否做好了开业的准备。下面的问题都是应该考虑的问题：有没有足够的时间和精力来承担企业的管理工作？企业是否能赚钱？是否有足够的资金开办企业？是否有足够的责任心和能力？

1. 我们有决心和能力创办企业吗？

在汇集了大量有关新企业信息的基础上，现在要真实地面对自己，再次考虑是否做好了开办和管理这家企业的准备。

2. 企业能否赢利？

销售和成本计划反映了企业开办头一年应该产生的利润。前几个月可能没有赢利，但往后就应当有，如果生意仍然亏损或者利润很薄，请考虑以下提示：销量能不能提高？销售价格有没有提高的余地？哪些成本最高？有没有可能降低这些成本？企业收益起码要足够支付工资，给自己定的工资报酬应该和投入企业生产经营的时间、个人能力和所担负的责任相称，它等于我们雇别人来做我们的工作时需要支付的工资。除了我们的工资外，我们的投资还应带来利润回报。

3. 有没有足够的资金来办企业

现金流量表显示了企业现金收入和支出的动态。要有足够的现金去支付到期的账单。虽然企业有销售收入，但如果周转资金不足，企业也会倒闭。如果现金流量表显示某个月份现金短缺，那么就需要采取措施：减少赊销额，加快现金回笼；采购便宜的替代品或原料，减少材料消耗来降低当月的成本；要求供应商延长付款期限；减少电话费、电费之类的开支；要求银行延长贷款期，或降低每月偿还的本息；推迟添置新设备；租用或贷款购买设备。

4. 请专家审核创业计划书

有很多机构和专家可以帮忙准备和审核创业计划书，如政府有关部门，对本业务领域和企业类型有经验的咨询顾问，本地行业的成功人士，潜在的业务合作者，一些协会的代表、教育、科研或培训机构的人士。

创业计划书是一份很重要的文件，所以，先做一份创业计划书很有必要，此间，应向尽可能多的人征求意见。要反复审阅创业计划书的内容，直到满意为止。创业计划书是要交给一些关键人物看的，如潜在的投资者、合伙人或贷款机构，所以，要仔细考虑，以便准确地向他们传递他们所需要的信息。

（四）制定开办企业的行动计划

做出开办企业的决定，仍是停留在纸面上。在和顾客实际打交道之前还有很多工作要做。做这些事要有章法，按步就班。所以，要制定一份行动计划，规定清楚有哪些工作要做，由谁来做，以及什么时候完成。

把要做的事情列一份清单。例如，选择合适的营业地点、筹集落实启动资金、办理企业登记注册手续、接通水电及电话、购买或租用机器设备、购买存货、招聘员工、办保险、企业宣传。

要落实的事情很多，所以尽量不要浪费时间，行动计划是能帮助企业安排任务的最简单有效的方法。计划要做得严谨，以免有遗漏事项。

十、了解企业管理

俗话说，创业容易守业难。把企业开办起来并不意味着已经成功创业，这只是创业的开始。企业一旦运转起来，那么每天的工作就会非常繁重。一个优秀的企业老板要处理好日常的企业管理工作,远比书本上说的要复杂得多,每天要面对不同的困难和机遇,每天要面对企业内部和外部新的变化,一个好的企业老板每天都要学习新知识、新方法。

(一)企业的日常管理

由于企业的类型不同,它们的日常业务活动也有差异。

零售商店的日常工作主要是销售、采购、存货、记账和管好店员。

服务行业的日常工作是招揽生意、完成服务任务和管理员工,使工作保质保量有成效。除此之外,还要采购材料,控制成本和新业务定价。

制造企业的日常业务要复杂得多,要接订单,核实自己的生产能力,安排车间生产。这意味着要购进原材料,调配好工厂的设备,监控工人的工作质量,控制成本,销售产品等。

农、林、牧、渔业的日常工作更加辛苦,要采购种苗并确保种苗质量,在生产和生活条件相对艰苦的环境中组织或监督员工的工作,实时监控水、电、气的供应情况,随时了解气象变化、环境变化、病虫害等信息,甚至还要防止偷盗现象的发生等。不论企业属于哪种类型,以下工作都是必不可少的:监督管理员工,采购存货、原材料或服务,生产管理,为顾客提供服务,掌握和控制成本,制定价格,做业务记录,组织办公室工作。

1. 监督管理员工

第一,要建立团队合作意识,因为大多数员工喜欢集体配合工作。如果任务下达到团队,一旦完成,每个成员都会受到鼓舞。这种方法的主要好处在于:提高员工的工作积极性,让他们能体会到集体的成绩里有他们各自的一份贡献。提高工作质量标准,提高生产效率,集体工作比单干更能使员工各展其长。

第二,重视员工培训,这是企业成功的重要因素。虽然组织培训要花钱,但好处却很多:员工的生产技术直接影响产品质量。员工能学到新的、更有效的工作方法。员工能觉得企业关心他们,满意他们的工作。

第三,重视员工的安全。如果员工离开了,企业还得招聘和培训新人,所以,要保护员工,防止他们发生工伤事故。作为企业老板,要对由于安全措施不够引起的伤残和疾病负责任。安全措施不仅意味着避免工伤事故,还包括改善工作条件,如降低噪声、提高照明度、消除有害液体和气体等。

国家规定了职业安全与卫生的最低要求,如果企业违规,不仅会给别人带来伤残的痛苦，而且还要承担发放抚恤金的负担。所以，关心员工的安全有利于提高员工的积极性和健康水平，还会降低我们的企业费用。

2. 采购存货、原材料或服务

所有的企业都会发生买进、卖出活动。零售商从批发商那里买来商品，然后卖给顾客。批发商从制造商那里进货然后卖给零售商。制造商从不同渠道采购原材料制成产品卖给顾客。服务行业的经营者买来设备和材料，然后出售他们的服务。

3. 生产管理

生产管理是制造行业和服务行业的一项日常工作，通常要作以下决策：生产什么、何处生产、何时生产、如何生产、生产数量、生产质量。

4. 为顾客服务

大多数企业本来可以卖出更多的产品，但他们却没有了解到这一点，其中许多企业并不知道为什么会这样。企业经营者要尽可能去了解顾客，了解他们想要什么？他们的需求发生了什么变化？不断提高和改进服务质量，使顾客满意。满意的顾客可以成为回头客，他们会购买更多的产品，会将我们的企业和产品告诉他们的朋友和周围的人。满意的顾客越多，意味着企业的销售量会越大，企业的利润也就越大。

5. 掌握和控制成本

作为企业老板，要彻底了解生产成本或进货成本，这有助于企业制定价格，赚取利润。为此，把成本维持在最低限度是很关键的。

这方面的信息来自于财务会计系统。即使是最简单的财务记录，也会提供计算企业成本的依据。企业成本是企业资金支出的根源，合理控制成本能提高企业的利润。

6. 制定价格

只有为产品或服务制定合适的价格，才能使产品或服务既能产生利润，又具有相当的竞争力。要明白，只有销售收入大于产品或服务的成本，才会有利润。因此，制定价格之前，必须先摸清成本，否则就无从知道企业是在赢利还是在亏本。

7. 持续做好业务记录

作为企业老板，必须知道企业经营的状况。如果经营遇到困难，通过分析业务记录就可以发现问题所在。如果企业运转良好，也能利用这些记录进一步了解企业的优势所在,使企业更有竞争力。做好业务记录能帮助企业老板作出有利的经营决策,而且还有助于以下工作的开展:控制现金、控制赊账、随时了解负债情况、控制库存量、了解员工动态、掌握固定资产状况、了解企业的经营情况、缴税款、制定计划。

大多数微小企业为节省开支而不请专职会计,他们为了掌握现金流量而自己学习简单的记账办法。虽然不同企业的记账方式有所差别,但一般都包括收入的资金、支出的资金、债权人、债务人、资产和库存等内容。

8.组织办公室工作

办公室是企业的信息中心,因此,办公室组织和领导得好与坏对企业也会产生影响。企业需要购买办公设备、带醒目企业标志的办公文具,需要设立一个接待顾客和来访者的场所。办公室是企业的工作场所,搞好管理所需要的办公用品都要备齐。

(二)综合管理

要经营好一个企业,还要不断提高自己的管理能力。有效地控制企业的投入和采购、管理企业存货、计算并控制企业的产品或服务成本,建立基本的记账体系,制定并实施企业改善计划,调动员工积极性,提高生产力。

第三节 高素质农民创新创业风险防范

任何一个企业都是在激烈的市场竞争和错综复杂的社会环境中生存与发展。特别是在农村创办的企业,尽管可以得到政府的鼓励与支持,但是由于许多人缺乏办企业经验,缺乏经商知识,许多世世代代以忠厚为传家之宝的农民,即使经过数年在外打工或经商的摔打与磨炼,却往往还是厚道有余、机智不足。在这种背景之下,一个农村创业者要使自己办的企业冲破市场竞争的急流险滩和惊涛骇浪,从无到有、从小到大、从弱到强地成长起来,必须预先对企业发展过程中可能遇到的障碍因素有所了解、有所研究、有一定思想准备和对策准备。

创业风险防范主要指对创业风险的规避与控制。

一、内在风险类型

(一)创业人力资源风险

组织和人力资源风险是由不合理的组织结构和不当的人才使用造成的创业风险。创业企业的快速发展若未伴随相应的组织结构和人才机制调整,往往会成为创业企业潜在的危机根源。其中,管理体制不畅是主要原因之一。因此,创业者在创立新企业一开始就应注意组织结构设计、人才甄选和考核、薪酬制度以及培训等管理工作。初创阶段即需建立健全规章制度,并开始企业文化的建设。

中国企业家调查系统第十届企业家成长与发展调查,对3 539位企业经营者问卷调查结果表明:"企业经营者最容易出现的问题"中,"用人不当"仅次于排在第一位的"决策失误"。用人不当已经成为制约企业发展的重要因素。创业之初,江湖义气第一桩,大家同甘共苦,同心同德。然而,模糊的产权关系和分配关系常常为创业者之间埋下内讧的隐患,可能导致创业成功后的功过权衡、企业壮大阶段的管理分歧,以及初具规模准备扩张时的高层派系形成和相互排挤等不良后果。

1. 创业团队风险

创业团队风险一般是指因为没有共同的愿景和目标、不能塑造和谐的创业团队关系、没有或不能很好地遵行团队规范和应该严守的纪律、团队角色配置不合理等造成创业失败。

案例一:某商贸有限公司专做食品、饮料、酒类产品的代理业务,后成为四川古蜀酒厂古蜀醇粮液河北某地区的总代理。股东之一某某在公司成立时,曾经许诺自己家族多年经营钢材、铁锭生意,有很多社会关系可用;还许诺今后在公司运作中遇到资金不够的时候,自己可以负责拆借。可出了问题之后,需要用钱时,其拆借不来钱,完全不能实现当时的承诺。三位股东的矛盾急剧恶化,最终导致该商贸有限公司解体。

【分析提示】

创业团队应充分利用试运行阶段来考察团队成员的责任感和贡献度,并及时揭示问题。若在经营过程中才解决这些问题,可能为时已晚。

案例二:王永昌创立的鼎洲环保产业有限公司在山西榆次很有名气,专门生产砖块成型机。1999年招来一位能人郭某,郭某很快就将其产品推广到全国。王永昌将自己的轿车让给郭某，还买一套大房子送给他，另外，除拿销售提成外，年薪还提高到10万元。在榆次，这简直是天价。而郭某投桃报李的结果是出走离开鼎洲，自立门户，挖鼎洲的墙脚。由于技术问题，郭某失败。走投无路之际，央求原来的东家收留自己，王永昌不仅不计前嫌，还在郭某的请求下，升其为副总。郭某在担任副总期间，在销售部排除异己，使鼎洲的客户资源掌握在自己手中，偷取其核心技术机密，并删除保留在鼎洲技术部电脑里的技术资料。然后向王永昌提出辞职，并保证自己永不仿制鼎洲产品，不涉足砖块成型机行业。郭某离开后，注册了自己的公司，生产了不同牌子的鼎洲产品。在郭某公司的冲击下，失去了客户资源的鼎洲一败涂地。

【分析提示】

王永昌认为人是有感情的，只要自己真心付出，总能得到相应回报。然而，世界上常常发生的是"播下龙种，收获跳蚤"。若盲目相信感情投资，可能会让头脑变得迷糊，导致在监控不到的情况下将企业全权托付给一个有"背叛"前科的人。

2. 关键员工离职风险

（1）关键员工通常熟悉企业主营业务，了解客户资源，掌握核心技术和商业机密，这些员工离职使企业的有形资产和无形资产遭受损失，削弱企业的核心竞争力。

（2）关键员工离职导致企业关键岗位空缺，新员工需要时间适应工作环境，对企业的正常运转和发展连续性造成影响。

（二）创业市场风险

1. 市场需求量

产品的市场容量较小或者短期内不能为市场所接受，那么产品的市场价值就无法实现，投资就无法收回，从而造成创业夭折。

2. 市场接受时间

新产品要打开市场需要时间，如果创业企业在营销广告上缺乏足够的投入，产品的市场接受过程会更漫长，这可能导致销售困难，前期投入难以收回，给创业企业的资金周转带来极大困难。

3. 市场价格

产品价格若超出市场承受力，将难以被市场接受，技术产品的商业化和产业化也将难以实现，投资回报也将受到影响。当某种新产品逐渐被市场接受时，高利润会吸引众多竞争者，可能导致供大于求，造成价格下跌，影响高技术产品创新的投资回报。

4.市场战略

没有良好的市场战略规划，高技术产品在价格定位、用户选择、上市时机和市场区域划分等方面出现失误，将给市场开拓带来困难，甚至导致失败。

（三）创业资金风险

资金风险是指因资金不能适时供应而导致创业失败的可能性。

新创企业普遍存在资金缺乏问题，如果创业者不能及时解决，很容易导致创业夭折。在高技术创业中，资金供应不及时可能导致技术迟迟不能产业化，随着时间推移技术价值贬值，甚至被后来的竞争对手超越，最终导致初始投入付之东流。例如，"巨人"集团因为修建巨人大厦1 000万元的资金缺口而轰然崩塌。辉煌一时的新疆德隆集团，短短几年内一下子进入十几个产业，总负债高达570亿元，酝酿了巨大的资金风险。2004年初，德隆系资金链开始断裂，建造在沙滩上的堡垒顷刻间分崩离析。以德兴隆，是为德隆。从创业边城乌鲁木齐，奔走政治中心北京，再落户金融中心上海，气魄冲天，理念之大，国人惊异，当华融的全面托管与唐万新被正式批捕，宣告了德隆的彻底失败。随着对德隆资产清查，德隆违规操作、商业投机以及地下圈钱等许多黑幕被逐步披露，德隆的神秘面纱被层层揭下。有人说：德隆的模式，最独特的地方不过就是德隆一直在以大规模高成本融资，以钱开路，资金风险越来越大，必然是"成也钱，败也钱"。

再比如，2001年，号称中国第一家专业连锁店的温州百信鞋业，辉煌一时，5年间在未得到银行支持的情况下，曾在全国发展了100多家连锁百信鞋城，号称拥有30多亿元资产。当资金被连锁店消耗殆尽，资金链终于断裂，如今仅存的几家门店也卖给了别人，但仍然难抵"巨额债务"。创始人因拖欠货款、涉嫌偷漏税而被逮捕，百信随之倒闭。原鞋城已被卖掉，但仍然难偿其巨额货款。北京城市之光超市、福建华榕超市也是前车之鉴。

民营企业融资困难，比国企更深刻地感受到资金匮乏的煎熬。他们无法参与一些需要大量前期投入的项目，错失发展机会；企业加速扩张时，常因资金瓶颈喘不过气，影响整个企业运作；而当企业获得融资渠道时，常热衷于做项目，铺张过度，资金绷紧如橡皮筋，一旦断裂，无法及时补救，往往对整个企业造成影响。这样的典型案例比比皆是。

（四）技术风险

技术风险是指在企业技术创新过程中，因技术因素导致创业失败的可能性。

1. 技术成功的不确定性

创新技术的研发到产品化、产业化的过程中，任何一个环节的技术障碍都可能导致前功尽弃，使产品创新以失败告终。许多创业企业在技术产业化过程中屡战屡败，原因多种多样。当耗费血汗赚得的资金或抵押家产的创业资金快要耗尽，却仍未生产出合格产品时，风险达到极高水平。

2. 技术前景、技术寿命的不确定性

如果赖以创业的技术创新不能够实现工业化，或不能在高技术寿命周期内迅速实现产业化，从而不能收回初始投资并取得利润，必然会造成创业的夭折。

山东人侯某初战商海，决定投入巨资购买一项自认为前途广阔的专利技术。有人提醒他，尽管该专利技术当前看好，但操作周期较长，同时某某研究所正在研发一项更先进的技术。然而，侯先生不听劝告，执意投资。当他成功购得专利技术并将其转化为产品时，新技术已面世，这项技术已不再被人需要。

创业者投资项目需谨慎，不能只注重眼前，而忽视未来的发展方向。盲目投入巨资购买即将落后的技术将导致损失。投资者在考虑投入巨资且回报周期较长的项目时，应该考虑其未来潜力，当前的市场需求并不代表未来也会如此。

3. 技术效果的不确定性

即使高技术产品成功开发生产，但如果未达到预期效果，就会导致巨大损失甚至创业失败。20世纪70年代，美国杜邦公司开发并上市了一种名为Corfam的皮革替代品。虽然先期预测和试穿取得成功，但杜邦公司预期Corfam会成功上市并取得巨大成功，成为像尼龙一样的世界畅销商品，带动鞋类材料革命，再次成就杜邦公司。然而最终结果却出人意料，Corfam的产品开发亏损了近1亿美元，成为杜邦公司罕见的一次失败。

(五)管理风险

1. 管理者风险

优秀的创业家不一定需要精深的技术知识,但必须具备以下素质:强烈的创新意识和创业精神,不墨守成规,不人云亦云;强烈的成就欲望,充满冒险精神、奉献精神和忍耐力;敏锐的机会意识和高超的决策能力,善于发现、把握和利用机会;强大的责任感和自信心,敢于在困境中奋斗,在低谷中崛起。

发达国家成功创业企业的经验之一是组建由技术专家、管理专家、财务专家和营销专家组成的团队,发挥整体优势,为创业企业打下坚实的组织基础。家长式的一人集权管理往往由于管理水平和模式等问题导致创业失败。

(1)管理者素质。大部分农村创业者在初期都能艰苦奋斗、严格自律,但一旦事业发展顺利,特别是家大业大、财大权大后,有些人可能无法抵御金钱美色的诱惑,腐败与犯罪问题就会悄然而至。如果创业者未能及时警觉和严格防范,不仅创业会受损,创业者本人也会身败名裂。腐败与犯罪问题可能来自企业外部,也可能来自内部,但其发展特点是内外结合。它不仅危害企业,也危害国家,是自私自利、无所不为的行为。

广州市普耀通讯器材有限公司涉嫌虚开增值税专用发票,其负责人施争辉被捕,涉嫌偷税金额近2亿元。该公司在广州、北京、上海等地采用账外经营、设立内外两套账、未开具发票或以收据代替发票等方式大量偷逃税款。

(2)管理者诚信。很多假冒伪劣产品,如黑心棉花、工业油盐、发霉米面、漂白蔬菜、纸壳"皮鞋"、夺命药物,似乎与民营企业有瓜葛。一些创业企业为了追求利润,铤而走险,最终受到政府、法律严打的"致命打击",导致企业陷入万劫不复之地。曾经的中华鳖精利用神话传说销售,但《焦点访谈》记者暗访发现,一家鳖精厂只有一只鳖,而且是养在后院水池中。市场上的中华鳖精只是红糖加水而已。

(3)权力分配和家族式管理。据了解,"百信鞋业"内部管理严重家族化是导致其倒闭的重要原因。创始人李忠文几乎将所有核心和重要部门的权力交给了他的亲戚朋友,但彼此之间又无制衡。例如,百信配货中心由几位"亲戚"负责,大吃回扣。李忠文失败了,然而他的许多亲戚朋友却成了百万富翁。

2. 决策风险

由于决策失误而造成失败的事例实在是太多了,无论是政治、军事还是商业。对于创业者而言，绝不可以根据自己的喜怒哀乐或不切合实际的个人偏好而做出决策。不进行科学分析、仅凭个人经验或凭运气的决策方式都可能导致惨重的失败。管理者决策水平的高低对创业企业的成败影响巨大，据美国兰德公司估计，世界上破产倒闭的大企业，85%是因企业家决策失误造成的，中国的企业就更是如此。

1990年，飞龙集团还只是一个注册资金75万元、职工不过60人的小工厂，而到1994年，谋求在中国香港上市的姜伟对外声称飞龙的账面利润有2亿元。虽然很多人对这一数字抱有怀疑，但可以肯定的是，"延生护宝口服液"为飞龙带来了巨大的销售收入。与众多的保健品生产企业一样，巨量的广告投入是飞龙占领市场的必要手段，但广告支出无人监管统筹，无效广告泛滥成灾，总部对此调控无力。与此同时，国家对保健品市场的整顿开始。1995年下半年，卫生部对212种口服液进行抽查，合格率仅为30%，这给了一直无序发展着的保健品行业沉重的打击。飞龙总裁姜伟闭门思过，修炼内功，反省出的20个大失误中头三条赫然是："决策的浪漫化、决策的模糊性、决策的急躁化。"可见决策失误给姜伟带来了切肤之痛。

如果说资金链断裂是德隆败因的表象，那么决策失误才是德隆败因的本质。产业决策中疯狂扩张，多元化结构失调为德隆失败种下了祸根。在18年的时间里（1986年开始创业），德隆从一家小企业成长为一个庞然大物，成为控股6家上市公司、跨越14个产业的大型民营企业，德隆走的是一条金融资本与产业资本结合的多元化发展道路。德隆超常规的产业整合远远透支了其经营所得现金流，现金流出远大于流入，为此德隆不得不以高成本融资来维持其资金链，直到最后崩溃。

多元化经营决策的企业比比皆是，但因此获益的企业却不多。目前来看，涉足多元化经营的多为一些实力强且有核心业务的企业。但行业跨度过大，仍然不为人看好。五粮液投资百亿元杀入电脑芯片业，这就意味着其原有的人才资源、渠道资源、管理经验、企业文化等不能共享，一切从零开始。这种不相关多元化遭到了多方质疑。此前，其制药、威士忌、塑胶等项目已经屡遭失败。多元化决策失误招致失败的案例值得关注，巨人、太阳神、活力28，都是在"把鸡蛋放在多个篮子"而一碎俱碎。"活力28"洗衣粉成为全国知名品牌后，沙市日化在短短几年之内涉足洗衣机、制药、啤酒等行业，之后各项目都被拖住，一个好端端的企业现在日显疲态。

(六)其他风险

1. 基础设施薄弱

主要是道路交通、通讯联络、市场环境等方面先天不足,后天发展又过于迟缓。这使许多农村创业者办的企业在头一两年小打小闹,感到似乎还可以;而规模一旦扩大,就如同花盆里长不起大树一样,受到各方面基础条件的制约而难以发展。

针对这种障碍因素,应采取的对策是:①在创业之初就要有一个周密调查和长远考虑,在企业选址上就充分考虑到这一点;②随着企业的发展,不断加强基础设施建设,使其与企业的经营活动相适应;③随着企业规模的扩大,选择条件较好的地方另建分号,异地开花,两处乃至多处结果。

2. 规章制度不健全

农民办企业,开始的时候往往是靠一家人或亲朋好友聚在一起齐心合力来办,正所谓"打虎亲兄弟,上阵父子兵"。没外人,规章不全、制度不严便成为这类企业的通病。一旦家大业大,必然漏洞百出,而严重制约企业的发展。

3. 上当受骗的风险

在任何社会中,欺诈行为都存在,尤其是在竞争激烈的商品经济社会中,欺诈行为几乎无处不在。当前社会欺诈行为的一大特点是,行骗者相互勾结、团伙作案,以合法的面目出现,采取半真半假的手段,以实现其非法目的。他们常以合作者或合资者的身份出现,甚至扮演专门扶危救难的角色,实际上却是设置陷阱、布局圈套,专门诱骗创业者上当。对于老实本分的农村创业者,稍有不慎,就会落入陷阱或上了贼船,轻则失财亏本,重则倾家荡产。

4. 意外之灾

如火灾、生产事故、交通事故和各种天灾,都会给企业的发展造成不同程度的打击。

二、内部风险的防控

(一)建立健全的内部控制制度

企业应建立一套严格的内部控制制度,明确公司的业务流程与责任分工,并确保流程的高效性与合理性。制度应包括审批制度、审计制度、内部检查制度、风险评估与应对制度等。同时，企业应及时修订与更新制度保持其有效性。

（二）加强对员工的培训与管理

加强员工培训，包括法律意识、职业道德、业务技能等多方面，提高员工对企业风险的认识和预防能力。建立完善的员工绩效评估机制、奖惩机制，对员工行为进行监督和管理，确保员工遵守各项规定与制度。

（三）加强对信息安全的保护

企业应重视信息安全，采取多层保护措施，包括优化网络安全如加密技术、入侵检测系统；加强数据备份与恢复，确保数据完整性和可用性；培养员工信息安全意识，加强对重要信息的访问控制；建立完善的网络安全管理制度。

（四）建立内部风险预警机制

企业应建立内部风险预警机制，监测和预测经营风险，及时发现潜在风险并采取相应措施。预警机制包括设置风险预警指标、建立数据分析监测体系、制定内部风险报告等。

（五）加强财务风险管理

企业应加强对财务风险的管理，包括建立健全的内部财务控制制度，加强财务报告的真实性与可靠性。加强财务风险评估与控制，通过建立科学的财务风险评估模型和风险管理方法，及时发现和应对可能存在的财务风险；建立完善的内部控制审计机制，对财务风险管理进行监督与检查。

总之，企业内部风险防范需要从制度建设、员工培训、信息安全、风险预警、财务风险管理、企业文化建设和外部环境监测等多方面入手，综合运用各项措施，提高企业内部风险防范能力，确保稳定和可持续发展。

三、外在风险类型

（一）自然资源风险

农业生产的自然特性与资源的质和量是密不可分的（尤其是水和土地）。这也决定了农业项目投资效果的好坏。在数量方面，水在农业项目投资中是不可替代的资源，一旦出现短缺或不符合要求就会从根本上影响项目的建设和运行，因而水资源的供应是农业项目投资的重要风险因素。资源风险还表现在水资源和土壤的质量上，环境污染对水和土壤质量的影响很难估计。

（二）政策调整风险

农业经济政策的稳定性、连续性和可控性也会给农业投资带来风险。从宏观上而言，农业政策的调整总是朝有利于农业经济发展的方向进行，但在微观上，它不可能对每一个农业项目投资都有益。影响项目的政策因素主要有产业政策、进出口政策和政策汇率等。

（三）体制风险

国家工业化政策使中国经济飞速发展但也致使耕地日益减少，农业经营规模越来越小，而工业对农业在资金、技术等方面的回馈率低也导致农业劳动生产率提高缓慢，农业利益比较偏低，造成农产品价格低于价值。

（四）自然灾害风险

我国是自然灾害发生较为频繁的国家，每年多有洪涝、干旱、冰雹、寒冻、赤潮和病虫害等发生，由于农业的生产特性，自然因素对农业的影响相比其他行业更为敏感和严重，因而会增加农业企业的投资风险，造成农业项目投资效益不稳定。

四、外在风险的防控

（一）充分利用投资组合原理，大力发展农业产业化经营

在综合化经营的农业企业内，项目与项目之间关系密切，在利用资源的关系上必定要有相依、相辅、相成和相竞的关系。因此，大力发展农业产业化经营是降低农业企业经营风险的重要途径之一。农业企业应该科学地利用风险组合原理，大力发展农业产业化经营，力求风险与报酬的均衡。但是这里需要引起农业项目投资单位重视，并非所有的投资风险组合都能分散风险，有些投资组合甚至会增强风险，只有收益或风险变化方向不完全相同的资产组合，其风险才可以被部分冲抵。因此，农业企业应实行产业化经营，形成有效的投资组合，这有两条途径，或是在一些具有相同期望收益的投资

品种中选择相关程度较低、风险变化不完全相同的投资品种作为投资组合，或在一些相关程度（或风险冲抵程度）相同的组合中选择预期收益较高的一组作为投资的资产组合。

（二）实施并启动农业保险，降低农业企业的自然灾害风险

农业保险的兴起以及发展农业保险的目的就是防止和减轻农业灾害，提高农业再生产的稳定系数。弥补农业灾害损失最可靠、最有效的灾害补偿方式就是农业保险赔偿实施并启动农业保险，有利于增强农业防灾防损和抗灾能力，降低农业企业的自然灾害风险。农业保险的基本职能是防险补损，但是，它并不是消极地等待灾害出现后，补偿灾害损失，而是积极地进行预防，减少或避免危险产生，最大限度降低危险产生后的损失程度。农业保险部门在业务开展过程中，根据所积累的大量灾害与意外事故统计资料，摸索农业灾害发生规律，科学制定农业防灾防损规划，与农业企业密切配合，采取积极措施，增强农业抗灾能力，稳定农业企业发展基础。相对于有条件的农业企业，最好建立农业风险预警系统，以便及时预测、预报风险，以利于采取积极有效的防范措施，将风险控制在可承受的限度内。

（三）认真分析和研究农产品市场，最大限度降低市场风险

随着农产品商品化程度的不断提高，农产品市场功能失调和价格信号失真所带来的矛盾进一步加剧，使本来就客观存在的农产品市场风险更加复杂，农业企业面临的市场风险也在不断增加。因此农业企业要防御农产品市场风险应做到，一是增强企业的预测和经营决策能力。依据准确、全面和及时的信息，做好预测、审慎决策是预防市场风险的首要对策。二是发展农业产业化经营，提高企业组织化程度。建立购销服务体系或农工商一体化企业组织，以提高企业进入市场的组织化程度。三是选择风险强度较小的生产经营项目。一般来说，粮食、棉花、油料等产品是基本生活资料，需求弹性小，市场风险也小，鲜果、水产品等的需求弹性较大，风险也较大。四是生产经营项目多样化。多样化生产的收入比单一经营的收入要稳定些，一旦某种生产遭受损失，可以其他项目的风险收益来补偿。五是完善农产品销售合同制度。为了疏通和稳定农产品销售渠道，防范市场风险，可以进入农业期货市场或通过签订销售合同，特别是预售合同，借事先的合同约束产销双方的经济行为。六是避开农产品集中上市。农产品生产的季节性决定了农产品

价格也带有季节性。为了避免风险损失，应适当搭配品种或分期播种，进行加工、储藏、保鲜、合理选择目标市场等。

（四）积极关注农业政策，防范政策调整风险

创业者可以通过以下途径来防范政策调整风险，一是政策研究，要密切关注国家和地方的农业政策、补贴政策、税收政策，了解政策动向和变化。二是合规经营，要严格遵守相关法律法规，避免因违规经营导致法律风险。三是积极与政府部门沟通，争取政府的支持和指导，了解最新的政策导向和扶持措施。

主要参考文献

李艳萍，2009.农业项目投资风险及其防范[J].安徽农业科学，37（7）：4.

人力资源和社会保障部，职业能力建设司，中国就业培训技术指导中心，2012.《创办我们的企业》[M].北京：中国劳动社会保障出版社.

第九章　涉农主要法律法规政策解读

【内容提要】

法律法规是推动新农村工作建设的重要抓手和保障，是维护农民权益的坚强后盾。本章拟通过专家学者对"三农"的基础法律保障、要求，物质保障，形式保障，底线保障及动力保障等与农民切身利益密切相关的法律法规条文的解读，助力高素质农民在乡村振兴发展过程中提高自身法律素养，为农业生产、农村和谐稳定、农业可持续发展保驾护航。

【思维导图】

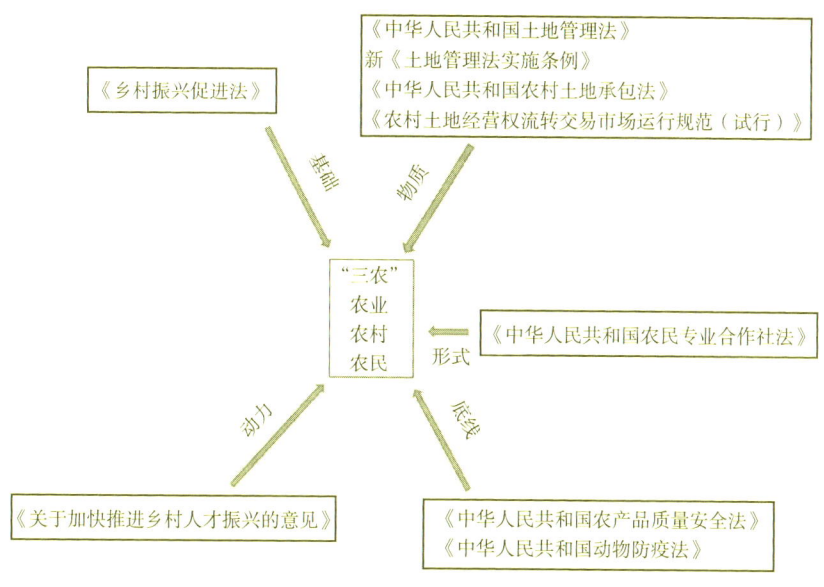

党的十九大报告指出，农业、农村、农民问题是关系国计民生的根本性问题，必须始终把解决好"三农"问题作为全党工作的重中之重，实施乡村振兴战略。党的二十大依然提到农村问题是全面建设社会主义现代化国家中最艰巨、最繁重的任务。法律法规是农村工作的重要抓手和保障，也是维护农民权益的坚强后盾。但习惯于熟人社会的我国农民，总体上法律意识比较薄弱，做事依法、遇事靠法的法治思维尚未形成。这在一定程度上影响了乡村治理的现代化，甚至迟滞了农村经济社会的发展。高素质农民作为乡村振兴的主力军，其行为习惯、思维方式对整个农村社会风气具有现实的导向作用。为了增强高素质农民的法治意识，本教材选取部分与农民切身利益密切相关的法律法规，从立法背景意义到核心要点，由相关权威人士进行相应解读，以帮助大家更好地学习运用好法律，为自己的事业发展、社会生活提供法律保障。为了体现解读的权威性，教材选取相应法律公布后官方组织的专家学者进行的解读，仅作个别技术性改动。由于涉农法律法规非常多，本教材选取的部分可能挂一漏万，希望高素质农民在学习本章时，仅当作抛砖引玉，对于自己生产生活中遇到的具体问题，运用法治思维，寻找法律依据，用现代法制的办法予以解决。

第一节 《中华人民共和国乡村振兴促进法》解读

《中华人民共和国乡村振兴促进法》于2021年6月1日起开始施行，相关解读[①]如下。

一、《乡村振兴促进法》是一部什么样的法？

（一）关于《乡村振兴促进法》中的"促进"的解读

从调整的方法区分，法律有主体法、行为法、促进法等不同类型。《乡村振兴促进法》属于典型的促进法，因而更多的是规定国家、各级人民政府及有关部门，围绕乡村振兴战略应当履行的职责进行规范。

---

① 专家解读《乡村振兴促进法》[EB/OL].（2021-05-12）[2024-07-06]. https://www.sohu.com/a/466068111_121106884.

(二)关于《乡村振兴促进法》中"促进"主要对象的解读

本法的重心就是规范各级人民政府及有关部门,在实施乡村振兴战略中的行为和应当承担的责任。从法律意义上讲,这既是政府及有关部门的权利,也是其应当承担的义务,政府应当履行的义务没有履行的,也是违法行为。

(三)关于《乡村振兴促进法》中"促进"主要对象的义务和责任的解读

《乡村振兴促进法》除了为政府及有关部门设定职责外,还专章规定了监督检查制度,从考核评价、评估、报告、检查、监督等方面明确了责任追究体系,以确保政府及相关部门依法履行职责,使本法规定的主要制度得以全面贯彻实施。

二、《乡村振兴促进法》促进哪些事务?

(一)法律规定的促进对象

(1)不仅涉及传统的种植业、养殖业,还包括特色农业、休闲农业、现代农产品加工业、乡村手工业、绿色建材、红色旅游、乡村旅游、康养和乡村物流、电子商务等农业新产业、新业态的发展。

(2)不仅是农村基础设施的改善,还包括了农村社会生活和人居环境改善。

(3)不仅是农民收入的增长,还涵盖了农民的教育、医疗、科技、文化等需求。

(二)法律确立的制度内容

既涵盖到乡村产业发展,也包括了人才支撑、乡村文化繁荣、乡村生态文明建设、乡村组织建设,还包括了城乡融合发展。

(三)法律规定的制度措施

既包括明确各级政府的职责和监督检查,也有具体的扶持手段。这些规定,对于稳定有力和可持续促进乡村振兴,提供了一揽子的制度规范,是实施乡村振兴战略的最重要的制度保障。

三、《乡村振兴促进法》对农民的保障措施

乡村振兴实施主体和受益主体都是农民，因此，各项决策须以保障农民利益为出发点和最终目标。

在本法第四条第二项原则规定，坚持农民主体地位，充分尊重农民意愿，保障农民民主权利和其他合法权益，调动农民的积极性、主动性、创造性，维护农民根本利益。

除原则规定外，其他制度中也有大量关于农民为主体的规定，例如，第十二条第一款规定，农村集体产权制度改革须确保农民受益；第二款规定，农村一二三产业融合发展应当坚持农民为主体。第二十一条规定，建立农民收入稳定增长的机制。第二十三条提出，供销社要加强与农民的利益联结。第三十条规定，要丰富农民的文化体育生活。第三十七条规定，农村环境综合整治的共建共管共享机制建立，需要有农民参与。第五十一条规定，村庄撤并等乡村布局调整必须尊重农民意愿。第五十四条规定，农民的社会保障制度。第五十七条规定，进城务工农民的权益保护等。

四、《乡村振兴促进法》的亮点

第一，关于乡村振兴中坚持党的领导，有一系列的规定，法律的第三条、第四条、第四十一条、第四十二条分别对乡村振兴中党的自身建设、党在实施乡村振兴战略中的领导地位、乡村社会治理体系中党委的领导地位和农村基层党组织建设等方面都做了明确规定。一般来讲，关于党的自身建设问题，主要由《中国共产党农村基层组织工作条例》等党内法规来规定，但实施乡村振兴战略，不仅是各级政府的责任，也是党的中心工作之一，党中央多次提出五级书记抓乡村振兴，但如何在促进乡村振兴的过程中强化党的领导地位和组织、制度保障，本法中做出了相应规定。

第二，关于乡村振兴中的土地制度问题，在本法中有很多创新。农村土地问题既关系到乡村的产业发展，也关系到构建城乡一体的土地制度，以此维护农村集体经济组织和农民利益，还关系到农村公共事业的发展。长期以来，农村土地尤其是农村集体建设用地制度不完善，严重影响到乡村一二三产业融合，本法中对此有很多详细的规定，如第六十七条第一款要求，依法采取措施盘活农村存量建设用地，激活农村土地资源，完善农村新增建设用地保障机制，满足乡村产业、公共服务设施和农民住宅用地合理需求。第

六十七条第二款明确规定，县级以上地方人民政府应当保障乡村产业用地，建设用地指标应当向乡村发展倾斜。土地所有权人可以依法通过出让、出租等方式将集体经营性建设用地交出单位或者个人使用，优先用于发展集体所有制经济和乡村产业。

第三，关于新型农业经营主体培育的政策，尤其是关于农民合作社发展的政策如何稳定的问题。在过去，部分合作社内部运行机制不规范、空壳社现象广泛存在，一些媒体和社会公众对合作社的"污名化"评价，都制约到合作社的发展。《乡村振兴促进法》肯定了农民合作社作为新型农业经营主体的重要地位和作用，对农民合作社的发展提出了方向性、原则性和规范性要求。该法的颁布实施，意味着农民专业合作社的发展会有更为宽松的政策环境。在促进农民合作社发展方面，《乡村振兴促进法》有3个方面的具体要求，一是由第十七条规定的，鼓励农民专业合作社发挥在农业技术推广中的作用；二是由第二十一条第三款规定的，国家支持农民专业合作社等主体，以多种方式与农民建立紧密型利益联结机制，让农民共享全产业链增值收益；三是由第四十六条第二款规定的，县级以上地方人民政府应当支持发展农民专业合作社等多种经营主体，健全农业农村社会化服务体系。其中，与农民建立紧密型利益联结机制是对合作社发展的根本目标，而技术推广、社会化服务是实现这一目标的重要措施。

五、乡村振兴中政府的义务和责任

本法是明确政府在乡村振兴战略实施中的职责的法律，也是规定政府义务与责任的法律，因此，法律中规定了大量防止政府及其部门滥用权利的制度。

法律全文中"政府应当"的表述出现了51次，都是为政府设定的法定义务。这些义务涵盖了维护农民权益、保护耕地和保障粮食安全、引导新型农业产业发展、完善农民返乡就业扶持政策、建立农民收入稳定增长机制、统筹农村教育和医疗工作、组织开展新时代文明实践活动、健全完善农村公共文化体育实施运行机制、保护农业文化遗产、农业面源污染防治、国土综合整治和生态修复、改善农村人居环境、农村住房管理和服务、构建简约高效的农村基层管理体制、指导支持村民自治、支持农民合作社和集体经济组织发展、加强群团组织和执法队伍建设、优化乡村发展布局、统筹乡村公共基础设施、促进城乡产业协同发展以及建立和落实乡村振兴扶持各项措施等。

另外，针对实践中个别地方政府滥用权利损害农民利益的现象，法律也做出了严格的实体性限制和程序性限制。例如，一些地方强行推进乡村撤并逼农民上楼等现象，社会反响强烈。针对这一问题，《乡村振兴促进法》第五十一条明确规定，严格规范村庄撤并，严禁违背农民意愿、违反法定程序撤并村庄。个别地方要求农民进城落户必须交回其承包的土地或者退回宅基地，为农民进城落户设定了不合理的门槛，违背了农民意愿，损害了农民的财产权利。为此，《乡村振兴促进法》第五十五条第二款明确规定不得以农民退出承包地、宅基地等作为进城落户条件。

如果政府不履行义务，或履行不积极，也是需要承担相应法律责任的。

首先，《乡村振兴促进法》规定的各级政府职责，都具有强制性，监督检查制度就是法律强制性和约束力的重要体现；其次，《乡村振兴促进法》中规定了相应的考核评价制度、评估制度、报告制度、监督制度和追责制度，是对政府及其有关部门的行为进行约束的重要手段，《乡村振兴促进法》规定应当履行的义务有关部门没有履行的，需要承担相应的行政责任。另外，《乡村振兴促进法》是关于实施乡村振兴战略的促进法，主体内容是明确政府及其部门促进乡村振兴的支持对象、支持范围、支持手段、支持措施等制度，在责任制度的设定上不同于民法中的民事责任，也不同于其他行政法中的行政责任，而是通过党的领导地位、行政管理体制的层级约束、人民代表大会的监督约束等保障法律的实施。

第二节 《中华人民共和国土地管理法》解读

《中华人民共和国土地管理法》（以下简称《土地管理法》）修正案，自2020年1月1日起施行，相关解读[①]如下。

一、背景：改革农村土地制度

《土地管理法》确立的以土地公有制为基础、耕地保护为目标、用途管制为核心的土地管理基本制度总体上是符合我国国情的，实施以来，为保护耕地、维护农民土地权益、保障工业化城镇化快速发展发挥了重要作用。

---

① 权威解读《土地管理法》七大突破[EB/OL].（2021-01-26）[2024-07-06]. https://baijiahao.baidu.com/s?id=1736866655050647330&wfr=spider&for=pc。

随着实践的不断发展和改革的不断深入，现行农村土地制度与社会主义市场经济体制不相适应的问题日益显现：土地征收制度不完善，因征地引发的社会矛盾积累较多；农村集体土地权益保障不充分，农村集体经营性建设用地不能与国有建设用地同等入市、同权同价；宅基地取得、使用和退出制度不完整，用益物权难落实；土地增值收益分配机制不健全，兼顾国家、集体、个人之间利益不够。针对农村土地制度存在的突出问题，十八届三中全会通过的《中共中央关于全面深化改革若干重大问题的决定》对改革提出了明确要求。由于土地制度改革牵一发而动全身，为审慎稳妥推进，2014年中办国办印发《关于农村土地征收、集体经营性建设用地入市、宅基地制度改革试点工作的意见》，对农村土地制度改革进行顶层设计。2015年2月，全国人大常委会通过《关于授权国务院在北京市大兴区等33个试点县行政区域内暂停调整实施有关法律规定的决定》，在33个试点地区暂停实施《土地管理法》5个条款、《城市房地产管理法》1个条款。授权决定还明确：对实践证明可行的，修改完善有关法律。《土地管理法》的修改正是在这样的背景下启动的。

二、内容：七大突破值得关注

新《土地管理法》坚持土地公有制不动摇，坚持农民利益不受损，坚持最严格的耕地保护制度和最严格的节约集约用地制度，在充分总结农村土地制度改革试点成功经验的基础上，做出了多项重大突破。

（一）破除集体经营性建设用地进入市场的法律障碍

旧《土地管理法》除乡镇企业破产兼并外，禁止农村集体经济组织以外的单位或者个人直接使用集体建设用地，只有将集体建设用地征收为国有土地后，该土地才可以出让给单位或者个人使用。这一规定使集体建设用地的价值不能显化，导致农村土地资源配置效率低下，农民的土地财产权益受到侵蚀。在城乡接合部，大量的集体建设用地违法进入市场，严重挑战法律的权威。在33个试点地区，集体建设用地入市制度改革受到农村集体经济组织和广大农民的广泛欢迎。新《土地管理法》删除了原法第四十三条关于"任何单位和个人进行建设，需要使用土地，必须使用国有土地"的规定，允许集体经营性建设用地在符合规划、依法登记，并经本集体经济组织2/3以上成员或者村民代表同意的条件下，通过出让、出租等方式交由集体经济组织以外的单位或者个人直接使用。同时，使用者取得集体经营性建设用地使用权后还可以转让、互换或者抵押。这一规定是重大的制度突破，它结束了多年来集体建设用地不能与国有建设用地同权同价同等入市的二元体制，为推进城乡一体化发展扫清了制度障碍，是新《土地管理法》最大的亮点。

（二）改革土地征收制度

新《土地管理法》在总结试点经验的基础上，在改革土地征收制度方面做出了多项重大突破。

一是对土地征收的公共利益范围进行明确界定。宪法规定：国家为了公共利益的需要可以对土地实行征收或者征用并给予补偿。但原法没有对土地征收的"公共利益"范围进行明确界定，加之集体建设用地不能直接进入市场，使土地征收成为各项建设使用土地的唯一渠道，导致征地规模不断扩大，被征地农民的合法权益和长远生计得不到有效的保障，影响社会稳定。新《土地管理法》增加第四十五条，首次对土地征收的公共利益进行界定，采取列举方式明确：因军事和外交、政府组织实施的基础设施、公共事业、扶贫搬迁和保障性安居工程建设需要以及成片开发建设等六种情形，确需征收的，可以依法实施征收。这一规定将有利于缩小征地范围，限制政府滥用征地权。

二是明确征收补偿的基本原则是保障被征地农民原有生活水平不降低，长远生计有保障。原来的《土地管理法》按照被征收土地的原用途给予补偿，按照年产值倍数法确定土地补偿费和安置补助费，补偿标准偏低，补偿机制不健全。新《土地管理法》首次将2004年国务院28号文件提出的"保障被征地农民原有生活水平不降低、长远生计有保障"的补偿原则上升为法律规定，并以区片综合地价取代原来的年产值倍数法，在原来的土地补偿费、安置补助费、地上附着物和青苗补偿费的基础上，增加农村村民住宅补偿费用和将被征地农民社会保障费用的规定，从法律上为被征地农民构建更加完善的保障机制。

三是改革土地征收程序。将原来的征地批后公告改为征地批前公告，多数被征地的农村集体经济组织成员对征地补偿安置方案有异议的，应当召开听证会修改，进一步落实被征地的农村集体经济组织和农民在整个征地过程的知情权、参与权和监督权。倡导和谐征地，征地报批以前，县级以上地方政府必须与拟征收土地的所有权人、使用权人就补偿安置等签订协议。

（三）完善农村宅基地制度

农村宅基地是农民安身立命之本。长期以来，宅基地一户一宅、无偿分配、面积法定、不得流转的法律规定，导致农村宅基地大量闲置浪费，农民宅基地的用益物权难落实。新《土地管理法》完善了农村宅基地制度，在原来一户一宅的基础上，增加了宅基地要保障户有所居的规定，明确指出：人均土地少、不能保障一户拥有一处宅基地的地区，在充分尊重农民意愿的基础上可以采取措施保障农村村民实现户有所居。这是对一户一宅制度的重大补充和完善。考虑到农民变成城市居民真正完成城市化是一个漫长的历史过程，新《土地管理法》规定：国家允许进城落户的农村村民自愿有偿退出宅基地，这一规定意味着地方政府不得违背农民意愿强迫农民退出宅基地。同时，新《土地管理法》下放宅基地审批权限，明确农村村民住宅建设由乡镇人民政府审批。

（四）为"多规合一"改革预留法律空间

建立国土空间规划体系并监督实施，实现"多规合一"是党中央、国务院作出的重大战略部署。随着国土空间规划体系的建立和实施，土地利用总体规划和城乡规划将不再单独编制和审批，最终将被国土空间规划所取代。考虑到"多规合一"改革正在推进中，新《土地管理法》为改革预留了法律空间，增加第十八条，规定：国家建立国土空间规划体系。经依法批准的国土空间规划是各类开发、保护和建设活动的基本依据。为了解决改革过渡期的规划衔接问题，新《土地管理法》还明确指出：已经编制国土空间规划的，不再编制土地利用总体规划和城乡规划。同时，在附则中增加规定：编制国土空间规划前，经依法批准的土地利用总体规划和城乡规划继续执行。

（五）将基本农田提升为永久基本农田

实行最严格的耕地保护制度，确保国家粮食安全是《土地管理法》的核心和宗旨。为了提升全社会对基本农田永久保护的意识，新《土地管理法》将基本农田提升为永久基本农田，增加第三十五条明确：永久基本农田经依法划定后，任何单位和个人不得擅自占用或者改变用途。永久基本农田必须落实到地块，纳入数据库严格管理。各省、自治区、直辖市划定的永久基本农田一般应当占本行政区域内耕地的80%以上，具体比例由国务院根据各省、自治区、直辖市耕地实际情况确定。

（六）合理划分中央和地方土地审批权限

原来的《土地管理法》对新增建设用地规定了从严从紧的审批制度，旨在通过复杂的审批制度引导地方政府利用存量建设用地。长期以来，地方对建设用地审批层级高、时限长、程序复杂等问题反映强烈。新《土地管理法》适应放管服改革的要求，对中央和地方的土地审批权限进行了调整，按照是否占用永久基本农田来划分国务院和省级政府的审批权限。今后，国务院只审批涉及永久基本农田的农用地转用，其他的由国务院授权省级政府审批。同时，按照谁审批谁负责的原则，取消省级征地批准报国务院备案的规定。

（七）土地督察制度正式入法

为了有效解决土地管理中存在的地方政府违法高发多发的问题，2006年国务院决定实施国家土地督察制度，对省、自治区、直辖市及计划单列市人民政府土地管理和土地利用情况进行督察。新《土地管理法》在总则中增加第五条，对土地督察制度作出规定：国务院授权的机构对省、自治区、直辖市人民政府以及国务院确定的城市人民政府土地利用和土地管理情况进行督察。以此为标志，国家土地督察制度正式成为土地管理的法律制度。

第三节 新《土地管理法实施条例》解读

新修订的《土地管理法实施条例》自2021年9月1日起施行，解读[①]如下。

一、严格控制耕地转为非耕地

1998年的《土地管理法》及《土地管理法实施条例》均将控制农用地转为建设用地作为土地用途管制的核心和重点，对农用地之间的转化缺乏制度性的约束，导致实践中耕地转为林地、草地、园地等现象大量存在，严重影

---

① 新《土地管理法实施条例》权威解读[EB/OL].（2021-08-05）[2023-09-23]. https://m.thepaper.cn/baijiahao_13906799。

响国家粮食安全。为此，新的《土地管理法实施条例》专门增加规定：国家对耕地实行特殊保护，严守耕地保护红线，严格控制耕地转为林地、草地、园地等其他农用地。耕地应当优先用于粮食和棉、油、糖、蔬菜等农产品生产。按照国家有关规定需要将耕地转为林地、草地、园地等其他农用地的，应当优先使用难以长期稳定利用的耕地，从而进一步拓展了土地用途管制的重点和内容。

二、明确耕地保护的责任主体是省级人民政府

新的《土地管理法实施条例》首次从行政法规层面明确了耕地保护的责任主体，规定：省、自治区、直辖市人民政府对本行政区域耕地保护负总责，其主要负责人是本行政区域耕地保护的第一责任人。省、自治区、直辖市人民政府应当将国务院确定的耕地保有量和永久基本农田保护任务分解下达，落实到地块。国务院对省、自治区、直辖市人民政府耕地保护责任目标落实情况进行考核。

三、建立耕地保护补偿制度

为贯彻落实党中央、国务院关于加强对耕地保护责任主体的补偿激励，积极推进中央和地方各级涉农资金整合，按照谁保护、谁受益的原则，加大耕地保护补偿力度的要求，新的《土地管理法实施条例》明确规定：国家建立耕地保护补偿制度。耕地保护补偿制度具体办法和实施步骤由国务院自然资源主管部门会同有关部门规定。

四、细化土地征收程序

新的《土地管理法实施条例》以维护被征地农民合法权益为核心，对《土地管理法》规定的土地征收程序进行了细化规定。主要包括：①发布土地征收预公告，启动土地征收。市、县人民政府认为符合《土地管理法》第四十五条规定的公共利益，需要启动土地征收的，发布土地征收预公告，开展土地现状调查和社会稳定风险评估。②组织编制征地补偿安置方案，并进行公告和听证。③签订征地补偿安置协议，对个别难以达成征地安置协议的，在申请征收土地时如实说明。④申请土地征收审批。⑤土地征收经依法批准后发布土地征收公告，公布土地征收范围和征收时间，对个别未达成征地补偿协议的作出征地补偿安置决定。⑥实施土地征收。

五、明确集体经营性建设用地入市交易规则

新的《土地管理法实施条例》进一步明确集体经营性建设用地入市交易规则，要求国土空间规划要合理安排集体经营性建设用地布局和用途，促进集体经营性建设用地的节约集约利用。同时，明确了集体经营性建设用地出让、出租方案的编制和审查要求，规定：土地所有权人应当依据规划条件、产业准入和生态环境保护要求，编制出让、出租方案，报市、县人民政府。集体经营性建设用地出让、出租应当签订书面合同，并对合同应当包括的内容进行了明确的规定。对通过出让方式取得的集体经营性建设用地再转让的，也应当签订书面合同，并通知土地所有权人。

六、保障农村村民的宅基地权益

新的《土地管理法实施条例》将"宅基地管理"单列一节，对宅基地布局和建设用地指标安排作出明确规定，要求县级以上地方人民政府应当按照国家规定安排建设用地指标，合理保障本行政区域内农村村民宅基地需求，乡（镇）、县、市国土空间规划和村庄规划应当科学划定宅基地范围。针对部分地方在合村并居中出现的侵犯农村村民宅基地合法权益的问题，新的《土地管理法实施条例》专门作出"四禁止"规定：禁止违背农村村民意愿强制流转宅基地，禁止违法收回农村村民依法取得的宅基地，禁止以退出宅基地作为农村村民进城落户的条件，禁止强迫农村村民搬迁退出宅基地。

七、持续优化建设用地审批流程

新的《土地管理法实施条例》持续优化建设用地审批流程，深化"放管服"改革：一是合并预审和选址意见书，规定建设项目需要申请核发选址意见书的，应当合并办理建设项目用地预审与选址意见书，核发建设项目预审与选址意见书；二是减少审批层级，规定市县人民政府组织自然资源等部门拟定农用地转用方案，报有批准权的人民政府批准，删去原来"逐级"上报审批的规定；三是简化建设用地报批材料，将现行的"一书四方案"（建设用地呈报书和农用地转用方案、补充耕地方案、征收土地方案和供地方案）合并调整，按照"批什么就审什么"的要求，整合为农用地转用方案和土地征收申请，并明确了有批准权的人民政府对农用地转用方案和土地征收申请审查的要点；四是明确国务院和省级人民政府在土地征收审批中，主要是对

土地征收的必要性、合理性、是否符合《土地管理法》第四十五条规定的公共利益确需征收土地情形,以及是否符合法定程序进行审查;五是将征地补偿安置方案的决定权交由县级以上地方人民政府负责。国务院或者省、自治区、直辖市人民政府批准土地征收后,对于个别未达成征地补偿安置协议的,由县级以上地方人民政府作出征地补偿安置决定,并组织实施,以体现权责对等,进一步压实了市县人民政府征地补偿安置的主体责任。

八、构建国土空间规划管理制度

新的《土地管理法实施条例》用"国土空间规划"取代原来的"土地利用总体规划",明确了国土空间规划的效力和内容,规定国土空间规划应当统筹布局农业、生态、城镇等功能空间,划定落实永久基本农田、生态保护红线和城镇开发边界。国土空间规划应当包括国土空间开发保护格局和规划用地布局、结构、用途管制要求等内容,明确建设用地规模、耕地保有量、永久基本农田保护面积和生态保护红线等要求,提高土地节约集约利用水平,保障土地的可持续利用。

九、完善临时用地管理

临时用地是指建设项目施工、地质勘查等需要临时使用的土地。针对实践中存在的临时用地的期限过于单一、临时用地土地复垦责任不落实等情形,新的《土地管理法实施条例》对临时用地管理作出创新规定,明确临时用地应当尽量不占或者少占耕地。临时用地的期限一般不超过二年。建设周期较长的交通、水利、能源等基础设施建设使用的临时用地,期限不超过四年,法律、行政法规另有规定的除外。土地使用者应当自临时用地期满之日起一年内完成土地复垦,使其达到可供利用状态。

十、为土地督察权的行使划定边界

新的《土地管理法实施条例》进一步为土地督察权的行使划定边界,确保土地督察在法治轨道上运行:一是明确国家自然资源督察机构根据授权对省、自治区、直辖市及国务院确定的城市人民政府土地利用和土地管理情况进行督察。二是明确了土地督察的六大核心内容:耕地保护情况;土地节约集约利用情况;国土空间规划编制和实施情况;国家有关土地管理重大决策落实情况;土地管理法律法规执行情况;其他土地利用和土地管理情况。三是明确国家自然资源督察机构行使土地督察权的方式主要包括：向被督察的地方人民政府下达督察意见书，约谈被督察的地方人民政府有关负责人，并可以依法向监察机关、任免机关提出追究相关责任人责任的建议。

十一、挂牌出让有了法律地位

新的《土地管理法实施条例》首次从行政法规层面确立了挂牌出让方式的法律地位，规定：除依法可以采取双方协议方式外，应当采取招标、拍卖、挂牌等竞争性方式确定土地使用者。

十二、加大对土地违法行为的处罚力度

新的《土地管理法实施条例》完善了土地违法行为的处罚措施，增加了违法占用永久基本农田发展林果业和挖塘养鱼应当承担的法律责任规定，同时，提高了对违法占地、违法转让等违法行为罚款的处罚额度。同时，为了有效解决违法建筑的没收问题，新的《土地管理法实施条例》专门增加规定：县级以上人民政府自然资源主管部门没收在非法转让或者非法占用的土地上新建的建筑物和其他设施的，应当于九十日内交由本级人民政府或者其指定的部门依法管理和处置。

第四节 《中华人民共和国农村土地承包法》解读

《中华人民共和国农村土地承包法》于2018年12月29日作了第二次修正，解读[①]如下。

一、修法背景

以家庭承包经营为基础、统分结合的双层经营体制，是宪法确立的农村基本经营制度。农村土地承包经营制度自施行以来，在增加农民收入，促进农业、农村经济发展等方面发挥了重要作用。但是，随着目前改革开放的深

---

① 《中华人民共和国农村土地承包法》解读[EB/OL].（2021-05-27）[2024-07-06] http://www.gzlt.gov.cn/ltxrmzf/c100332/ 202107/aecea56ab94f4180a0698d202738ef6a.shtml.

入，信息化、工业化和城镇化的发展，一方面，土地集中成片开发，传统精耕细作与现代物质技术装备相辅相成，生产经营逐渐集约化、规模化；另一方面，各类农业经营主体引导农业生产向专业化、规模化方向发展。现有的农村土地承包经营制度已经无法适应农村现代化的发展需求。新《农村土地承包法》，从法律层面打破对土地流转的严格限制。

二、新法亮点

（一）保持承包关系稳定并长久不变

新《农村土地承包法》在第一条中即强调了保持农村土地承包关系稳定并长久不变是立法目的之一。第二十一条则规定在承包期届满以后，耕地的承包期再延长30年，草地、林地的承包期也相应延长。需要注意的是，应当正确理解承包关系长久不变的内涵。首先，承包关系的长久不变是指土地承包合同期限长久不变。根据法律规定，土地承包经营权自土地承包经营合同生效时设立，发包人与承包人之间形成土地承包经营关系。若无有效的土地承包经营合同则无土地承包经营权，则谈不上承包关系的长久不变，因此，承包关系长久不变即是指承包合同期限的长久不变。新法第二十一条所提承包期的延长应是承包合同期限的延长。其次，承包关系的长久不变并不等同于永久不变。在现行的土地承包经营制度下，土地承包经营权人除了无处分权能外实际上架空了集体土地所有权人的所有权。集体土地所有权人无权任意收回土地承包经营权人的承包地，若将长久不变理解为永久不变，则相当于变相的"集体土地私有化"了。为避免这种误解，中央文件中均一再强调坚持集体土地所有制不动摇。

（二）"三权分置"制度

1. 三权分置的正确理解

土地所有权、土地承包权、土地经营权三权分置的直观表述，在法律上应传达为"土地所有权、土地承包经营权、土地经营权。土地经营权是设立在土地承包经营权上的一个次级用益物权，土地经营权的剥离不导致原土地承包经营权的丧失，仅仅是在土地经营权存续期间限制土地经营权的部分权能。新法第四十四条明确规定流转土地经营权的，发包方与承包方的土地承包关系不变。新法第二章第四节和第五节分别对土地承包经营权、土地经营权的具体内容进行规范,第三章其他方式承包中则明确以其他方式承包的承包方仅能取得土地经营权。新法通过这种结构设计实际上将土地承包经营权和土地经营权进行了明确的区分,一方面,强化了土地承包经营权的身份属性,另一方面,则剥离了土地经营权的身份属性和保障功能,使其回归到原始的财产权性质,从而实现土地经营权的自由流转。

2. 土地经营权的流转

新法对于土地经营权的流转方式、流转合同的内容、经营权人资质、土地经营权再流转、土地承包经营权担保等方面作出了明确规定。

(1)土地经营权的流转方式。新法第三十六条规定了土地经营权的流转方式为出租、入股和其他方式,将转包并入出租的流转方式之中。新增土地经营权入股方式,在放活土地经营权的基础上增加农民收入渠道。

(2)流转合同的内容。新法第四十条对流转合同条款新增了第(七)项土地被依法征收、征用、占用时有关补偿费的归属。当土地经营权与土地承包经营权分离后,土地的实际占用使用人为土地经营权人。当土地被依法征收、征用、占用时不仅原土地承包经营权人需要补偿,土地经营权人作为实际人也会有损失,因此,土地承包权人与土地经营权人在订立流转合同之初即应当对该问题进行明确。

(3)经营权人资质。新法对于土地经营权人提出了资质的要求。新法第三十八条第(四)项土地经营权流转的原则中要求受让方须有农业经营能力或者资质,第四十五条要求建立工商企业等社会资本通过流转取得土地经营权的资格审查制度。《中共中央办公厅、国务院办公厅关于引导农村土地经营权有序流转发展农业适度规模经营的意见》中提出要加强对工商企业租赁农户承包地的监管和风险防范,建立健全资格审查。2015年中央一号文件中要求尽快制定工商资本租赁农地的准入和监管办法。对土地经营权人提出资质要求能够有效防范土地经营权流转中的风险,有效引入有经营能力的工商企业开展农业经营。

(4)土地经营权的再流转。放活土地经营权,允许土地经营权的自由流转是三权分置的内核。新法第四十六条中即规定经过受让方同意并向发包方备案后,受让方可以再流转土地经营权。

(5)土地经营权的担保。新法的亮点之一是允许以土地经营权担保的方式进行融资,从法律层面确认了土地经营权担保融资的可行性。推广规模化、产业化的经营必然要求经营者扩大投资,因此,为土地经营权人提供融资担保的途径是鼓励投资的必然要求。新法通过第四十七条的规定，明确允许以土地经营权担保进行融资。

（三）完善登记制度，强化对集体经济组织成员权利的保护

完善登记制度是对土地承包经营权和土地经营权的确认，加强对权利人的保护。第一，新法第二十四条规定对耕地、林地、草地实行统一登记，确认土地承包经营权。第二，以其他方式取得土地经营权的，也需进行登记取得权属证书方能自由流转。第三，对于土地承包经营权的互换、转让和流转期限在五年以上的土地经营权采取登记对抗主义，未经登记的不得对抗善意第三人。

（四）进城务工农民的土地承包权利保护

由于城乡人口一体化的过程较长，目前，进城务工农民情况复杂，推进农业转移人口市民化应当循序渐进，是否退出土地承包关系应当充分尊重农民的自主意愿，不得将退出土地承包关系作为农民进城落户的条件。新法第二十七条对于进城务工农民的土地承包经营权的权利保护做了较大的改动。第一，第二十七条第二款明确不得以退出土地承包经营权作为农民进城落户的条件。第二，新法第三款充分尊重承包农户的自主意愿赋予其多种选择，农户可以选择转让土地承包经营权、承包地交回发包方、流转土地经营权。第三十条还规定，农户自愿交回承包地的可以获得合理补偿。

（五）对妇女土地承包权益的保护

第一，新法第十六条明确农户内家庭成员平等享有承包土地的各项权益。第二，新法第二十四条第二款强调土地承包经营权证或林权证等证书应将具有土地承包经营权的全部家庭成员列入。第三，新法保留了原法第三十条对结婚、离异妇女承包地的保护。

第五节 《农村土地经营权流转交易市场运行规范（试行）》解读

农业部于2016年6月29日发布了《农村土地经营权流转交易市场运行规范

（试行）》（以下简称《规范》），解读①如下。

一、《规范》的制定背景

近年来，随着土地经营权流转规模的不断扩大，已经有超过1/3的承包土地流转出去，每年新增流转面积4 000多万亩，涉及数以百万计的承包农户。因此，建立健全安全、有序的土地经营权流转交易市场，对维护广大农民群众和新型经营主体合法权益，促进适度规模经营有序发展意义重大。按照中央、国务院的部署要求，各地在农业部指导下，依托经管部门不断健全农村土地流转交易市场，加强县、乡土地流转市场建设，为推动土地经营权有序流转发展农业适度规模经营发挥了巨大作用。截至2015年年底，已有1 231个县（市）、17 826个乡镇建立了土地流转服务中心，覆盖了全国约43%的县级行政区划单位，流转合同签订率达到67.8%。但从实践看，各地土地流转交易市场发展并不均衡，有的运行时间较长，交易也比较规范；有的刚刚起步，需要逐步建立健全相应制度。2014年，《中办国办关于引导农村土地经营权有序流转发展农业适度规模经营的意见》（中办发〔2014〕61号）提出，要研究制定流转市场运行规范，加快发展多种形式的土地经营权流转市场，农业部也将这项工作列入2016年重点工作。2016年以来，农业部在充分调研基础上，会同北京农村产权交易所、武汉农村产权交易所、山西省土地流转工作站、土流网、土地资源网等相关单位起草了初稿，并征求了30个省份（除西藏外）省级农村承包土地管理部门，以及中央农办、国务院法制办、中国人民银行和国家工商总局等部门意见后，经农业部2016年第6次常务会审议通过，形成了《规范》。

二、《规范》调整的范围

农村土地经营权流转交易市场是依照市场规律，为交易双方提供服务的平台。2014年，国务院办公厅颁布的《关于引导农村产权流转交易市场健康发展的意见》（国办发〔2014〕71号）明确指出，这类市场是政府主导、服务"三农"的非盈利性机构，可以是事业法人，也可以是企业法人。实践中，多数土地经营权流转交易市场是依托农业系统经营管理部门成立的事业

---

① 农业部就《农村土地经营权流转交易市场运行规范（试行）》答记者问[EB/OL]. （2016-07-04）[2024-7-6].https://www.gov.cn/xinwen/2016/07/04/content_5088068.htm.

单位或国有企业，也有一些是民营企业利用互联网等手段建立的流转交易平台。据此，《规范》定位为工作指导性文件，而非具有强制力和约束力的部门规章，目的是为各地提供参照文本，各地农村土地经营权流转交易市场可在此基础上，根据实际情况补充完善调整相关内容，进一步完善相关工作规则，引导土地经营权公开、公正、规范流转交易。

三、《规范》涉及的主体和对象

《规范》充分吸收了现有的土地经营权流转市场交易规程，依照农村土地经营权流转交易程序制定，主要遵循了"提出申请—进场交易—签订合同—配套服务"的顺序。《规范》提出，交易主体是农村集体经济组织、承包农户、家庭农场、专业大户、农民专业合作社、农业企业等各类农业经营主体，以及具备农业生产经营能力的其他组织或个人。交易条件应该是交易标的权属清晰无争议，交易双方具有流转交易的真实意愿，符合法律法规政策和规划要求。交易品种包括以家庭承包方式和其他承包方式取得的土地经营权，也包括集体经济组织未发包的土地经营权，以及其他依法可流转交易的土地经营权。

四、《规范》对集体土地流转出现的不公开、不透明，容易导致纠纷等问题的规定

实践中，集体对外流转交易土地的现象已经屡见不鲜，整村整组流转土地的情况也有很多。一方面，集体统一流转土地在提高议价能力、为农民争取更大利益方面发挥了积极作用，也减少了流入方的交易成本，极大提高了土地流转交易的效率；另一方面，集体流转土地时，少数基层干部私相授受、谋取私利的现象也有发生，侵犯了农民合法土地权益，影响了农村经济社会的和谐稳定。因此，《规范》在流入方进场交易时特别提出：集体在组织统一流转农户通过家庭承包方式取得的经营权时，要有书面委托书；未发包集体土地经营权流转时，要提供农村集体经济组织成员的村民会议2/3以上成员或者2/3以上村民代表签署同意流转土地的书面证明。

五、《规范》中对工商资本租赁农地的考虑

近年来，在农村土地流转中，工商资本下乡租赁农地呈加快发展态势，2015年流入企业的农户承包地面积达到4 600万亩，占流转土地总面积的

10.4%。一方面，工商资本进入农业，可以带来资金、技术和先进经营模式，加快传统农业改造和现代农业建设；另一方面，工商资本长时间、大面积租赁农地，容易挤占农民就业空间，加剧耕地"非粮化""非农化"倾向，存在不少风险隐患。中央对此高度重视，强调对工商资本租赁农地要有严格的门槛，租赁的耕地只能搞农业，不能改变用途，让农民成为土地流转和规模经营的积极参与者和真正受益者。2015年，中办发〔2014〕61号文件和农业部等四部门《关于加强对工商资本租赁农地监管和风险防范的意见》（农经发〔2015〕3号）提出，鼓励各地依法探索建立工商资本租赁农地资格审查、项目审核制度，对流入方的主体资质、农业经营能力、经营项目、土地用途、风险防范，以及是否符合当地产业布局和现代农业发展规划等事项进行审查审核。从运行情况看，工商资本租赁农地出现的"非粮化"，特别是"非农化"现象得到了有效遏制。为了进一步规范工商资本下乡行为，此次《规范》强调，流入土地超过当地规定标准以上的，需提供农业经营能力等证明、项目可行性报告，以及有权批准机构准予流转交易的证明，强调了土地流转的规范化。

六、《规范》对232个县（市）开展农村土地经营权抵押试点的考虑

2015年，全国人大常委会授权在北京市大兴区等232个试点县（市、区）开展农村土地经营权抵押试点。2016年3月，中国人民银行、银监会、保监会（2018年银监会、保监会合并为银保监会，下同）、财政部、农业部等部委联合下发了《农村承包土地的经营权抵押贷款试点暂行办法》（银发〔2016〕79号），明确提出试点地区要推进建立多级联网的农村产权流转交易平台，建立承包土地的经营权抵押、流转、评估和处置的专业化服务机制，可以在试点地区政府授权的农村产权交易平台办理经营权抵押登记。为推动农村经营权抵押试点工作的顺利进行，《规范》第十九条明确农村土地流转交易市场经有权机关授权可以开展土地经营权抵押登记，第二十条则就抵押登记过程中的有关事项提出了具体要求，试点地区可以组织开展相关工作。

七、《规范》对农村土地产权交易所提供服务内容的考虑

农村土地经营权流转交易市场主要功能是促进土地经营权交易，主要提供签订服务协议、流转信息发布公示、价格形成、流转合同及交易鉴证、授

权抵押登记等服务。《规范》提出：流转市场要做好信息公示和发布，流转合同订立应参照土地经营权流转交易合同示范文本，交易双方可以获得交易市场提供的流转交易鉴证，合同到期后流入方在同等条件下可优先续约，交易市场在交易完成后还应该提供信息查询、档案管理和纠纷调处等服务。实践中，随着交易双方对土地经营权流转交易服务的需求不断提高，交易市场的服务内容也不断增加和完善。《规范》提出：应交易双方要求，市场可以组织提供法律咨询、资产评估、会计审计、项目策划、金融保险等服务，但收费标准应根据相关规定由当地物价部门核定并予以公示。同时，为保障农村土地经营权流转公开、公平、规范运行，市场应该自觉接受社会公众的监督和依法接受有关部门的管理。

第六节 《中华人民共和国农民专业合作社法》解读

新修订的《中华人民共和国农民专业合作社法》于2018年7月1日起施行，解读[①]如下。

新法突出了对农民专业合作社及其成员的保护，进一步规范了合作社的组织和行为，强化了对农民专业合作社发展的促进政策。新法更加强调对合作社中的农民成员利益保护，凸显了在现代农业发展中合作社对小农户的引领作用。新法在对合作社的规范和促进两个方面，有一系列重大的制度创新。

（一）合作社的规范发展问题

实践中，农民专业合作社发展的同时，出现了一些不规范现象，如一些合作社出现了少数人控制现象，小农户在合作社中的民主权利和经济利益得不到有效保护；一些合作社成员不履行章程规定的出资、交易等义务，损害了合作社整体利益。针对这些问题，新法从退出机制和治理结构两个方面进行了规定。一方面，新法增加了成员除名和合作社退出机制。在合作社的发展过程中，个别成员违反章程规定，严重损害其他成员及合作社的整体利益，合作社依据新法规定的除名制度，对这些成员予以除名，可以更好体现

---

① 《中华人民共和国农民专业合作社法》解读[EB/OL].（2020-11-27）[2024-07-06]. https://www.yuhui.gov.cn/zfxxgk/public/23981/47546101.html。

合作社的凝聚力，以利于合作社的可持续发展。鉴于除名制度可能会导致一些合作社滥用除名权，剥夺成员本应享有的民主权利和经济利益，法律规定了严格的除名程序，并保护被除名成员获得救济的权利。在合作社发展实践中，也出现了"空壳"合作社现象，损害了合作社在市场中的整体商誉。针对这一问题，新法的第七十一条规定，农民专业合作社连续两年未从事经营活动的，吊销其营业执照。另一方面，新法在重申设立成员代表大会除需要满足成员总数超过150人的条件外，规定了成员代表大会的代表人数一般为成员总人数的10%，并明确最低人数为51人，以防止合作社以代表大会的名义剥夺成员对合作社治理的参与权利。

（二）促进合作社发展的制度建设问题

新法设立了一系列有利于合作社发展的制度安排，为合作社提供了更加宽松的发展环境。

第一，取消"同类"限制，拓宽法律适用范围。实践中，农民专业合作社对成员的服务不再局限于某一类农产品的生产经营。新法呼应实践发展需要，取消同类限制，有助于合作社为其成员提供多元化、多环节的服务，能够更好发挥合作社在现代农业发展中对小农户的带动作用。同时，新法允许合作社开展农村民间工艺及制品、休闲农业和乡村旅游资源的开发经营等业务，体现了农业的文化传承功能，也有利于通过合作社这一组织平台多渠道增加农民收入。

第二，新法明确了土地经营权、林权可以作价向合作社出资，这一规定符合农村土地"三权"分置的政策导向，也在一定程度上改变了合作社仅有少数成员的货币出资形成的成员异质性问题，多数小规模农户可以更明确地参与合作社事务管理，也能够以其出资的土地经营权分享合作社盈余。

第三，新法适应农民专业合作社相互之间联合与合作的需求，专章增加了联合社制度，明确了农民专业合作社联合社的法律地位，对农民专业合作社联合社的设立、登记、责任、机构设置及其议事规则、盈余分配办法、退社等做出了特别规定。联合社的建立与发展，可以解决单个合作社规模过小、竞争能力较弱等问题，可以更好配置资源、延伸农业的产业链条，提高合作社经营效率。按照新法规定，三个以上的农民专业合作社可以成立联合社，即联合社的成员必须是合作社，公司和其他组织不能直接成为联合社的成员。这一规定体现了农民为主体的原则，更有利于通过联合社提高其带动小农户参与市场竞争的能力。同时，法律要求，联合社不设代表大会，实行一社一票的表决制度，更能体现加入联合社的合作社之间平等的治理权利。

第四，新法增加了对合作社用电、用地的支持，明确规定农民专业合作社从事农产品初加工用电执行农业生产用电价格，农民专业合作社生产性配套辅助设施用地按农用地管理。这一规定显然是合作社的利好政策，有助于合作社降低生产经营成本，通过延伸产业链条分享农产品附加值。

另外，新法还对农民专业合作社的对外投资，成员的盈余转出资，以及对国有农场等企业职工兴办农民专业合作社的法律适用等做出了规定。

新法的上述制度创新，为农民专业合作社的发展提供了更好的法律环境。但制度的实施还需要一系列配套法规、规章的完善，例如，农民专业合作社的注册登记制度、财务会计制度、税收优惠制度等，都需要尽快修订，以使新法规定的制度更具可操作性。

新法在进行制度创新的同时，保留了大量实践证明行之有效的法律规范。例如，新法在合作社设立上，仍然体现低门槛、包容性的原则；仍然强调农民为主体的原则，并以一系列制度保障该原则的实现；继续坚持一人一票的民主管理原则，保护小农户在合作社中的民主权利；仍然体现惠顾额返还为主的盈余分配原则，并保障财政补助形成的财产利益由全体成员均享等。

需要强调的是，农民专业合作社作为互助性经济组织，法律也为合作社的自治保留了空间。例如，合作社可以依法自主制定章程、自主设立组织机构、自主确定公积金的提取和使用、自主决定盈余分配的具体办法等。应当说，新法既体现了合作社的基本原则和特征，更突出了我国农民专业合作社发展的实际需要；既照顾合作社发展的阶段性特点，也体现了一定的前瞻性；既突出了合作社作为市场主体实现效率最大化的需求，更强调了对小农户的保护。新法的颁布实施，将会进一步促进对农民专业合作社的规范化和可持续发展，并有利于合作社在实施乡村振兴战略中发挥更大作用。

第七节　《中华人民共和国农产品质量安全法》解读

新修订的《中华人民共和国农产品质量安全法》（简称《农产品质量安全

法》）于2023年1月1日正式实施，解读[①]如下。

一、农产品质量安全定义

农产品质量安全是指农产品质量达到农产品质量安全标准，符合保障人的健康、安全的要求。

二、农产品质量安全标准对农产品的要求

农产品质量安全标准是强制执行的标准，包括以下与农产品质量安全有关的要求：

（一）农业投入品质量要求、使用范围、用法、用量、安全间隔期和休药期规定；

（二）农产品产地环境、生产过程管控、储存、运输要求；

（三）农产品关键成分指标等要求；

（四）与屠宰畜禽有关的检验规程；

（五）其他与农产品质量安全有关的强制性要求。

《中华人民共和国食品安全法》对食用农产品的有关质量安全标准作出规定的，依照其规定执行。

三、农产品生产经营者应当对其生产经营的农产品质量安全负责

农产品生产经营者应当依照法律、法规和农产品质量安全标准从事生产经营活动，诚信自律，接受社会监督，承担社会责任。

四、防止农产品产地污染

农产品生产者应当科学合理使用农药、兽药、肥料、农用薄膜等农业投入品，防止对农产品产地造成污染。

农药、肥料、农用薄膜等农业投入品的生产者、经营者、使用者应当按照国家有关规定回收并妥善处置包装物和废弃物。

任何单位和个人不得违反有关环境保护法律、法规的规定向农产品产地排放或者倾倒废水、废气、固体废物或者其他有毒有害物质。

---

① 应知应会（一）：《农产品质量安全法》要点解读[EB/OL].（2023-01-17）[2024-07-06]. http://nyw.changsha.gov.cn/nync/xdny/zlaq/202301/t20230120_10974793.html.

五、农产品生产记录事项

农产品生产企业、农民专业合作社、农业社会化服务组织应当建立农产品生产记录，如实记载下列事项：

（一）使用农业投入品的名称、来源、用法、用量和使用、停用的日期；

（二）动物疫病、农作物病虫害的发生和防治情况；

（三）收获、屠宰或者捕捞的日期。

农产品生产记录应当至少保存2年。禁止伪造、变造农产品生产记录。

六、农产品生产经营者应该保证农产品质量安全

农产品生产经营者应当依照有关法律、行政法规和国家有关强制性标准、国务院农业农村主管部门的规定，科学合理使用农药、兽药、饲料和饲料添加剂、肥料等农业投入品，严格执行农业投入品使用安全间隔期或者休药期的规定；不得超范围、超剂量使用农业投入品危及农产品质量安全。

禁止在农产品生产经营过程中使用国家禁止使用的农业投入品以及其他有毒有害物质。

农产品生产企业、农民专业合作社应当根据质量安全控制要求自行或者委托检测机构对农产品质量安全进行检测；经检测不符合农产品质量安全标准的农产品，应当及时采取管控措施，且不得销售。

七、农产品在包装、保鲜、储存、运输中所用试剂、材料、器具的规定

农产品在包装、保鲜、储存、运输中所使用的保鲜剂、防腐剂、添加剂、包装材料等，应当符合国家有关强制性标准以及其他农产品质量安全规定。

储存、运输农产品的容器、工具和设备应当安全、无害。禁止将农产品与有毒有害物质一同储存、运输，防止污染农产品。

八、不得销售的农产品

有下列情形之一的农产品，不得销售：

（一）含有国家禁止使用的农药、兽药或者其他化合物；

（二）农药、兽药等化学物质残留或者含有的重金属等有毒有害物质不

符合农产品质量安全标准;

（三）含有的致病性寄生虫、微生物或者生物毒素不符合农产品质量安全标准;

（四）未按照国家有关强制性标准以及其他农产品质量安全规定使用保鲜剂、防腐剂、添加剂、包装材料等，或者使用的保鲜剂、防腐剂、添加剂、包装材料等不符合国家有关强制性标准以及其他质量安全规定;

（五）病死、毒死或者死因不明的动物及其产品;

（六）其他不符合农产品质量安全标准的情形。

九、农产品批发市场和销售企业保障待售产品质量安全

农产品批发市场应当按照规定设立或者委托检测机构，对进场销售的农产品质量安全状况进行抽查检测;发现不符合农产品质量安全标准的，应当要求销售者立即停止销售，并向所在地市场监督管理、农业农村等部门报告。

农产品销售企业对其销售的农产品，应当建立健全进货检查验收制度;经查验不符合农产品质量安全标准的，不得销售。

十、农产品包装物或标识应遵守的规定

农产品生产企业、农民专业合作社以及从事农产品收购的单位或者个人销售的农产品，按照规定应当包装或者附加承诺达标合格证等标识的，须经包装或者附加标识后方可销售。包装物或者标识上应当按照规定标明产品的品名、产地、生产者、生产日期、保质期、产品质量等级等内容;使用添加剂的，还应当按照规定标明添加剂的名称。

属于农业转基因生物的农产品应当按照农业转基因生物安全管理的有关规定进行标识。

十一、开具承诺达标合格证应遵守的规定

农产品生产企业、农民专业合作社应当执行法律、法规的规定和国家有关强制性标准，保证其销售的农产品符合农产品质量安全标准，并根据质量安全控制、检测结果等开具承诺达标合格证，承诺不使用禁用的农药、兽药及其他化合物，且使用的常规农药、兽药残留不超标等。鼓励和支持农户销售农产品时开具承诺达标合格证。

十二、通过网络平台销售农产品应当遵守的规定

通过网络平台销售农产品的,应当依照本法和《中华人民共和国电子商务法》《中华人民共和国食品安全法》等法律、法规的规定,严格落实质量安全责任,保证其销售的农产品符合质量安全标准。网络平台经营者应当依法加强对农产品生产经营者的管理。

十三、执法机构开展农产品质量安全监督检查,可以采取的措施

(一)进入生产经营场所进行现场检查,调查了解农产品质量安全的有关情况;

(二)查阅、复制农产品生产记录、购销台账等与农产品质量安全有关的资料;

(三)抽样检测生产经营的农产品和使用的农业投入品以及其他有关产品;

(四)查封、扣押有证据证明存在农产品质量安全隐患或者经检测不符合农产品质量安全标准的农产品;

(五)查封、扣押有证据证明可能危及农产品质量安全或者经检测不符合产品质量标准的农业投入品以及其他有毒有害物质;

(六)查封、扣押用于违法生产经营农产品的设施、设备、场所以及运输工具;

(七)收缴伪造的农产品质量标志。

农产品生产经营者应当协助、配合农产品质量安全监督检查,不得拒绝、阻挠。

第八节 《中华人民共和国动物防疫法》解读

2021年新修订的《中华人民共和国动物防疫法》解读[①]如下。

一是完善动物防疫方针。 根据动物防疫自身规律,借鉴国际先进做法,在做好监测,预防为主的基础上,加入净化、消灭的方针。在动物防疫中增

---

① 动物防疫法如何修订? 主要突出八个主要内容[EB/OL].(2021-01-25)[2024-07-06]. https://baijiahao.baidu.com/s?id=1689819447785313422&wfr=spider&for=pc。

加了诊疗、净化、消灭和病死动物、病害动物产品无害化处理等内容，补全了动物防疫监管链条。

二是完善防疫责任体系。 明确生产经营主体承担动物防疫相关责任，强化管理部门监管责任和地方政府属地化管理责任，理顺相关部门在野生动物、实验动物和进出境动物及动物产品防疫监管职责，加强部门间协作配合。

三是完善防疫制度体系。 着眼于动物防疫全程管理，调整并加强了风险评估、强制免疫、监测预警、区域化管理、动物防疫条件审查、动物检疫等制度，新增了动物疫病净化消灭、分区防控、运输主体及车辆备案、指定通道以及病死动物、病害动物产品无害化处理等制度规定，对生产经营各环节动物防疫活动监管实现了全覆盖。

四是完善公共卫生保障。 建立人畜共患传染病防治合作机制，增加了饲养犬只防疫管理的规定，进一步强化狂犬病、高致病性禽流感等人畜共患病的防治工作。明确了野生动物疫病监测职责，加强野生动物检疫监管工作，授权国务院相关部门制定野生动物检疫办法。

五是完善兽医管理制度。 专门设立官方兽医任命制度，规范海关官方兽医管理，调整执业兽医报考规定，鼓励乡村兽医向执业兽医转变，明确行业协会的职责。

六是完善防疫体系建设。 调整完善动物卫生监督机构、动物疫病预防控制机构的法定职能，落实动物防疫制度规定。要求县级以上人民政府稳定、加强动物防疫队伍和体系建设，配备与检疫工作相匹配的官方兽医，鼓励社会力量参与动物防疫工作。

七是完善防疫保障措施。 加强动物防疫财政保障力度，明确对强制扑杀的动物、销毁的动物产品和相关物品要给予补偿。增加防疫人员保险、补助或抚恤、医疗卫生津贴等规定，保障村级防疫员合理劳务报酬。

八是完善法律责任设定。 根据法律制度的调整和设定情况，对义务性、禁止性的条款均设定了相应罚则。从严设定处罚标准，增加行业禁入等处罚措施。

第九节 《关于加快推进乡村人才振兴的意见》解读

中共中央办公厅、国务院办公厅于2021年2月印发了《关于加快推进乡村人才振兴的意见》（以下简称《意见》），解读[1]如下。

一、《意见》出台的背景

乡村振兴，人才是关键。长期以来，乡村中青年、优质人才持续外流，人才总量不足、结构失衡、素质偏低、老龄化严重等问题较为突出，乡村人才总体发展水平与乡村振兴的要求之间还存在较大差距。进入新发展阶段，全面推进乡村振兴，加快农业农村现代化，乡村人才供求矛盾将更加凸显。制定印发《意见》，加快推进乡村人才振兴，培养造就一支懂农业、爱农村、爱农民的"三农"工作队伍，既是中央部署的工作要求，也是基层实践的迫切需要。

二、乡村人才振兴的重点领域和支持举措

乡村人才类型多样、构成复杂。《意见》坚持问题导向，针对基层实践迫切需要，突出重点，对加快培养农业生产经营人才、农村二三产业发展人才、乡村公共服务人才、乡村治理人才、农业农村科技人才进行针对性部署。

一是加快培养农业生产经营人才。加强农民教育培训，深入实施现代农民培育计划、农村实用人才培养计划，培养高素质农民队伍。突出抓好家庭农场经营者、农民合作社带头人培育。

二是加快培养农村二三产业发展人才。深入实施农村创业创新带头人培育行动，壮大新一代乡村企业家队伍。加强农村电商人才培育，加快建立农村电商人才培养载体及师资、标准、认证体系。培育乡村工匠，挖掘培养乡村手工业者、传统艺人。实施劳务输出品牌计划，培育一批叫得响的农民工劳务输出品牌。

三是加快培养乡村公共服务人才。乡村教师方面，落实城乡统一的中小学教职工编制标准，加大乡村骨干教师培养力度，对长期在乡村学校任教的教师实行职称评审方面的特殊政策，落实好乡村教师生活补助政策。乡村卫生健康人才方面，明确人员编制、人才招聘、人才激励等方面政策，加强乡村基层卫生健康人才在岗培训和继续教育，逐步提高乡村医生收入待遇，鼓励免费定向培养一批源于本乡本土的大学生乡村医生。乡村文化旅游体育人

---

[1] 加快培养一支懂农业、爱农村、爱农民的"三农"工作队伍[EB/OL].（2021-02-24）[2024-07-06]. https://baijiahao.baidu.com/s?id=1692524276780949585&wfr=spider&for=pc.

才方面，推动文化旅游体育人才下乡服务，完善专业人才扶持政策。乡村规划建设人才方面，支持熟悉乡村的规划建设人才参与乡村规划建设，实施乡村本土建设人才培育工程。

四是加快培养乡村治理人才。加强乡镇党政人才队伍建设，选优配强乡镇领导班子特别是乡镇党委书记，实行乡镇编制专编专用，落实乡镇工作补贴和艰苦边远地区津贴政策，以及艰苦边远地区乡镇公务员考录政策。推动村党组织带头人队伍整体优化提升，坚持和完善向重点乡村选派驻村第一书记和工作队制度，全面落实村党组织书记县级党委组织部门备案管理制度和村"两委"成员资格联审机制。实施"一村一名大学生"培育计划，进一步加强选调生工作，鼓励各地多渠道招录大学毕业生到村工作，扩大高校毕业生"三支一扶"计划招募规模。加强农村社会工作人才队伍建设，吸引社会工作人才提供专业服务，引导高校毕业生、退役军人、返乡入乡人员参与社区服务。加强农村经营管理人才队伍建设，充实农村经营管理队伍，确保事有人干、责有人负。加强农村法律人才队伍建设，推动公共法律服务力量下沉，加快培育"法律明白人"，培育农村学法用法示范户。

五是加快培养农业农村科技人才。第一类是农业农村高科技领军人才，要推进农业农村科研杰出人才培养，加快培育一批高科技领军人才和团队，加强优秀青年后备人才培养。第二类是农业农村科技创新人才，要依托各类创新平台发现人才、培育人才、凝聚人才，加强农业企业科技人才培养。第三类是农业农村科技推广人才，要全面实施农技推广服务特聘计划，实施基层农技人员素质提升工程，推广"科技小院"等培养模式。第四类是科技特派员队伍，要完善科技特派员工作机制，拓宽科技特派员来源渠道，完善优化科技特派员扶持激励政策。

第十章 现行惠农政策解读

【内容提要】

本章从高素质农民培育、农村改革发展、重要农产品保供、金融扶持四个方面，以高素质农民为对象，按照政策依据、支农对象、申请条件、申请程序，介绍了国家对农村、农业、农民的相关扶持政策，以期对高素质农民运用国家政策、助力产业发展起到相应导向作用。

【思维导图】

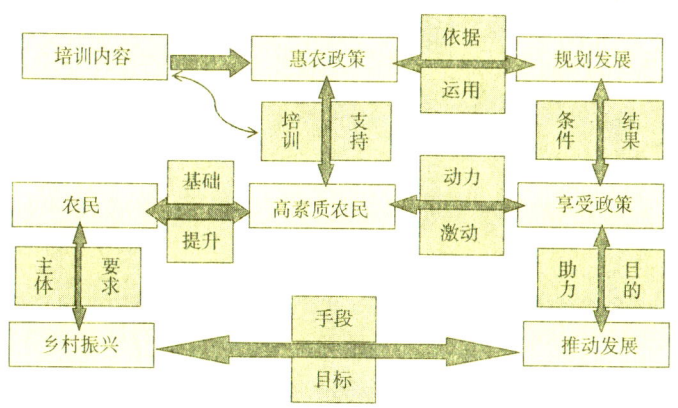

我国的乡村振兴是一种全面振兴，涉及我国乡村发展的各个方面，国家出台的有关乡村振兴、支农惠农的政策也是全方位的。为了帮助高素质农民全面了解国家的惠农政策，提高惠农支农资金政策可及度、知晓度、便利度，快速精准释放政策效应，优化提升农业农村投资创业环境，本章将国家惠农政策按照政策依据、支农对象、申请条件及程序等进行简要解读，便于

广大高素质农民加深对政策的理解和运用，充分发挥政策的引领带动作用，为扩大农业农村有效投资、加快实现乡村振兴提供有力支撑。

很多支农政策在国家层面属于相对宏观的，有的惠农政策申报对象需要当地政府或相关部门以项目或产业园等形式申报。本章针对的是以高素质农民为主的农村各种经营主体，除了选择部分具有导向性的国家政策外，更多的参照《河南省2023年惠农支农资金政策明白纸》[①]，对相应政策引用农牧业大省河南省政策进行解读，帮助广大高素质农民知晓政策、了解政策、享受政策。各省的政策会略有差异，广大高素质农民在运用相关政策时，应认真研究政策依据，结合当地实际情况，必要时可咨询当地农业农村部门。

第一节　高素质农民培育政策

一、高素质农民培育（国家政策）

（一）文件依据

中共中央办公厅、国务院办公厅《关于加快推进乡村人才振兴的意见》；农业农村部办公厅《关于做好2023年高素质农民培育工作的通知》（农办科〔2023〕11号）。

（二）主要任务

2023年，紧密围绕全面支撑粮食和重要农产品稳定安全供给，全面支撑农民素质素养提升，推进高素质农民培育工作，全年围绕粮油稳产保供任务开设的班次和培育人数，粮食主产区不低于80%、主销区不低于40%、产销平衡区不低于60%。

---

① 河南省农业农村厅.关于印发《河南省2023年惠农支农资金政策明白纸》的通知[EB/OL].（2023-05-23）[2023-09-13]. https://nynct.henan.gov.cn/2023/05-23/2747785.html.

（三）专项行动

聚焦大豆玉米提单产、油菜产业发展、机械化生产等重点领域，组织开展以下专项行动。

1. 大豆单产提升培训行动

在黄淮海、西南、长江中下游和西北地区16个省（自治区、直辖市）继续实施大豆玉米带状复合种植技术专项培训，重点围绕品种、农艺、农机加大指导服务和培训力度。线上线下相结合在906个大豆生产县组织培训。在100个大豆单产提升整建制推进县，围绕高产高油品种和良法良机开展培训，实现大豆种植户全覆盖。

2. 玉米单产提升培训行动

在东北、黄淮海、西北三大玉米产区，配合单产提升工程，强化玉米密植高产精准调控技术培训。在200个玉米单产提升整建制推进县，开展玉米高产增产技术模式应用和技术技能培训，强化高产优质耐密品种相关技术培训。

3. 油菜产业发展培训行动

在长江上游产区、长江中游产区、长江下游产区、南方三熟制油菜产区、黄淮及北方冬油菜轮作休耕区、北方春油菜产区6大生产区域，针对不同区域油菜生产特点，围绕品种、农机、农艺、加工等技术环节开展培训。在42个油菜产业绿色革命科技攻关示范县，重点围绕绿色丰产高效栽培技术、全程机械化生产技术、冬闲田生产技术、油菜籽产地干燥加工技术开展培训。

4. 专业农机手培训行动

在全国范围内，以专业农机手、农机大户和农机合作社带头人为培训对象，聚焦大豆、玉米、水稻、油菜、小麦等主要粮油作物耕种管收机械化作业环节，围绕玉米及大豆高质量机播、大豆玉米带状复合种植全程机械化、水稻机械化育插秧、油菜机械化育苗移栽、保护性耕作、高效飞防植保、机收减损等重要机械化技术开展实操实训和作业演练，提高机手技能水平和职业素质，促进农机作业标准化、规范化发展，助力粮油作物单产提升。

5. 豇豆质量安全控制培训行动

豇豆种植面积较大的省份要重点围绕豇豆病虫害绿色防控、科学安全用药、农药残留限量标准要求、承诺达标合格证开具等，对豇豆种植户开展培训。

6. 重点区域产业带头人培训行动

支持国家乡村振兴重点帮扶县培养产业发展带头人。积极推进全国农业科技现代化先行县人才振兴，为每县培养100～200名产业发展带头人。

7. 农民素质素养提升培训行动

以行政村为单位，面向小农户开展素质素养提升试点培训。每个省份举办不超过1 000个班，具体工作由县级农业农村部门组织。培训时长为半天至一天，培训内容为综合素质素养课程。承担试点的行政村可设置1名联络员，负责组织培训对象、组织现场培训等工作。

二、乡村产业振兴带头人培育"头雁"项目（国家政策）

按照农业农村部要求，2022年河南省启动了乡村产业振兴带头人培育"头雁"项目，原则上5年内为每个农业大县培育10名以上乡村产业振兴带头人。项目重点面向各县选拔农民专业合作社理事长、家庭农场主、市县级农业产业化龙头企业负责人等，到知名涉农高校进行为期1年的定制化、体验式、孵化型培育，通过1个月集中授课、一学期线上学习、一系列考察互访、1名导师帮扶指导的"四个一"培育模式，培养一批引领产业发展好、综合素质高、示范带动能力强的乡村产业带头人"头雁"队伍。

三、农村实用人才带头人培训（国家政策）

按照农业农村部要求，每年在河南省新乡县刘庄村举办6～9期农村实用人才带头人培训班，重点培训新型农业经营主体带头人、村两委成员、大学生村官等，重点学习中央一号文件解读、农业高质量发展、创业创新指导等课程，帮助基层带头人转变思路、拓宽视野。

四、多种形式、适度规模经营发展（国家政策）

（一）主要内容

大力培育新型农业经营主体和服务主体，通过经营权流转、股份合作、农业生产托管等方式，加快发展土地流转型、服务带动型等多种形式适度规模经营。支持各类服务组织开展土地托管、联耕联种、代耕代种、统防统治等直接面向农户的农业生产托管，扩大服务规模，集中连片推广绿色高效农业生产方式。推进农业生产托管服务标准建设，规范服务行为和服务市场。

（二）主要原则

要坚持集体所有权，稳定农户承包权，放活土地经营权，以家庭承包经营为基础，推进家庭经营、集体经营、合作经营、企业经营等多种经营方式共同发展；坚持规模适度，既注重提升土地经营规模，又防止土地过度集中，兼顾公平与效率，提高劳动生产率、土地产出率和资源利用率；坚持市场在资源配置中起决定性作用和更好发挥政府作用，依法推进土地经营权有序流转，鼓励和引导农户自愿互换承包地块实现连片耕种。

五、新型农业经营主体提升行动（国家政策）

（一）文件依据

《农业农村部关于实施新型农业经营主体提升行动的通知》（农经发〔2022〕1号）。

（二）主要内容

突出抓好农民合作社和家庭农场两类农业经营主体发展，推动由数量增长向量质并举转变。

（三）主要目标

力争到"十四五"期末，农民合作社规范管理和财务会计、家庭农场"一码通"管理和规范运营、新型农业经营主体指导服务体系等五项管理服务制度更加健全；新型农业经营主体融合发展、稳粮扩油、参与乡村建设、带头人素质和合作社办公司等五方面能力全面提升；新型农业经营主体辅导员队伍建设、服务中心创建、试点示范等三项指导服务机制全面建立。县级及以上示范社、示范家庭农场分别达到20万家，适应新型农业经营主体发展需求的县乡基层指导服务体系基本建立，全国新型农业经营主体辅导员名录库入库辅导员超过3万名，创建一批新型农业经营主体服务中心。

六、家庭农场发展（国家政策）

（一）扶持目标

以开展家庭农场示范创建为抓手，以建立健全指导服务机制为支撑，以完善政策支持体系为保障，实施家庭农场培育计划，按照"发展一批、规范一批、提升一批、推介一批"的思路，加快培育出一大批规模适度、生产集约、管理先进、效益明显的家庭农场。

(二)扶持重点

一是完善登记和名录管理。把符合条件的种养大户、专业大户纳入家庭农场范围。市场监管部门要加强指导，提供优质高效的登记注册服务，按照自愿原则依法开展家庭农场登记。建立市场监管部门与农业农村部门家庭农场数据信息共享机制。

二是提高运营水平。以县（市、区）为单位，综合考虑当地资源条件、行业特征、农产品品种特点等，引导本地区家庭农场适度规模经营，取得最佳规模效益。鼓励各地结合实际，积极指导发展种养结合、生态循环、机农一体、产业融合等多种模式和农林牧渔等多种类型的家庭农场。指导家庭农场提升标准化生产和经营管理水平，引导家庭农场规范化运营。

三是发展合作经营。积极引导家庭农场领办或加入农民合作社，鼓励家庭农场与龙头企业、社会化服务组织等开展合作，探索"家庭农场+家庭农场""合作社+家庭农场""龙头企业+合作社+家庭农场"等多种合作发展模式。鼓励各地创建家庭农场协会或联盟。推广"家庭农场+农户"带农模式，引导家庭农场完善订单带动、利润返还、股份合作等利益联结机制，引导带动小农户共同发展。

四是健全社会化服务。公益性服务机构要把家庭农场作为重点，提供技术推广、质量检测检验、疫病防控等公益性服务。鼓励农业科研人员、农技推广人员通过技术培训、定向帮扶等方式，为家庭农场提供先进适用技术。大力发展土地托管，支持各类社会化服务组织为家庭农场提供耕种防收等生产性服务。鼓励和支持供销合作社发挥自身组织优势，通过多种形式服务家庭农场。探索发展农业专业化人力资源中介服务组织，解决家庭农场临时性用工需求。

五是强化示范引领。按照"自愿申报、择优推荐、逐级审核、动态管理"的原则，开展省、市、县三级示范家庭农场创建，引导其在发展适度规模经营、应用先进技术、实施标准化生产、纵向延伸农业产业链价值链以及带动小农户发展等方面发挥示范作用。积极培育、筛选、推介一批全国、全省家庭农场典型案例。依托乡村振兴示范县、农业绿色发展先行区、粮食生产核心区和现代农业示范区等，积极开展家庭农场示范县创建，探索系统推进家庭农场发展的政策体系和工作机制，整体提升家庭农场发展水平。

七、农村创业创新（国家政策）

2020年6月，农业农村部会同国家发展改革委、科技部、教育部、财政部、人力资源和社会保障部、自然资源部、退役军人部和银保监会等八部门印发《关于深入实施农村创新创业带头人培育行动的意见》，明确指出要引导返乡农民工、入乡大中专毕业生、退役军人、科技人员以及在乡能人创业创新。到2025年，培育农村创业创新带头人100万人以上，基本实现农业重点县的行政村全覆盖。支持落实创业扶持政策，有条件的地区对首次创业、正常经营1年以上的返乡入乡创业人员，可给予一次性创业补贴。支持扩大创业培训范围，将有培训需求的返乡入乡创业人员全部纳入创业培训范围，组建专业化、规模化、制度化的创业创新导师队伍和专家顾问团，建立"一对一""师带徒"培养机制。鼓励建设农村创业创新平台载体，设立创业服务专门窗口，为返乡入乡创业人员就地就近提供一站式服务。2020年11月，农业农村部联合科技部、财政部、人力资源社会保障部、自然资源部、商务部和银保监会等六部门印发《关于推进返乡入乡创业园建设提升农村创业创新水平的意见》，明确提出以培育初创型和成长型企业为重点，依托现有相关园区存量资源，配套创业服务功能，争取到2025年，在全国县域建设1500个功能全、服务优、覆盖面广、承载力强、孵化率高的返乡入乡创业园，基本覆盖农牧渔业大县（市）和劳务输出重点县（市），吸引300万返乡入乡人员创业创新。

八、农民合作社发展（国家政策）

（一）文件依据

《农业农村部关于实施新型农业经营主体提升行动的通知》（农经发〔2022〕1号）。

（二）主要目标

力争到"十四五"期末，农民合作社规范管理和财务会计、家庭农场"一码通"管理和规范运营、新型农业经营主体指导服务体系等五项管理服务制度更加健全；新型农业经营主体融合发展、稳粮扩油、参与乡村建设、带头人素质和合作社办公司等五方面能力全面提升；新型农业经营主体辅导员队伍建设、服务中心创建、试点示范等三项指导服务机制全面建立。县级及以上示范社、示范家庭农场分别达到20万家，适应新型农业经营主体发展需求的县乡基层指导服务体系基本建立，全国新型农业经营主体辅导员名录库入库辅导员超过3万名，创建一批新型农业经营主体服务中心。

（三）扶持重点

建立农民合作社规范管理长效机制。完善章程制度，健全组织机构，规范利益分配，加强登记管理。健全农民合作社财务和会计制度。指导农民合作社执行合作社财务制度和会计制度，健全内控制度，加强财务管理和会计核算。

建立健全新型农业经营主体指导服务体系。通过政府引导和市场主导相结合，构建由"辅导员+服务中心"组成的新型农业经营主体指导服务体系。培养新型农业经营主体带头人。农业农村部将依托"耕耘者"振兴计划、乡村产业振兴带头人培育"头雁"项目，每年培育3.5万名新型农业经营主体带头人带动产业发展。强化试点示范引领。扎实开展农民合作社质量提升整县推进试点，围绕发展壮大单体合作社、促进联合与合作、提升县域指导服务能力，形成农民合作社高质量发展县域样板。深入开展国家、省级、市级、县级农民合作社示范社四级联创，加强动态监测。

九、农民合作社发展（省级政策）

（一）文件依据

河南省农业农村厅《关于开展新型农业经营主体提升行动的实施方案》（豫农文〔2022〕416号）。

（二）主要目标

通过实施提升行动，加强管理服务制度建设、全面提升主体能力、全面建立指导服务机制，力争到"十四五"期末，县级及以上示范社达到1.5万家，示范家庭农场达到8 000家，全省新型农业经营主体辅导员名录库入库辅导员超过2 000名，创建一批新型农业经营主体服务中心。

（三）扶持重点

建立农民合作社规范管理制度。完善章程制度，健全组织机构，规范利益分配，加强登记管理。健全农民合作社财务和会计制度。指导农民合作社组织编制年度业务报告、盈余分配方案、亏损处理方案以及财务会计报告，执行合作社财务制度和会计制度，健全内控制度，加强财务管理和会计核算。提升主体带头人能力。实施"耕耘者"振兴计划、乡村产业振兴带头人培育"头雁"项目，每年培育一批新型农业经营主体带头人带动产业发展。创新新型农业经营主体辅导员选聘机制。实施"千员带万社"行动，利用三年时间，全省培养1 000名以上优秀辅导员，优先联系1万家县级以上示范新型农业经营主体，提供点对点指导服务。创建新型农业经营主体服务中心。鼓励各地采取"政府引导、社会参与、市场化运作"模式，通过政府购买、挂牌委托等形式，遴选有意愿、有实力的农民合作社联合社、涉农服务企业或社会组织承建新型农业经营主体服务中心，支持邮政公司、供销社、中化公司等组织建设服务中心，促进农业农村资源要素高效流通。

十、家庭农场发展（省级政策）

（一）文件依据

河南省农业农村厅《关于实施新型农业经营主体提升行动的实施方案》（豫农文〔2022〕416号）。

（二）目标任务

通过实施提升行动，突出抓好家庭农场发展，力争到"十四五"期末，列入全国名录系统的家庭农场发展到28万家，县级以上示范家庭农场达到1万家。

（三）重点举措

一是加强名录管理。以县（市、区）为重点建立健全家庭农场名录管理制度，完善纳入名录的条件和程序，把符合家庭农场条件的规模农业经营户纳入名录管理，实行动态更新、进退有序，确保质量。

二是提升数量质量。转化发展一批，引导符合条件的规模农业经营户转化为家庭农场；创办发展一批，支持返乡创业的农民工、大中专毕业生等创办家庭农场；培育发展一批，鼓励加入农民合作社的农户和有稳定务农意愿的小农户，发展家庭农场。探索形成"五化推动"（规模适度化、生产标准化、管理规范化、经营合作化、产品品牌化）质量提升发展机制，示范家庭农场全部实现农产品质量安全可追溯，家庭农场拥有注册商标和通过农产品质量认证的数量年均增速10%以上。

三是开展示范创建。建立省、市、县三级示范家庭农场联创机制，达到县级以上示范家庭农场数量占家庭农场数量的10%以上的目标。加强示范家庭农场创建。引导示范家庭农场在发展适度规模经营、应用先进技术、实施标准化生产、纵向延伸农业产业链价值链以及带动小农户发展等方面发挥示范作用。开展家庭农场示范县创建。依托乡村振兴示范县、农业绿色发展先行区、现代农业示范区等，支持有条件的地方开展家庭农场示范县创建，促进家庭农场培育工作整县推进。强化典型引领带动。树立一批家庭农场发展范例。

四是发展联合合作。积极引导家庭农场领办或加入农民合作社，鼓励家庭农场与龙头企业、社会化服务组织等开展合作，探索"家庭农场+家庭农场""合作社＋家庭农场""龙头企业＋合作社＋家庭农场"等多种合作发展模式。鼓励各地创建家庭农场协会或联盟。推广"家庭农场+农户"带农模式，引导家庭农场完善订单带动、利润返还、股份合作等利益联结机制，引导带动小农户共同发展。

第二节 农村改革发展

一、土地承包（国家政策）

党的十九大提出，保持土地承包关系稳定并长久不变，第二轮土地承包到期后再延长30年。2019年11月《中共中央 国务院关于保持土地承包关系稳定并长久不变的意见》明确了长久不变的政策内涵，即保持土地集体所有、家庭承包经营的基本制度长久不变；保持农户依法承包集体土地的基本权利长久不变；保持农户承包地稳定。第二轮土地承包到期后应坚持延包原则，不得将承包地打乱重分，确保绝大多数农户原有承包地继续保持稳定。对少数存在承包地因自然灾害毁损等特殊情形且群众普遍要求调地的村组，届时可按照大稳定、小调整的原则，由农民集体民主协商，经本集体经济组织成员的村民会议2/3以上成员或者2/3以上村民代表同意，并报乡（镇）政府和县级政府农业等行政主管部门批准，可在个别农户间作适当调整，但要依法依规从严掌握。现有承包地在第二轮土地承包到期后由农户继续承包，承包期再延长30年，以各地第二轮土地承包到期为起点计算。以承包地确权登记颁证为基础，已颁发的土地承包权利证书，在新的承包期继续有效且不变不换，证书记载的承包期限届时作统一变更。对个别调地的，在合同、登记簿和证书上作相应变更处理。继续提倡"增人不增地、减人不减地"。维护进城农户土地承包权益，现阶段不得以退出土地承包权作为农户进城落户的条件。

二、农村宅基地管理（省级政策）

（一）文件依据

河南省人民政府《关于印发河南省农村宅基地和村民自建住房管理办法（试行）的通知》（豫政〔2021〕4号）。

（二）基本要求

一户村民只能拥有一处宅基地。各地要以县为单位根据实际情况制定标准，城镇郊区和人均耕地少于667平方米的平原地区，每户宅基地面积不得超过134平方米；人均耕地667平方米以上的平原地区，每户宅基地面积不得超过167平方米；山区、丘陵地区每户宅基地面积不得超过200平方米。原则上以不超过三层的低层住宅为主，不规划建设三层以上的住房。符合宅基地申请条件的村民，以户为单位向所在村民小组提出宅基地和建房书面申请。村级组织审查、签署意见，与相关材料一并报乡镇政府。由乡镇政府对村民宅基地申请进行审批，对审核通过的发放《农村宅基地批准书》和《乡村建设规划许可证》。

三、绿色发展

（一）农作物秸秆综合利用（国家政策）

1. 文件依据

《财政部关于下达2023年农业生态资源保护资金预算的通知》（财农

〔2023〕22号）。

2. 补助对象

承担项目任务的单位、个人、农民及新型农业经营主体。

3. 补助范围及标准

农作物秸秆"五料化"（肥料化、饲料化、基料化、燃料化、原料化）利用、农机具购置、收储体系建设、耕地地力监测、腐熟剂应用、秸秆有机肥生产和其他基建项目利用方式。具体补贴范围和补贴标准以经当地县（市、区）人民政府或秸秆综合利用领导小组研究通过为准。

（二）地膜科学使用回收（国家政策）

1. 文件依据

《农业农村部办公厅　财政部办公厅关于开展地膜科学使用回收试点工作的通知》（农办科〔2022〕3号）、《财政部关于下达2023年农业生态资源保护资金预算的通知》（财农〔2023〕22号）。

2. 补助对象

聚焦使用符合规定地膜的农户、种植大户、合作社等，对具备一定处理能力的回收加工企业、专业化回收组织等也可以予以适当支持。

3. 补助范围及标准

重点补助推广使用加厚高强度地膜、全生物降解地膜和地膜残留监测。针对加厚高强度地膜，综合考虑农业生产实际、使用回收成本等因素给予补贴。针对全生物降解地膜，综合考虑农户接受度、应用综合效益等因素给予补贴，并根据推广实施情况适时调整补贴。残留监测按照不同覆膜面积设置不同监测点位个数进行补贴。具体补助范围和补助标准以经当地县（市、区）人民政府或地膜科学使用回收领导小组研究通过的县级实施方案为准。

（三）绿色种养循环农业试点项目（国家政策）

1. 文件依据

农业农村部办公厅、财政部办公厅《关于开展绿色种养循环农业试点工作的通知》（农办农〔2021〕10号）。

2. 补助对象

主要对粪肥还田收集处理、施用服务等重点环节予以补奖，不得用于补助养殖主体畜禽粪污处理设施建设和运营。支持对象主要是提供粪污收集处理服务的企业（不包括养殖企业）、合作社等主体以及提供粪肥还田服务的社会化服务组织。

3. 补助范围

在畜牧大县或畜禽粪污资源量大的县（市、区）中，选择畜禽粪污处理设施运行顺畅、工作基础好、积极性高的粮食大县或经济作物优势县，开展整县推进，试点补奖政策实施范围仅限耕地和园地，不含草场草地。

4. 补助标准

相关省份根据粪污类型、运输距离、施用方式、还田数量等合理测算各环节补贴标准，依据专业化服务主体在不同环节的服务量予以补奖，补贴比例不超过本地区粪肥收集处理施用总成本的30%。对提供全环节服务的专业化服务主体，可依据还田面积按亩均标准打包补奖。试点优先安排蔬菜和粮食生产，兼顾果茶等经济作物。补奖资金对商品有机肥使用补贴不超过补贴总额的10%。粪肥还田利用机械不列入补奖范围，可通过农机购置补贴应补尽补。

（四）生态农场建设（国家和省级政策）

1. 农产品产地冷藏保鲜设施建设（国家政策）

（1）文件依据。2023年中央一号文件以及农业农村部办公厅、财政部办公厅《关于全面推进农产品产地冷藏保鲜设施建设的通知》。

（2）主要目标。深入实施农产品产地冷藏保鲜设施建设工程，支持家庭农场、农民合作社、农村集体经济组织等主体建设产地冷藏保鲜设施，在重要流通节点建设产地冷链集配中心。推进国家级农产品产地市场建设。

（3）建设内容。

①通风贮藏库。在耐贮型农产品主产区，充分利用自然冷源，因地制宜建设地下、半地下贮藏窖或地上通风贮藏库，采用自然通风和机械通风相结合的方式保持适宜贮藏温度。

②机械冷库。在果蔬及其他种植类特色农产品主产区，根据贮藏规模、自然气候和地质条件等，采用土建式或组装式建筑结构，配备机械制冷设备，新建保温隔热性能良好、低温环境适宜的冷库和果蔬速冻库。

③气调贮藏库。在呼吸跃变型农产品主产区，建设气密性较高、可调节气体浓度和组分的气调贮藏库，配备有关专用气调设备，对商品附加值较高的产品进行气调贮藏。

④预冷及配套设施设备。根据产品特性、市场发展和储运加工的实际需

要，规模较大的设施可配套建设强制通风预冷、差压预冷或真空预冷等预冷库或预冷设施，配备必要的称量、清洗、分级、检测、信息采集等设备以及新建贮藏设施专用的供配电设备。

（4）支持对象。依托县级以上示范家庭农场和农民合作社示范社、已登记的农村集体经济组织（以下简称"建设主体"）实施。

（5）补助标准。根据农业生产发展资金有关要求，采取"双限"适当支持，单个主体补助金额不超过其农产品产地冷藏保鲜设施建设投资的30%，补助金额不超过100万元。对农民合作社获得财政直接补助形成的资产要量化到全体成员并记载在成员账户中；对农村集体经济组织获得财政直接补助形成的资产要量化为集体成员持有的股份。

2. 农村一二三产业融合发展（省级政策）

河南省自然资源厅、河南省发展和改革委员会、河南省农业农村厅印发《〈关于保障和规范农村一二三产业融合发展用地的指导意见〉的通知》，明确了农村一二三产业融合发展用地保障范围。农村一二三产业融合发展用地是以农业农村资源为依托，拓展农业农村功能，延伸产业链条，涵盖农产品生产、加工、流通、就地消费等环节，用于农产品加工流通、农村休闲观光旅游、电子商务等混合融合的产业用地，土地用途可确定为工业用地、商业用地、物流仓储用地等。主要涵盖：

（1）农产品加工用地。包括农产品烘干、贮藏、保鲜、畜禽屠宰、冷链、净化、分拣、包装等用地。

（2）生产性服务用地。包括农资配送、病虫害防治、农机作业服务、畜禽无害化处理与收集转运、畜禽粪污资源化利用、农产品流通、农产品仓储保鲜冷链物流设施、农业废弃物处理等用地。

（3）生活性服务用地。包括乡村综合性服务网点、电商、快递、物流、商贸批发和零售等用地。

（4）新产业新业态用地。包括"互联网+"现代农业、农产品电子商务、休闲农业和乡村旅游、民族风情旅游、红色文化与民俗文化、非遗传承、传统手工业、文化创意等新型业态用地；依托乡村资源优势，培育的农业特色小镇、地方特色产业用地。

（5）保障设施农业发展用地。支持现代农业发展，农业生产中直接用于作物种植和畜禽水产养殖的设施用地，可按照《关于设施农业用地管理有关问题的通知》（自然资规〔2019〕4号）要求使用。对于作物种植和畜禽水产养殖设施建设对耕地耕作层造成破坏的，应认定为农业设施建设用地并加强管理。农村产业融合发展所需建设用地不符合设施农业用地要求的，应依法办理农用地转用审批手续。

四、省级农业产业化重点龙头企业认定（省级政策）

（一）文件依据

《河南省农业产业化重点龙头企业认定和运行监测管理办法》（豫农发〔2020〕13号）。

（二）申报条件

1. 企业组织形式

申报企业必须是依法设立的以农产品生产、加工、流通、农产品电子商务和休闲农业为主业，具有独立法人资格的企业，包括直接在市场监督管理部门注册登记的农产品专业批发市场等。

2. 主营产品销售占比

以农产品生产、加工、流通、农产品电商和休闲农业为主，企业经营的农产品销售额占企业总销售额的70%以上。

3. 企业规模

资产总额、固定资产、年销售收入分别为：

粮棉油类：6 000万元、3 000万元、9 000万元以上；

畜禽类：8 000万元、3 000万元、10 000万元以上；

特色种植、养殖类：5 000万元、2 000万元、7 000万元以上；

休闲农业类：5 000万元、2 000万元、3 000万元，年接待游客10万人次以上；

流通类企业：8 000万元、3 000万元、10 000万元以上。

农产品电商企业年交易额5 000万元以上，其中，农产品网络交易额占年交易额70%以上；农产品专业批发市场年交易额5亿元以上；农业生产性服务专业公司年交易额5 000万元以上。

4. 企业效益

企业的总资产报酬率应高于现行一年期银行贷款基准利率；企业诚信守法经营，应按时发放工资、按时缴纳社会保险、按月足额计提折旧，无重大涉税违法行为。

5. 企业产品竞争力

产品符合国家产业政策、环保政策和质量管理标准体系，产销率90%以上。同时，企业的产品质量、品牌效益、科技含量、新品开发能力在同行业中居领先水平。近两年内没有发生产品质量安全事件。

6. 企业负债与信用

企业资产负债率原则上低于60%；近两年内不得有不良信用记录。

7. 企业带动能力

企业通过与农民专业合作经济组织、村集体经济组织、家庭农场、农村经纪人或农户签订经济合同，或以委托生产、订单农业、入股分红和利润返还等形式，与农户建立可靠、稳定的利益联结机制。原则上，粮棉油等大宗农产品生产加工流通企业，带动农户的数量应达到3 000户以上；畜禽类带动农户应达到1 000户以上；特色种植、养殖类、休闲农业类等带动农户的数量应达到500户以上。企业通过订单、合同等方式采购的省内农产品占所需原料量或所销售货物量的70%以上。

高新技术企业、外向型企业以及低碳环保型企业，规模标准减按80%执行。省级、国家级贫困县的申报企业规模标准减按80%执行，并予以优先考虑。申报省重点龙头企业原则应是农业产业化市重点龙头企业。对具有自主知识产权、科技创新能力强、资源优势明显、产业增值效益大、自觉履行社会责任并紧密带动农户的农业企业可直接申报省重点龙头企业。

（三）申报程序

1. 企业申请

申报企业向所在县级农业农村部门提出申请，并按照申报通知要求填报相关材料。

2. 县级审核

县级农业农村部门对企业申报材料真实性、完整性、规范性进行审核。

3. 推荐上报

市级农业农村部门征求市级农业产业化联席会议成员单位意见，并报请市政府同意后，以正式文件向省农业农村厅推荐候选企业名单。

五、省级农业产业化联合体认定（省级政策）

（一）文件依据

《河南省农业产业化联合体认定和监测管理（暂行）办法》（豫农文〔2021〕321号）。

（二）联合体基本条件与认定标准

（1）联合体内成员原则上应由1家省以上农业产业化重点龙头企业牵头，农业企业、农民合作社、家庭农场等10家以上新型经营主体共同组成，并应具备符合规定的注册登记或备案手续。

（2）联合体内牵头的重点龙头企业应联合各成员共同制定联合体章程和围绕主导产业的建设方案。各成员间通过专业化分工、多元化联合、紧密型衔接、标准化生产，实现全产业链发展。成员之间有技术服务、基地建设、产品加工、商贸流通、品牌建设、利益联结机制和信贷担保等实质性合作内容，形成利益共享、风险共担的责任共同体、经济共同体，保障各成员分享全产业链利益。

（3）联合体牵头的重点龙头企业上年度需盈利；联合体内其余各成员上年度总营业收入应超过对应类型省重点龙头企业认定标准的20%以上。

（4）联合体带动农户数量，应超过对应类型省重点龙头企业带动农户数量标准的20%以上。

（5）联合体应坚持绿色发展理念，原则上有"三品一标"认证，数量和面积逐年增加。

（6）联合体内各成员近两年内没有发生产品质量安全事件。科技成果、商标、专利、出口等方面的内容可根据实际情况提供。

（三）申报及认定程序

（1）各级农业农村部门逐级审核，经省辖市人民政府、济源示范区管委会同意后报河南省农业农村厅。

（2）河南省农业农村厅对申报材料进行符合性审核，提出初步意见。

（3）联合体认定工作采用评审制，组成专家组对各地推荐的联合体进行评审，形成专家评审意见。

（4）拟认定联合体名单经公示无异议，由河南省农业农村厅发文公布。

（5）联合体内各成员优先享受各级政府出台的支持联合体、龙头企业、农民合作社、家庭农场相应的扶持优惠政策。

六、脱贫地区持续帮扶政策

（一）支持脱贫地区特色产业发展和群众就业增收（国家和省级政策）

1. 文件依据

《河南省财政衔接推进乡村振兴补助资金管理办法》（豫财农综〔2021〕9号）、《关于加强衔接推进乡村振兴补助资金使用管理的通知》（豫财农综〔2022〕5号）。

2. 帮扶对象

脱贫户、监测帮扶对象，符合条件的农业产业化龙头企业、新型农业经营主体及其他工商企业。

3. 帮扶内容

对监测帮扶对象采取有针对性的预防性措施和事后帮扶措施，使用衔接资金安排公益岗位补助等支出，对集中安置区聘用搬迁群众的公共服务岗位费用予以适当补助。中央和省级衔接资金可对跨省就业的脱贫劳动力（含监测对象）适当安排一次性往返交通补助，市级和县级衔接资金可根据需要对跨市、县就业的脱贫劳动力（含监测对象）适当安排一次性往返交通补助。中央和省级衔接资金优先保障到人到户项目的资金需求，重点支持监测对象、脱贫户发展生产增收，引导其扩大种植养殖规模、应用良种良法、调整优化生产结构等，通过参与生产提高家庭经营性收入。对农业产业化龙头企业、新型农业经营主体及其他工商企业等积极吸纳脱贫劳动力稳定就业达到一定比例或规模的，可给予一定补助或奖励，具体标准由市县制定。中央和省级衔接资金主要对形成物化资产进行奖补，对到人到户产业项目补助水平不超过投资规模的50%，对符合条件的生产经营主体补助水平不超过投资规模的30%。采取帮扶车间、以工代赈、生产奖补、劳务补助等方式，促进返乡在乡脱贫劳动力发展产业和就业增收。

（二）脱贫家庭（含监测帮扶对象家庭）"雨露计划"补助（省级政策）

1. 文件依据

河南省扶贫开发办公室《关于印发河南省雨露计划短期技能培训项目资

金管理实施细则的通知》（豫扶贫办〔2017〕9号）。

2. 帮扶对象

全国防返贫监测信息系统数据库中的全省接受短期技能培训的脱贫人口及监测对象（未消除风险）。

3. 帮扶条件

扶持对象享受补助政策，应符合以下条件：全国防返贫监测信息系统数据库中的脱贫人口及监测对象家庭中劳动力；接受并完成短期技能培训。自主参加各类短期技能培训，并获得结业证书和国家承认的技能等级证书（或职业资格证书）。为出国就业而接受语言培训的脱贫人口及监测户家庭劳动力，其出国就业签证可代替技能等级证书。

4. 帮扶标准

短期技能培训仅给予一次性补助，根据受训脱贫人口及监测对象取得的技能等级证书的工种分类，给予相应标准的补助：A类工种补助2 000元，B类工种补助1 800元，C类工种补助1 500元。

（三）"雨露计划"职业教育（省级政策）

1. 文件依据

河南省扶贫开发办公室《关于调整"雨露计划"职业教育补助工作程序和补助额度的通知》（豫扶贫办〔2018〕21号），河南省乡村振兴局《关于继续做好"雨露计划"职业教育补助工作的通知》（豫乡振〔2021〕45号）。

2. 帮扶对象

经国家乡村振兴局学籍比对并在全国防返贫监测信息系统数据库中进行标注，正在就读中、高等职业院校且已注册普通全日制正式学籍的本市脱贫家庭及监测对象家庭子女。中等职业教育包括全日制普通中专、成人中专、职业高中、技工院校等；高等职业教育包括全日制普通大专、高职院校、技师学院等。

3. 帮扶方式

经国家乡村振兴局学籍比对并在全国防返贫监测信息系统数据库中进行标注，正在就读中、高等职业院校且已注册普通全日制正式学籍的本市脱贫家庭及监测对象家庭中学生；导出后进行逐人审核，并在学生所在村进行公示，无异议后发放补助资金。

4.帮扶标准

"雨露计划"职业教育补助标准按照国务院扶贫办行政人力司关于印发《雨露计划职业教育工作指南（试行）的通知》（国开办司发〔2015〕106号）文件要求执行，每生每学年补助3 000元。每学年分秋季学期、春季学期两期发放，每学期发放1 500元。

第三节 重要农产品保供

一、粮食生产补贴类

（一）2023年实际种粮农民一次性补贴（国家政策）

1.补贴对象

补贴发放对象为实际承担农资价格上涨成本的实际种粮者，包括利用自有承包地种粮的农民，流转土地种粮的大户、家庭农场、农民合作社、农业企业等新型农业经营主体，以及开展粮食耕种收全程社会化服务的个人和组织。

2.补贴依据和标准

补贴依据为水稻、小麦、玉米和大豆等粮食作物播种面积，具体由各县（市、区）结合实际自行确定。各地结合资金额度、播种面积等情况综合确定补贴标准，县域内补贴标准应统一。

3.补贴资金管理

资金按规定通过粮食风险基金专户下达。各地要与当地中国农业发展银行分支机构做好衔接，及时兑付资金，不误农时。耕地地力补贴资金存在结余的地区，可与此次安排的一次性补贴资金一并统筹发放，提高资金使用效益。中国融通资产管理集团有限公司比照当地农户享受一次性补贴政策，请有关市、县（市、区）做好相关衔接工作。

4.补贴资金兑付

补贴资金实行"一卡通"集中发放，具体发放流程按照《河南省惠民惠农财政补贴资金"一卡通"发放管理操作规范（试行）》的相关规定执行。

补贴对象为新型农业经营主体、社会化服务组织的,县级农业农村部门应提前通知补贴对象准备好银行账户等信息,做好信息采集,确保补贴资金顺利发放到位。县级财政部门按照农业农村部门汇总确认后的补贴清册,会同承办金融机构将补贴资金存入补贴对象的银行账户。

(二)小麦、稻谷最低收购价(国家政策)

1. 政策文件依据

国家发展改革委等部门《关于公布2023年小麦最低收购价格的通知》(发改价格〔2022〕1519号)、《关于公布2023年稻谷最低收购价格的通知》(发改价格〔2023〕220号)。

2. 收购标准

2023年生产的小麦(三等)最低收购价为每斤[①]1.17元,比上年提高0.02元。2023年生产的早籼稻(三等,下同)、中晚籼稻和粳稻最低收购价分别为每斤1.26元、1.29元和1.31元,早籼稻比上年提高0.02元、中晚籼稻和粳稻价格保持上年不变。

(三)农作物重大病虫害防控(国家政策)

1. 政策文件依据

《农业防灾减灾和水利救灾资金管理办法》(财农〔2023〕13号)、财政部《关于下达2023年农业防灾减灾和水利救灾资金预算(防灾救灾第一批)的通知》(财农〔2023〕21号)。

2. 实施范围

小麦、玉米、水稻等农作物。

3. 实施重点任务

小麦、玉米、水稻重大病虫害和蝗虫防治。

4. 实施对象

农作物重大病虫疫情发生区种植户。

5. 实施标准

根据病虫害防治任务面积、实际措施、成本、规模等给予适当补助。

---

① 1斤=0.5千克,全书同

（四）小麦一喷三防补助（国家政策）

1. 政策文件依据

《粮油生产保障资金管理办法》（财农〔2023〕11号）、《关于下达粮油生产保障资金预算的通知》（财农〔2023〕18号）。

2. 实施范围

全国种植小麦区域。

3. 实施重点任务

使用杀虫剂、杀菌剂、植物生长调节剂、叶面肥等混配喷雾，防病虫、防早衰、防干热风。

4. 实施对象

小麦种植户。

5. 实施标准

根据小麦种植面积和资金额度给予适当补助。

二、耕地保护与质量提升类

（一）耕地地力保护补贴（国家政策）

1. 补贴依据

依据县（市、区）人民政府确认的土地承包经营权确权面积为基础，尚未完成确权登记工作的地方以二轮承包耕地面积为基础，实行排除法进行调整，据实核减改变耕地性质的面积。

2. 补贴对象

拥有耕地承包经营权的种地农民（含农场职工）。

3. 补贴标准

由地方根据补贴资金总量和确定的补贴依据综合测算确定。对非农征（占）用耕地，已作为畜牧养殖场使用的耕地、林地、草地、成片粮田转为设施农业用地等已改变用途的耕地，以及抛荒地、占补平衡中"补"的面积和质量达不到耕种条件的耕地等不予补贴。补贴资金通过财政惠农惠民"一卡通"系统直接兑现到户。

（二）耕地轮作和油菜扩种（国家政策）

1. 政策文件依据

农业农村部办公厅《关于做好2023年轮作休耕、油菜扩种、大豆玉米带状复合种植推广的通知》（农办农〔2023〕18号）。

2. 实施范围

大豆、玉米、花生、油菜主产区。

3. 实施条件

河南省耕地轮作任务面积90万亩，依据各项目县申报面积进行分配。耕地轮作设置3个技术路径：一是玉米—大豆轮作，即2022年种植玉米的地块，2023年改种大豆。2021年种植玉米的地块，2022年改种大豆，2023年仍种植大豆的，纳入补贴范围。二是玉米—花生轮作，即2022年种植玉米的地块，2023年改种花生。三是花生—玉米轮作，即2022年种植花生的地块，2023年改种玉米。油菜扩种技术路径为2021年的冬闲地块，在2022年秋播时种植油菜；或者在林地、园地中，2022年秋播时扩种油菜。

4. 补助标准

按照承担耕地轮作和油菜扩种任务面积，给予每亩不高于150元的补助。

（三）大豆玉米带状复合种植（国家和省级政策）

1. 政策文件依据

农业农村部办公厅《关于做好2023年轮作休耕、油菜扩种、大豆玉米带状复合种植推广的通知》（农办农〔2023〕18号）。

2. 实施范围

河南省任务150万亩，按照玉米面积占比分配各市任务面积。

3. 大豆玉米带状复合种植定义

按照大豆4~6行、玉米2~4行种植模式，开展大豆玉米带状间作，主推4∶2、6∶4两种模式。各地可结合生产实际，可按照大豆玉米带状复合种植模式，探索开展高粱和大豆间作。

4. 补助标准

按照农户承担大豆玉米带状复合种植推广任务面积，中央财政按150元/亩的标准给予补助，河南省财政每亩再增加补助50元/亩（预估），合计达到200元/亩的标准。

三、农机购置更新补贴类

（一）农机购置补贴（国家政策）

1. 文件依据

农业农村部办公厅、财政部办公厅《关于印发〈2021—2023年农机购置补贴实施指导意见〉的通知》（农办计财〔2021〕8号）。

2. 补贴对象和补贴标准

补贴对象为从事农业生产的个人和农业生产经营组织（以下简称"购机者"），其中，农业生产经营组织包括农村集体经济组织、农民专业合作经济组织、农业企业和其他从事农业生产经营的组织。

中央财政农机购置补贴实行定额补贴。农业农村部、财政部组织制定发布全国补贴范围内各机具品目的主要分档参数。各省（含各省、自治区、直辖市及计划单列市、新疆生产建设兵团、广东省农垦总局、北大荒农垦集团有限公司）可围绕粮食生产薄弱环节、丘陵山区特色农业生产急需机具以及高端、复式、智能农机产品的推广应用，选择不超过10个品目的产品提高补贴额，其补贴额测算比例可提高至35%。

2021年起，各省要对区域内保有量明显过多、技术相对落后的轮式拖拉机等机具品目或档次降低补贴标准，确保到2023年将其补贴机具补贴额测算比例降低至15%及以下。实行降标的机具品目或档次确定后，各省要及时向农业农村部、财政部报告，有关情况将纳入农机购置补贴政策落实延伸绩效管理重要考核指标。

3. 补贴范围

中央农机购置补贴机具范围（以下简称中央补贴范围）从全国农机补贴范围中选取，共设15大类44小类172个品目，要优先保障粮食、生猪等重要农畜产品生产，丘陵山区特色农业生产，以及支持农业绿色发展和数字化发展所需机具的补贴需要，按年度将保有量明显过多、技术相对落后的机具品目或档次剔除出补贴范围。全国补贴范围可针对各省提出的增补建议进行调整，具体工作按年度进行。

4. 补贴机具

补贴机具必须是补贴范围内的产品（农机专项鉴定产品、农机新产品除外），同时，还应具备以下资质之一：获得农业机械试验鉴定证书（包括尚在有效期内的农业机械推广鉴定证书）；获得农机强制性产品认证证书；列入农机自愿性认证采信试点范围，获得农机自愿性产品认证证书。补贴机具须在明显位置固定标有生产企业、产品名称和型号、出厂编号、生产日期、执行标准等信息的铭牌。

5. 资金分配与使用

农机购置补贴主要用于支持购置先进适用农业机械，以及开展有关试点和农机报废更新等方面。各省农业农村部门会同财政部门采用因素法（包括基础性因素、政策性因素、绩效因素、巩固拓展脱贫攻坚成果因素等）测算分配资金。

（二）农业机械报废更新补贴（国家政策）

1. 文件依据

农业农村部《关于印发〈农业机械报废更新补贴实施指导意见〉的通知》（农办机〔2020〕2号），《农业机械安全监督管理条例》。

2. 补贴对象

补贴对象为从事农业生产的个人和农业生产经营组织，农业生产经营组织包括农村集体经济组织、农民专业合作经济组织、农业企业和其他从事农业生产经营的组织。

3. 补贴标准

拖拉机的报废补贴标准根据马力段的不同从1 000元到12 000元不等，联合收割机的报废补贴标准根据喂入量（或收割行数）的不同从3 000元到20 000元不等。其他机械的报废补贴范围由各地结合实际确定，补贴标准按不超过同类机械购机补贴额的30%确定。

（三）中央农机安全监理免费政策（国家政策）

补贴范围是：免征拖拉机号牌费（含号牌架、固定封装置费用）、拖拉机行驶证费、拖拉机登记证费、拖拉机驾驶证费、拖拉机安全技术检验费等5项农机安全监理机构收取的行政事业性收费。同时，鼓励有条件的地方积极争取财政预算，将农机驾驶证考试费、培训费、保险费纳入免征或财政补贴范围，鼓励免费为上道路行驶的农机具粘贴反光贴或悬挂反光警示旗。免费监理所需经费由财政部门安排。

（四）农机购置补贴（省级政策）

1. 文件依据

河南省农业农村厅、河南省财政厅《关于印发〈河南省2021—2023年农机购置补贴实施指导意见〉的通知》（豫农文〔2021〕185号）。

2. 补贴范围

在中央财政补贴范围内选择15大类44个小类171个品目机具列入河南省补贴范围。要优先保障粮食、生猪等重要农畜产品生产、丘陵山区特色农业生产，以及支持农业绿色发展和数字化发展所需机具的补贴需要，将更多符合条件的高端、复式、智能产品纳入补贴范围。按年度将区域内保有量明显过多、技术相对落后的机具品目剔除出补贴范围。

3. 补贴机具

补贴机具必须是补贴范围内的产品（农机专项鉴定产品、农机新产品除外），同时还应具备以下资质之一：获得农业机械试验鉴定证书（包括尚在有效期内的农业机械推广鉴定证书）；获得农机强制性产品认证证书；列入农机自愿性认证采信试点范围，获得农机自愿性产品认证证书。补贴机具须在明显位置固定标有生产企业、产品名称和型号、出厂编号、生产日期、执行标准等信息的铭牌。

4. 补贴对象

补贴对象为从事农业生产的个人和农业生产经营组织，其中农业生产经营组织包括农村集体经济组织、农民专业合作经济组织、农业企业和其他从事农业生产经营的组织。

5. 补贴标准

补贴标准按《河南省2021—2023年农机购置补贴机具补贴额一览表》执行。补贴额将保持总体稳定，各县（市、区）要全面公开农机购置补贴机具补贴额一览表，加强宣传，引导购机者根据各档次的补贴定额自主议价。在政策实施过程中，发现具体产品或档次的中央财政资金实际补贴比例超过50%的，应及时组织调查，对有违规情节的，按相关规定处理；对无违规情节的补贴申请，可按原规定兑付补贴资金，并组织对相关产品及其所属档次补贴额进行评估，视情况及时上报调整。

（五）农业机械报废更新补贴（省级政策）

1. 文件依据

河南省农业农村厅、河南省财政厅、河南省商务厅《关于印发〈河南省农业机械报废更新补贴实施方案〉的通知》（豫农文〔2020〕216号）。

2. 补贴对象

补贴对象为从事农业生产的个人和农业生产经营组织。农业生产经营组织包括农村集体经济组织、农民专业合作经济组织、农业企业和其他从事农业生产经营的组织。

3. 补偿条件

符合下列条件之一的拖拉机、联合收割机、水稻插秧机、玉米脱粒机、花生摘果机、饲料（草）粉碎机、铡草机即可申请办理报废手续。

（1）达到报废年限的。小型拖拉机报废年限为10年、大中型拖拉机报废年限为15年、履带拖拉机报废年限为12年、自走式联合收割机报废年限为12年、悬挂式玉米联合收割机报废年限为10年、手扶式水稻插秧机报废年限为8年、乘坐式水稻插秧机报废年限为10年、玉米脱粒机报废年限为8年、花生摘果机报废年限为8年、饲料（草）粉碎机报废年限为10年、铡草机报废年限为10年。

（2）使用年限或累计工作时间不足，经过检查调整或更换易损件后仍然达不到规定技术要求的。

（3）由于各种原因造成严重损坏、无法修复的。

（4）预计大修费用大于同类新产品50%的。

（5）未达到报废年限，但技术状况差且无配件来源的。

（6）国家明令淘汰的。

4. 补偿标准

拖拉机根据马力段的不同从1 000元到12 000元不等；联合收割机根据喂入量（或收割行数）的不同从3 000元到20 000元不等；水稻插秧机根据步进式、乘坐式的不同从500元到11 000元不等，400～550 mm饲料粉碎机为150元，550 mm及以上饲料粉碎机为300元，玉米脱粒机生产率≥10 t/h为700元，花生摘果机配套动力≥7 kW为400元，铡草机根据生产率的不同从350元到2 400元不等。

四、种业创新发展类

（一）农作物育种创新能力提升（国家政策）

1. 建设要求

支持企业开展高效育种，提升种质资源保存利用、育种科研创新、种子生产加工、良种推广服务等能力。

2. 建设内容

主要建设内容包括农作物育种测试设施设备、表型与基因型鉴定设施设备及田间工程建设，低温种子库、检测实验室、农机具库等土建工程，支持企业在本地或异地建设用于育种创新的核心育种站、品种测试点等田间工程，以及实验分析设备、农机具、仪器设备购置等。

3. 申报条件

大豆、油料、花生、油茶等油料作物和果菜茶（含食用菌、花卉）。

申报农作物种业育种创新项目，需具备以下8个条件。

（1）已开展科企合作，与科研院所或高等院校签订长期科研合作协议，明确种业科研成果转化方式，其中，参加国家或省级良种联合攻关的企业优先。

（2）具有专门的育种机构，在全国不同生态区有测试点30个以上和相应的播种、收获、考种设施设备。

（3）具有分布在不同生态区、自有或租用（剩余租期不少于5年）的科研育种基地5处以上，总面积200亩以上。

（4）近3年内，年均科研投入不低于年种子销售收入的5%。

（5）生产经营主要农作物种子的，具有作为第一育种者的国家级审定品种3个以上，或者省级审定品种6个以上，或者国家级审定品种2个和省级审定品种3个以上，或者国家级审定品种1个和省级审定品种5个以上；生产经营非主要农作物种子的，应当具有相应作物的以本企业名义登记或单独申请获得植物新品种权的品种5个以上。

（6）企业综合实力强，行业市场占有率靠前。

（7）具有专门的科研团队从事科研育种活动。

（8）近三年无生产经营假劣种子或套牌侵权行为。

4. 中央投资规模

以大型育繁推一体化龙头企业投资为主，中央投资占项目总投资比例不超过40%且最多不超过3 000万元。中央投资主要用于项目中具有一定公益性质的基础设施建设。

（二）畜禽育种创新能力提升（国家政策）

1. 建设要求

支持有实力的国家畜禽核心育种场、科研教学等单位，有效利用地方畜禽种质资源和引进优良品种资源，加强主要畜种选育和新品种培育，为提高畜禽产品产量和质量提供支撑。支持一批大型育繁推一体化畜禽种业企业，打造一批国内先进、国际一流的畜禽育种品牌。

2. 建设内容

主要建设内容包括建设标准化畜禽棚舍、育种实验室等土建工程，配套性能测定、疫病监测净化、胚胎移植、育种信息处理平台等仪器设备，购置母畜、胚胎、冻精等育种材料。择优支持部分大型育繁推一体化畜禽企业，完善育种创新、标准化繁种、科技推广等方面设施装备。

3. 支持条件

重点支持综合实力强、发展后劲足、运转机制活的育种企业承担，优先支持国家畜禽核心育种场。项目承担单位应具有与项目品种对应的《种畜禽生产经营许可证》，有专门的育种部门和技术团队，并与科研院校保持长期稳定的技术合作关系，参加国家或省级良种联合攻关的企业优先安排。具体申报条件如下：

鸡育种创新项目。蛋鸡种鸡场基础群存栏2万套以上，具备4个以上的蛋鸡品系纯系，至少有形成1个配套系的供种能力，建有2万只以上育种笼位，能持续开展5个以上杂交组合的配合力测定。肉鸡种鸡场基础群存栏3万套以上，具备育种素材4个以上，至少有形成1个配套系的供种能力，建有2万只以上育种笼位，能持续开展5个以上杂交组合的配合力测定。

4. 中央投资规模

育种创新能力提升项目中，以大型育繁推一体化龙头企业投资为主，中央投资占项目总投资比例不超过40%且最多不超过3 000万元，中央投资主要用于项目中具有一定公益性质的基础设施建设。

（三）畜禽制（繁）种能力提升（国家政策）

1. 建设要求

以保障优良畜禽供应为目标，新建和改扩建种公畜站，提升畜禽生产能力和生产质量。

2. 建设内容

主要建设内容包括建设标准化畜禽圈舍、青贮池等设施及配套养殖设备、良种登记管理信息系统等。

3. 支持条件

新建、改造种公猪站；种公猪站建设项目申报单位存栏采精种公猪200头以上，其中，有生产性能测定成绩的超过50%，取得《种畜禽生产经营许可证》。重点支持国家核心种公猪站和国家核心育种场建设种公猪站，兼顾品种改良种公猪站。种公牛站建设项目申报单位需存栏一定数量在用种公牛，取得《种畜禽生产经营许可证》。重点支持与国家核心育种场联合育种的种公牛站，兼顾品种改良种公牛站。

4. 中央投资规模

制（繁）种基地项目中，中央投资占项目总投资比例不超过40%且最多不超过3 000万元，中央投资主要用于项目中具有一定公益性质的基础设施建设。

五、畜牧业健康发展类

（一）粮改饲补贴（国家政策）

1. 实施依据

项目实施当年农业农村部和财政部下发的项目实施工作的通知。

2. 实施区域

经县级申报、市级推荐、专家评审等，择优选择牛羊养殖量大、饲草料作物种植面积大、全株青贮就地转化利用能力强的县（市、区）实施。对总体收贮规模有限、但拥有较强带动能力单个大型规模养殖场或专业收青贮企业收贮能力达到0.5万吨的县（市、区）也可纳入实施范围。

3. 补助对象

项目县收贮全株青贮玉米、苜蓿、燕麦、甜高粱、构树、巨菌草和豆类等优质饲草料的规模化草食家畜养殖场（企业、合作社），专业收贮企业（合作社）等新型经营主体。

4. 补助标准与资金用途

各项目县行政区域内实行统一的补贴标准，每吨不超过60元。项目资金主要用于全株青贮收贮补贴。

（二）肉牛增量提质行动（国家政策）

1. 实施依据

农业农村部办公厅、财政部办公厅《关于实施肉牛肉羊增量提质行动的通知》（农办牧〔2021〕31号）。

2. 实施区域

河南省经县级申报、市级推荐、专家评审，在地方积极性高、肉牛产业基础相对较好、基础母牛存栏规模较大的泌阳县、确山县、唐河县3个县实施。

3. 补助对象和实施内容

对项目县内饲养基础母牛、选用优秀种公牛冻精配种并扩大养殖规模的养殖经营主体给予适当补助。

4. 补助方式和标准

采取"先增后补、见犊补母"的方式，实行基础母牛存栏定主体，新增犊牛数量定资金。项目县根据中央财政补助资金规模，结合符合条件的补助对象情况，自行确定补助标准，原则上每头母牛中央财政补助不超过1 500元。2022年度项目实施期为2022年7月1日至2023年6月30日。

（三）生猪良种补贴（国家政策）

1. 实施依据

该项目根据农业农村部、财政部下发的项目实施工作通知要求，每年中央资金下达后实施。

2. 实施范围

在财政部公布的河南省国家级生猪调出大县实施，对该区域内使用良种猪精液开展猪人工授精的生猪养殖场（户）进行补贴。

3. 补贴标准

按照每头能繁母猪每年使用4份精液计，每份精液补贴10元。

4. 补贴方式

县级财政部门按照补贴要求与良种猪精液供应单位结算补贴资金，良种猪精液供应单位按照补贴后价格向养殖者提供精液。

（四）蜂业质量提升行动（国家政策）

1. 实施依据

河南省农业农村厅、河南省财政厅《关于印发2023年度财政专项资金项目申报指南的通知》，农业农村部办公厅《关于实施蜂业质量提升行动的通知》（农办牧〔2022〕12号）。

2. 实施区域

经各地自愿申报、专家评审等，择优选择蜂业大县实施，支持建设高效优质蜂业发展示范区。

3. 建设内容

建设蜜蜂良种场，开展蜜蜂遗传资源保护利用、蜜蜂良种繁育体系完善，提升供种能力；建设标准化养蜂基地，提升标准化养殖水平；改善养殖装备，提高蜂农防灾减灾能力，促进蜂农扩群增效；推广先进蜂产品加工设备，提升加工能力；完善质检体系，增强检测检验能力。

4. 支持方式

项目县结合本地实际，确定建设内容后，明确具体补助对象、补助标准和支出内容。

（五）奶畜家庭牧场（中小牧场）升级改造（国家政策）

1. 政策依据

农业农村部《关于印发〈十四五奶业竞争力提升行动方案〉的通知》（农牧发〔2022〕8号）、财政部《关于下达2023年农业经营主体能力提升资金预算的通知》（财农〔2023〕24）号。

2. 补助对象

存栏奶牛100～800头或奶山羊存栏500头以上；持有有效生鲜乳收购许可证并正常营运；成母牛存栏50头以上或产奶量不低于1吨的奶畜养殖场。

3. 补助范围

河南省。

4. 补助标准

依据因素法切块分配。国定脱贫县资金县均投入规模不低于其他县的县均投入规模，1个项目场补助30万～50万元。

5. 项目建设内容

主要包括升级改造养殖饲喂、饲草料生产加工、挤奶设备、粪污资源化利用、信息化智能化等建设内容。项目场依据实际确定建设内容，不得与2021年、2022年该项目实际建设内容重复。

（六）高产优质苜蓿示范建设（国家级、省级政策）

1. 政策依据

农业农村部、财政部《关于做好2018年农业生产发展等项目实施工作的通知》（农财发〔2018〕13号）、河南省人民政府办公厅《关于印发〈河南省肉牛奶牛产业发展行动计划〉的通知》（豫政办〔2022〕31号）、财政部《关于下达2023年农业经营主体能力提升资金预算的通知》（财农〔2023〕24号）。

2. 补贴对象

农民饲草专业生产合作社、饲草生产加工企业、奶牛养殖企业（场）和奶农专业生产合作社。

3. 补助范围

符合条件的苜蓿优势产区和奶牛主产区。

4. 补贴标准

在黄河滩区优质草业带建设重点地区，对新增集中连片500亩以上的苜蓿种植基地，每亩一次性补贴不高于800元；对其他地区新增集中连片500亩以上的苜蓿基地，补贴资金每亩600元。

5. 项目建设内容

一是推行苜蓿良种化。适应不同区域和种植条件，推广使用高产、优质、抗逆性强的苜蓿优良品种。二是实行标准化生产。推广应用苜蓿种子丸化包衣、根瘤菌接种、病虫草害综合防治等高产集成技术。重点推广应用刈割压扁收获、茎叶同步干燥、收割机械组装配套、高密度草捆加工等关键设备和技术。完善苜蓿生产技术规程，组织开展标准化生产培训。三是改善生产条件。改造中低产田，改良土地，修建排碱渠和灌溉设施，完善田间基础设施和灌溉条件；修建仓储设施，配置和扩容储草棚、堆储场、青贮窖、农机库等。四是提升质量水平。配备检测设备，对苜蓿粗蛋白含量、酸性洗涤纤维、中性洗涤纤维等关键指标进行检测，保证苜蓿草产品质量。项目承担单位可根据自身实际情况，在上述内容中各有侧重。

（七）病死畜禽无害化收集处理场建设（国家政策）

1. 文件依据

《全国动植物保护能力提升工程建设规划（2017—2025年）》。

2. 项目实施对象

选择病死畜禽无害化处理场布局规划合理、地方政府积极支持、有市场主体愿意承担、建设用地有保障的地方，支持建设病死畜禽无害化处理场，配套建设病死畜禽收集暂存点，优先支持开展病死猪无害化处理与保险联动试点的地方，及跨行政区域收集处理病死畜禽的地方实施项目。

3. 项目主要建设内容

主要包括厂房、收运系统、冷库系统、给水系统、控制系统、烘干系统、余热回收系统建设安装工程，干化机、焚烧炉、烘干机、破碎机、锅炉、储油设施、废气采集系统等无害化处理场设施设备，以及冰柜、电子秤、收集车辆、视频监控系统、车载GPS定位系统等收集体系设施设备。

4. 补助标准

每个病死畜禽收集处理体系中央定额投资200万元，地方投资和吸引社会资本投入不少于300万元。

（八）动物防疫补贴（国家和省级政策）

1. 文件依据

《农业防灾减灾和水利救灾资金管理办法》（财农〔2023〕13号），河南省财政厅、河南省农业农村厅《关于修订印发〈农业相关转移支付资金管理办法〉的通知》（豫财农水〔2020〕102号）。

2. 补助范围

（1）强制免疫。主要用于对国家重点动物疫病开展强制免疫、免疫效果监测评价、疫病监测和净化、人员防护等相关防控措施，以及实施强制免疫计划、购买防疫服务等。允许按程序对符合条件的养殖场户实行强制免疫"先打后补"，逐步实现养殖场户自主采购、财政直补；对暂不符合条件的养殖场户，强制免疫疫苗继续实行省级集中采购。

（2）强制扑杀和销毁。主要用于预防、控制和扑灭国家重点动物疫病过程中，被强制扑杀动物的补助和农业农村部门组织实施销毁的动物产品和相关物品的补助等。补助对象分别为被依法强制扑杀动物的所有者、被依法销毁动物产品及相关物品的所有者。涉及的动物疫病包括非洲猪瘟、口蹄疫、高致病性禽流感、H7N9流感、小反刍兽疫、布病、结核病、马鼻疽、马传贫等。扑杀补助平均测算标准为禽15元/羽、猪800元/头（因非洲猪瘟扑杀1 200元/头）、奶牛6 000元/头、肉牛3 000元/头、羊500元/只、马12 000元/匹，其他畜禽补助测算标准参照执行。各地可根据畜禽大小、品种等因素细化补助标准。强制扑杀补助由中央、省、市（直管县）、饲养户分别负担60%、10%、10%、20%。销毁的动物产品是指被动物疫病污染或可能被污染、存在动物疫病传播风险的猪肉、牛肉、羊肉、禽肉、马肉等肉类，鸡蛋等蛋类，牛奶等奶类。销毁的相关物品是指被污染或可能被污染的未拆包装的成品饲料。销毁动物产品和相关物品补助标准原则上根据销毁产品的重量、不超过国家统计局或行业统计该年度市场价格的70%测算。经费由中央财政和地方财政共同承担，补助比例参照强制扑杀的补助比例执行，并实行总额上限管理。

（3）养殖环节无害化处理。主要用于养殖环节病死猪无害化处理等。按照"谁处理补给谁"的原则，补助对象为承担无害化处理任务的实施者。具体补助标准和办法由县级以上人民政府财政部门会同本级人民政府农业农村部门制定。

党中央、国务院确定的支持动物防疫的其他重点工作。涉及重大事项调整或突发动物疫情防控，经国务院或有关部门批准后，补助经费可用于相应防疫工作支出。

3. 资金分配

动物防疫等补助经费按支出方向采取因素法测算分配，主要包括相关畜种饲养量、年度工作任务（任务清单）或绩效目标实现情况等；强制扑杀和销毁补助资金根据实际扑杀畜禽数量、单个畜禽扑杀补助标准等据实结算。各市县根据疫苗实际招标价格、需求数量及动物防疫工作实际需求，结合中央财政和省级财政补助资金，据实安排本级财政补助资金，确保动物防疫工作需要。

（九）高产奶牛核心群组建（奶牛母犊补贴）（省级政策）

1. 政策依据

河南省人民政府办公厅《关于印发〈河南省肉牛奶牛产业发展行动计划〉的通知》（豫政办〔2022〕31号），河南省农业农业厅《关于做好2023年农业项目实施工作的通知》（豫农文〔2023〕120号）。

2. 补助对象

实施项目的奶牛场要求存栏奶牛300头以上、持有有效生鲜乳收购许可证并正常营运，奶牛系谱档案完整，使用信息化管理系统的优先安排，良种母犊母亲牛参加省奶牛品种登记和生产性能测定等条件。

3. 补助范围

河南省。

4. 补助标准

对符合条件的奶牛场每出生1头良种母犊补贴不超过800元。

（十）奶牛生产性能测定（省级政策）

1. 政策依据

河南省人民政府办公厅《关于印发〈河南省奶业振兴行动计划〉的通知》（豫政办〔2018〕77号）、河南省农业农业厅《关于做好2023年农业项目实施工作的通知》（豫农文〔2023〕120号）。

2. 补助对象

规模奶牛场。

3. 补助范围

河南省。

4. 补助标准

对参加奶牛生产性能测定的奶牛场免费测定，委托有资质的第三方检测机构按每头奶牛70元予以补助。第三方检测机构按要求完成奶牛生产性能测定任务，同时免费为参测奶牛场开展品种登记、测料养牛及生产成本核算等服务。

（十一）渔业发展支出（国家政策）

1. 文件依据

财政部、农业农村部《关于实施渔业发展支持政策推动渔业高质量发展的通知》（财农〔2021〕41号），财政部、农业农村部《关于印发〈渔业发展补助资金管理办法〉的通知》（财农〔2021〕24号）。

2. 支持范围

主要支持纳入国家规划的重点项目以及促进渔业安全生产等设施设备更新改造等方面。一是支持水产品初加工和冷藏保鲜等设施装备建设。二是支持渔业绿色循环发展，重点支持集中连片的内陆养殖池塘标准化改造和养殖业尾水达标治理，智能水质监测与环境调控系统配备等方面。

第四节　金融扶持

一、病死猪无害化处理与保险联动机制建设试点（国家政策）

（一）文件依据

农业农村部办公厅、财政部办公厅、银保监会办公厅《关于开展病死猪无害化处理与保险联动机制建设试点工作的通知》（农办计财〔2021〕19号）。

（二）试点工作目标

探索形成"政府监管、财政支持、企业运作、保险联动"的病死猪无害化处理市场化运行机制，在试点区率先实现病死猪无害化处理全覆盖、生猪养殖保险全覆盖和全程信息化管理，逐步带动全国建立高效衔接、相互促进的联动机制，进一步提升生猪养殖风险保障水平，促进生猪生产稳定发展。

（三）试点时间及试点县要求

试点工作自2021年至2023年，试点期3年。以生猪主产省为重点，按照自愿申报原则，遴选部分病死猪无害化处理和生猪养殖保险工作基础较好的生猪调出大县开展试点。试点县集中处理体系需覆盖大县全域，具备进行病死猪无害化处理和生猪养殖保险信息化联动管理的基础。

（四）试点工作主要任务

一是开展全覆盖式生猪养殖保险。试点县所在省份确定本省份能繁母猪和育肥猪保险条款主要内容，将从活仔起各阶段生猪全部纳入保险和保费补助范围，推动将全部生猪养殖场（户）纳入保险范围。坚持保障产业发展根本目的，统筹考虑保险经营规律，明确投保条件，准确界定保险责任范围。二是开展全覆盖式无害化处理。试点县完善病死畜禽无害化处理体系，优化无害化处理场布局，规定病死猪无害化处理具体要求，确保集中处理覆盖全域。三是开展信息化联动管理。试点县在省级有关部门指导下建立统一的病死猪无害化处理和保险理赔报告、登记、查勘、死因认定等配套制度，全面衔接无害化处理和保险理赔工作。四是开展政策打包支持。严格落实养殖环节病死畜禽无害化处理补助政策，积极引导地方扩大病死畜禽集中无害化处理覆盖率。通过中央预算内投资渠道积极支持试点县专业集中无害化处理场提档升级。

二、农业信贷直通车（国家和省级政策）

（一）文件依据

农业农村部《关于推进农业经营主体信贷直通车常态化服务的通知》河南省农业农村厅 河南省农业信贷担保有限责任公司《关于做好农业经营主体信贷直通车常态化服务工作的通知》（豫农文〔2022〕110号）。

（二）工作目标

打造"农业农村部门主导、新农主体直报需求、河南农担提供担保、参与银行信贷支持"模式，有效破解农业经营主体融资难、融资贵、融资慢等问题。

（三）服务对象

家庭农场、农民合作社、高素质农民、种养大户、农业社会化服务组织、农业企业（含国有农场）等各类农业经营主体及农村集体经济组织。

（四）申请路径

微信搜索"农业农村部信贷直通车"小程序进行验证后直接申请或登录河南省农业信贷担保有限责任公司（https://www.hnnxdbgs.com/index.html），注册后根据提示提交基础信息和经营信息，提交融资需求，平台自动核验、河南农担审查核保、银行审核授信。

三、农业信贷担保（国家和省级政策）

（一）文件依据

财政部、农业部、银监会《关于财政支持建立农业信贷担保体系的指导意见》（财农〔2015〕121号），财政部、农业部、银监会《关于做好农业信贷担保工作的通知》（财农〔2017〕40号），河南省人民政府办公厅《关于进一步发挥农业信贷担保作用助推农业高质量发展的实施意见》（豫政办〔2021〕5号），《关于印发农业信贷担保助推农业高质量发展业务操作细则的通知》（豫财农水〔2021〕9号），《关于印发农业信贷担保助推农业高质量发展试点的通知》（豫财农水〔2021〕10号），《关于搭建农业适度规模经营主体信息采集云平台的通知》，《关于开展政银担+支农再贷款试点的通知》，《关于印发〈构建新型"政银担"模式助推农业高质量发展实施方案〉的通知》（豫财农水〔2022〕78号），《关于做好2021—2022年度政策性农业信贷担保财政贴息工作的通知》（豫财农水〔2022〕87号）。

（二）担保范围

河南省农业信贷担保机构要严格执行"双控"业务标准，服务范围限定为农业生产及与农业生产直接相关的产业融合项目，突出对粮食、生猪等重要农产品生产的支持。具体范围按《对〈河南省农业信贷担保有限责任公司业务范围细分指引〉备案的报告》执行。

（三）担保额度

单户在保余额不得超过1 000万元，重点开展10万~300万元的政策性担保业务，且10万~300万元的政策性业务在保余额不得低于总担保余额的70%。在脱贫攻坚过渡期内，将扶贫小额信贷担保纳入政策性业务范围。

（四）项目库

搭建"适度规模经营主体信息采集云平台"，对农业适度规模经营主体进行信息采集，建立融资需求项目库。

（五）农业信贷担保服务体系

构建新型"政银担"模式，按照"政府引导、市场运作、责任共担、风险共管"原则，综合运用风险补偿、贷款贴息、保费补贴、应急续贷等政策工具，以"金融服务体系、信用评价体系、风险防控体系、产业支撑体系"为支撑，构建以"模式风控、补位合作、集群作业"为特征的合作模式。

（六）财政贴息

贴息对象为河南农担公司直接担保、单户担保规模在10万～300万元（均含）的借款主体。贴息范围为12个试点县（具体按豫财农水〔2021〕10号执行）、40个养牛大县（具体按豫政办〔2022〕31号执行）及2021年特大洪涝灾害后，河南农担公司支持灾后重建工作开展的"救灾贷"担保贷款。贴息比例分别为2%、1%、2%。

四、政策性农业保险（国家和省级政策）

（一）文件依据

河南省财政厅《关于印发〈河南省农业保险保费补贴管理办法〉的通知》（豫财金〔2022〕24号）。

（二）保险标的

中央财政补贴险种的保险标的主要包括：

（1）种植业。小麦、玉米、水稻、棉花、油料作物、小麦制种。

（2）养殖业。能繁母猪、育肥猪、奶牛。

（3）森林。公益林、商品林。

省级财政补贴险种的保险标的：基础母牛（养牛大县的肉牛基础母牛，养牛大县根据上年度农业农村部门认定的养牛大县培育县名单确定）。

（三）保费补贴比例

1. 种植业险种

小麦、玉米、水稻、小麦制种、花生、大豆、油菜、棉花保险：102个县（市）的保费承担比例为中央45%、省级25%、县（市）10%、农户20%；17个省辖市本级（含市辖区，下同）和济源示范区的保费承担比例为中央45%、省级25%、市级10%、农户20%。

花生保险超物化成本部分的保费：102个县（市）的保费承担比例为省级25%、县（市）55%、农户20%；17个省辖市和济源示范区的保费承担比例为省级25%、市级55%、农户20%。

小麦、玉米、水稻完全成本保险：纳入中央产粮大县范围的，保费承担比例为中央45%、省级25%、县（市、区）10%、农户20%；未纳入中央产粮大县范围的县（市），保费承担比例为省级25%、县（市）55%、农户20%；未纳入中央产粮大县范围的市辖区，保费承担比例为省级25%、市级55%、农户20%。

2. 养殖业险种

能繁母猪、育肥猪、奶牛保险：102个县（市）的保费承担比例为中央50%、省级25%、县（市）5%、农户20%；17个省辖市和济源示范区的保费承担比例为中央50%、省级25%、市级5%、农户20%。

基础母牛保险：养牛大县范围的县（市、区），保费承担比例为省级25%、县（市、区）45%、农户30%。

（四）保额、费率、保费及保费承担比例

补贴险种要合理确定费率水平，并参考中国农业再保险股份有限公司发布的农业保险风险区划和风险费率，适时对有关险种实行基于风险区划的差异化费率。逐步建立农业保险费率调整机制，动态调整费率水平。

五、脱贫人口小额信贷（国家政策）

（一）文件依据

中国银行保险监督管理委员会河南监管局等5部门转发中国银保监会、财政部、中国人民银行、国家乡村振兴局《关于深入扎实做好过渡期脱贫人口小额信贷工作的通知》（豫银保监发〔2021〕7号）。

（二）帮扶对象

脱贫户、监测对象。

（三）贷款金额

原则上5万元（含）以下。

（四）贷款期限

3年期（含）以内。

（五）贷款利率

鼓励银行机构以贷款市场报价利率（LPR）放款，贷款利率可根据贷款户信用评级、还款能力、贷款成本等因素适当浮动，1年期（含）以下贷款利率不超过1年期LPR，1年期至3年期（含）贷款利率不超过5年期以上LPR。贷款利率在贷款合同期内保持不变。

（六）担保方式

免担保免抵押。

（七）贴息方式

财政资金对贷款适当贴息，地方财政部门应根据需要和财力状况，合理确定贴息比例，保持过渡期内政策力度总体稳定。

（八）贷款条件

申请贷款人员必须遵纪守法、诚实守信、无重大不良信用记录，并具有完全民事行为能力；必须通过银行评级授信、有贷款意愿、有必要的劳动生产技能和一定还款能力；必须将贷款资金用于不违反法律法规规定的产业和项目，且有一定市场前景；借款人年龄原则上应在18（含）~65周岁（含）。

第十一章　高素质农民典型案例

本章分别从经营管理、技能服务、乡村治理及社会事业发展等三大类型，从种植业、畜牧业、农业机械、农业工程、特色农业和综合农业六个专业类别，选取高素质农民[①]成长、发展和创新创业典型案例，发挥高素质农民示范带动作用，用身边的事教育身边的人，激励农民结合自身愿望和条件，学习先行者、模仿成功者，找到自身位置，在乡村振兴中发挥积极作用。

第一节　种植业

案例1. 用实干诠释"新型职业农民"[②]
——赵家亮

2020年11月，在第二届全省职业技能大赛中，山西阳城县润城镇何庄村农民赵家亮摘取了果树嫁接项目的桂冠。

2002年，赵家亮在自己承包的耕地上栽植优质核桃7.08亩，利用荒山荒地、野生酸枣嫁接大枣20余亩，并积极学习研究大枣、核桃优种培育嫁接技术，提高种植效益；2017年7月，他承包了阳城县林业教育基地150余亩。

[①] 2019年下半年，官方正式文件中以"高素质农民"取代"新型职业农民"。本章引用的部分案例仍采用原报道中的"新型职业农民"称谓。

[②] 用实干诠释"新型职业农民"——山西阳城县农村科普带头人赵家亮果[EB/OL].（2022-01-13）[2024-07-06]. https://mp.weixin.qq.com/s?__biz=MzA5ODI3NTYxNA==&mid=2661289005&idx=1&sn=7ac13db7c10bace11f27f4c4910a1119&chksm=8bc0b45cbcb73d4ab15e700679eee0a7d3816d6b0ca88158079d2334c8c780d5442eda3cfc44&scene=27%E3%80%82。

2018年，赵家亮体会到"樱桃好吃果难摘"。为此，他在实践中摸索出一套对高体树进行逐年落头修剪管理的手法，实现了产量不减、采摘方便。

赵家亮还对原有10多年树龄的老核桃树进行了品种改良，增加产量；引进"狮子头"无刺花椒树3 000余株，积极学习花椒树的嫁接改良，努力探索培育无刺花椒。

2018年，赵家亮投资30余万元，开始着手改变林业局教育基地园果树品种老化的困境，计划将其打造为集现代休闲、观光农业于一体的综合型家庭农场。

截至目前，家庭农场已发展樱桃60余亩、核桃100亩、枣20余亩、花椒50余亩。在2019年，赵家亮对核桃、樱桃、花椒进行了无公害认证，同时，还举办了各种采摘活动，吸引游客。

厚积才能薄发。近年来，赵家亮先后被评为"县干果经济种植大户""县农村科普带头人""县干果经济林种植状元""新型职业农民"；他的家庭农场先后被评为县、市级的"农村科普示范基地"，县、市、省级的"示范家庭农场"。2021年被晋城市总工会选树为"晋城工匠"，被山西省农业农村厅评为"百佳高素质农民"，被国家林业和草原局、山西省林业和草原局聘为"林草乡土专家"，被县农业农村局聘为"基层农技推广员"。

案例2. "十大高素质农民"风采[①]
——李拴英

李拴英，女，汉族，高中学历，中共党员，陕西省高级职业农民，宝鸡市人大代表，陈仓区党代表。曾荣获"全国农村科技致富女能手""陕西省三八红旗手""陕西省巾帼创业先锋""陕西省城乡岗位建功先进个人""宝鸡市五一劳动奖章""宝鸡市创业明星""宝鸡市巾帼脱贫攻坚先进个人""宝鸡市三八红旗手""宝鸡市乡土工匠""宝鸡市创业明星""陈仓区五一劳动奖章""陈仓区优秀共产党员""陈仓区有突出贡献

---

① 宝鸡市"十大高素质农民"——李拴英[EB/OL].（2022-03-23）[2024-07-06]. https://new.qq.com/rain/a/20220323A01BE900。

拔尖人才"等荣誉称号。2014年12月3日申报的发明专利"一种黄背木耳的栽培方法"获得国家专利局授权发明专利证书,并获得第二十二届中国杨凌农业高新科技成果博览会"后稷奖"。

一、艰辛打拼,苦练内功的创业精神

1967年12月,李拴英出生在宝鸡市凤翔县一个世代务农的农民家庭。父亲是一位老党员,在村上任党支部书记多年。虽然她的父亲识字不多,但工作认真,淳朴善良。家里有四个哥哥,一个姐姐。当时,一家人靠加工农机具维持生活。虽然精打细算,但日子紧紧巴巴,勉强过得去。1986年,高中毕业的李拴英亲眼目睹了父辈们在农村生活的艰辛和不易,怀揣梦想,逃离了农村进城务工。

李拴英打工的地方是一家食用菌工厂,规模不是很大。她工作认真,吃苦耐劳,脏活累活抢着干。她兜里经常装着一个日记本,一边干一边写日记总结经验。工作中,她虚心向身边的老同志学习业务知识。工作之余和闲暇时间,她系统地学习营销心理、市场经济和销售技巧等商业知识,不断更新知识,并做了大量的读书笔记。通过学习,她的工作技能得到了进一步增强,业务素质和工作水平有了显著提高,得到了厂里领导及同事们的信赖和喜欢。

二、精益求精,追求卓越的创造精神

1995年,李拴英选择重操旧业,回到了养育她的沃土,扎根于情感至深的家乡创业。李拴英开始自主创业种植食用菌。她先后到宁夏、福建、四川、杨凌等地考察学习,然后说服在外做生意的丈夫回家和自己一起创业。刚开始,李拴英在村上找了几个姐妹,建起了四座蘑菇大棚,专门种平菇。当时,周边地区种蘑菇的人不多,销路好、价格高。经过几年的努力,她赚取了她人生的第一桶金。

李拴英并没有就此止步。她深知市场竞争非常激烈,没有自己的独特产品,就难以在市场立足,更不会有能力带领乡亲们共同致富。在生产常见食用菌的同时,她刻苦钻研食用菌种植技术,向书本学习,向同行请教,向专家求助,几乎常年泡在实验室和大棚里。失败,失败,再失败。坚持,坚持,再坚持。功夫不负有心人,她的"一种黄背木耳的栽培方法"获得国家专利局的发明专利,并获得第二十二届中国杨凌农业高新科技成果博览会"后稷奖"。

三、坚持不懈,锲而不舍的顽强精神

2011年,李拴英成立了以农村留守妇女为主的食用菌专业合作社,并将原来的竹架大棚全部换成钢管大棚。大棚由原来的20个扩大到60个。后又投资180万元建成食用菌工厂化生产车间一座,菌包制袋生产线一条。生产的高品质食用菌有银耳、香菇、木耳、富硒灵芝等10多个品种,先后注册了"慕仪金科"和"金稞达"商标。在拥有自己的产品和品牌的基础上,先后在凤翔、宝鸡、西安等地设有产品直销点。产品获得了无公害农产品质量认证,为食用菌产业发展壮大、产品营销创造了有利条件。同时,她聘请西北农林科技大学杜双田教授和宝鸡市食用菌首席专家王本成为技术顾问。他们合作开发的《富硒食用菌关键技术研发项目》被省科技厅列为陕西省重大科技项目。李拴英为所经营的食用菌产业制定了长期发展计划,及时了解并解决生产中遇到的难题,为企业培养出了一批敢抓敢管、敢做敢干的技术能手。

四、扶贫帮困,甘愿付出的奉献精神

致富不忘众乡亲。2016年底,李拴英通过合作社带动全镇贫困户80户230人入社参与入股分红,让贫困户真正当上了股东。2017年3月31日,《人民日报》海外版以《让贫困户当股东》为标题,对她进行了宣传报道。同时,她还为有养殖技术的贫困户协调信用贷款,帮助其发展养殖业。对资金特别困难的贫困户,李拴英免费送上食用菌菌种及有关生产用品,鼓励其自主创业。李拴英自己坚持常年为贫困户送技术上门,组织专业技术人员通过面对面开展技能培训、现场指导、演示等方式,促进每户贫困户掌握1~2项实用技术和技能。她时常牵挂贫困户的困难,总是想方设法为贫困户解决实际困难。她以"踏实、拼搏、负责"的企业精神,以"诚信、共赢、开创"的经营理念,更好地带动了贫困户的生产积极性,进一步提高了英子种植专业合作社集约化、专业化生产水平。

经过20多年的发展壮大,合作社已从当初人们口中"小蘑菇厂",逐渐成长为集珍稀食用菌研发、工厂化周年立体栽培及农林废弃物高效循环利用为一体的陕西省农民专业合作社示范社。同时,她还承包周边土地200亩,并

配备了收割机、拖拉机、秸秆捡拾机等大型农机具6台。在从事粮食种植时，她将蘑菇下脚料堆制发酵后转化为小麦和玉米的有机肥，通过科学种植，合理施肥，使粮食产量比过去增长30%。将遗弃的下脚料变为丰富的资源而加以充分利用，化害为利，变废为宝，消除因秸秆堆积而造成的土地浪费、因秸秆燃烧而造成的资源浪费和环境污染等现象，实现绿色环保生产。通过减少农药的使用量，降低农药对农业生态环境的污染和在农产品中的残留，有利于提高小麦、玉米等农产品的产量和品质，形成了一个绿色农业的循环经营模式，也实现了人们梦寐以久的"有机农业梦"。

合作社通过供应菌包、微信指导、现场操作等方法，无偿提供技术指导，先后帮助千阳县草碧镇、陇县天成乡、陈仓区县功镇、宝鸡市凤翔县、永寿县店头镇、陕北黄陵县及商南等贫困山区扶贫基地进行大棚生产，提升了贫困群众内生动力和发展能力。随着生产规模的不断扩大，科技研发的不断创新，合作社取得了显著的经济效益和社会效益，先后被省市各级政府部门评为"陕西省巾帼创业就业示范基地""陕西省妇女优秀专业合作社""陕西省专业合作社示范社""陕西省科技型中小企业""省级扶贫示范社""陕西省民营科技型企业""宝鸡市扶贫示范合作社""宝鸡市巾帼农业科技示范基地""宝鸡市农村科普示范基地""宝鸡市十佳农民专业合作社""宝鸡市优秀农民专业合作社""宝鸡市最能带动农民增收示范专业合作社""宝鸡市优秀科普示范基地""陈仓区巾帼脱贫示范基地""区级就业扶贫基地""陈仓区就业扶贫社区工厂"等荣誉称号，"慕仪金科"牌木耳获第二十二届中国杨凌农业高新科技成果博览会"后稷奖"，并获得授权发明专利证书。

2020年开春以来，面对新型冠状病毒疫情，李拴英带领合作社以实际行动支援疫情防控工作。她先后免费出动自走式高杆喷雾机，使用消毒液10吨，进行喷洒消毒作业，覆盖人口达8 295人。因防控速度快、效率高、效果好，深受当地群众称赞。2020年2月6日，李拴英为中国红十字会捐赠富硒面粉、赤灵芝片、紫灵芝片、灵芝芽等救灾物资，并由陈仓区疾控中心分发运往各疫情灾区。

2021年新的一轮疫情袭来，李拴英和她的英子合作社积极参与，先后为疫区捐赠灵芝片、矿泉水、方便面、纸杯、饮料等物资2万余元。

一份耕耘，一份收获。李拴英用自己的双手创造了一片属于自己的天地，以自立自强、自尊自信的坚定信念成为一名时代的新女性。她得到了省、市、区领导的认可和广大群众的信赖，用实际行动践行了一个共产党员在党旗下的铮铮誓词。

案例3. 农村实用人才带头人[①]
——郑朋武

郑朋武，男，1965年生，福建省邵武市绿农食用菌有限公司董事长。先后获得福建省农村青年创业致富带头人、首届邵武市十大杰出青年农民、南平市第八批优秀人才、邵武市劳动模范、中国农技协优秀乡土人才、农村创新创业明星、2021年度福建省农村实用人才带头人等荣誉。

竹荪是著名的食用菌之一，鲜嫩可口，营养丰富，自古就被列为"草八珍"之一，不仅可以作为烹饪的食材，还有很高的药用价值，市场前景非常广阔。邵武市是福建省最大的竹荪生产基地，在这里有许许多多为食用菌发展奉献一生的人，郑朋武作为其中知名的"领头人"通过技术帮扶、帮助找销路和提供物美价廉的菌种，引领村民加入食用菌种植的发展项目。

一、与食用菌的"不解之缘"

郑朋武的父辈是第一批把食用菌人工栽培技术从老家古田县引到邵武的人。郑朋武在读书时就耳濡目染，看着父辈种植食用菌能够增收，甚至在当时就是"万元户"，他觉得这是个有前途的产业。1985年，郑朋武高中毕业后，便开始参加食用菌生产工作。作为古田人的郑朋武，从小就与食用菌结下了不解之缘。在父辈的传授下，他也学会并开始种植食用菌。

从原来独自创业的"小打小闹"，到后来与同乡、朋友们共同打拼，慢慢地发展，郑朋武成了"科技示范户"。郑朋武帮助同乡和朋友种植食用菌。1998年，他和团队一起到邵武市区开办了菌种厂，推广竹荪的栽培技术。

[①] 农村实用人才带头人 | 典型案例（65）——郑朋武：菌种好，种好菌[EB/OL].（2022-06-29）[2024-07-06]. https://mp.weixin.qq.com/s?__biz=MzI5NTY2NjgyMw==&mid=2247551990&idx=3&sn=995b436e3675e46f427172b7c1dc3795&chksm=ec525e1edb25d708cda810975c209a67a18ce42f6f369d66d549035dbde822dbf85bda25ca79&scene=27.

"我们原来有种很多品种,像香菇、黑木耳、蘑菇、平菇、金针菇等,经过不断摸索,最终选择了竹荪。"关于为何选择主力种植竹荪,郑朋武解释说,邵武有非常多的竹荪制品加工厂,为竹荪种植提供了很多廉价的竹荪制品原料;而且邵武森林覆盖率高,雨水充足,水稻田也多,适合竹荪的发展。2003年,在有关部门和地方政府的支持下,他率先在大竹镇种植12亩高产示范的竹荪,亩产突破100千克,同比提高60千克,每亩净盈利五六千元,取得了令人振奋的突破和成功。

2007年,郑朋武注册了福建省邵武市绿农食用菌有限公司,率先探索生态种植、工厂化银耳生产,一步一个脚印将食用菌事业发展壮大。通过"公司+基地+合作社+农户"的新型合作模式,大家逐渐掌握了食用菌栽培技术,并且凭借种植食用菌过上了好日子。"那时候农户种竹荪见到效益了,每年种植的量就多了,竹荪种植面积从最开始几十亩到几百亩、几千亩,最终达到了目前每年平均都有一万多亩。"在郑朋武的带领下,仅一年,邵武全市的竹荪种植面积就从30多亩增加到了300多亩。经过迅速扩张,邵武市竹荪种植农户达2 000户以上,年增收2亿多元,成为全市优势农业产业和农民增收项目,也是全国竹荪生产大县。

"目前,我们拥有国内最先进的竹荪菌种生产线,每年可供种竹荪300万袋,中国最大的竹荪种植基地——邵武1.5万亩竹荪基地所种植的约50%的菌种都来自我们公司",郑朋武介绍说。

二、让银耳成为"中国名片"

成功的道路必定布满荆棘,但郑朋武从未停下脚步。他凭着"一定要把菇种好"的信心,使郑朋武不断取得成功,成为邵武食用菌种植高手。"同行们给我起了个绰号,叫'菌种大王','大王'不敢当,但也是大家对我的认可,我打心底里还是挺喜欢这个称谓。"郑朋武笑着说,"正是因为有大家对我的无私帮助与支持,我才能心无旁骛,专心致力于食(药)用菌栽培技术的研究、应用与推广。"

银耳是郑朋武的另一个尝试,凭着年少时对银耳的好奇,被邵武的物产所吸引的郑朋武对银耳研究产生了强烈的兴趣,而他做的第一件事就是改良银耳的种植技术,问其原因,郑朋武这样说:"我父辈那个时候的环境比较好,种的银耳非常好吃,后来因为栽培工艺和其他一些原因,总感觉找不到原来的味道了,我一直很想做原生态的那种银耳。"

立志要让银耳种植更加安全可靠,并做到周年生产。为了精进自己的专业,郑朋武花费了3年时间,悉心学习请教,琢磨探索。银耳生性"娇贵",对生长环境要求颇高,郑朋武有时一天八九个小时都在封闭潮湿的室内,使他患上了关节炎;数千次的试种失败,设备更换了四代,经济损失高达200多万元。功夫不负有心人,在2013年底,银耳种植技术终于取得了突破性进展,他研发出了银耳仿生态周年栽培技术,银耳工厂生长的问题一一得到了解决。该银耳种植技术为国内首创,获得了发明专利,公司还承担了省级星火项目,年可生产银耳540万朵,产值1 890万元。据悉,该公司仅实用型专利就高达9项,创建的"菇蕾蕾"牌银耳还于2017年入选厦门金砖国家领导人会晤选用产品,成为了"中国名片"。

2020年,郑朋武引入数字化管理技术,通过农业物联网对银耳培养室湿度、二氧化碳浓度、光照度等生产环境进行适时动态的数据管理与监控,极大地提高了银耳的现代化生产水平。

三、发展产业"种下希望"

在种菇事业不断爬坡的过程中,郑朋武既兢兢业业,又勇于创新。"由于自己致力于发展食用菌产业,我的努力也得到了党和政府的认可,获得了不少荣誉。"郑朋武说,"喝水不忘挖井人,我也想尽自己的力量,回馈社会,帮助更多的人。"

30多年来,郑朋武累计为邵武农户提供竹荪菌种近2 000万袋,做到了价格优惠,产量稳定,投诉为零。2017年,公司结对帮扶10户建档立卡贫困户,利用省级龙头企业优势,通过"请过来""走出去""私人订制"等方式,帮助贫困户发展食用菌产业。其中,有3户竹荪种植贫困户,在郑朋武的帮助下每户年增收可达6万元。截至2019年,公司已全部完成10户结对帮扶贫困户脱贫任务,其中2户自主发展生产实现致富;2020年,公司又与20多户贫困家庭签订技术帮扶协议。

此外,公司还采取产前、产中、产后"技术指导+资金帮扶+购种优惠+产品回购"等方法,全方位解决他们的后顾之忧。通过组织现场指导、科普下乡、乡村搭台等形式多样的培训活动,向农户示范推广食(药)用菌栽培、加工、流通知识,年发放1 000余份食(药)用菌栽培技术资料,年培训近1 000名食用菌种植户,辐射带动3 000余农户增收致富。

案例4. 全国农民合作社典型[①]
——河南省西华县农福种植专业合作社

河南省西华县农福种植专业合作社大力开展农业生产"六统一"服务，推动多种形式的粮食种植、收储、农业机械化生产等服务，创新服务模式，规范服务管理，拓宽服务领域，推广"良种置换"，把"藏粮于地、藏粮于技"真正落到实处，带动成员和农户节本增效、多种粮种好粮。

河南省西华县农福种植专业合作社成立于2009年，是一家集种子生产、加工、销售、农资市场开发、无土栽培育苗、蔬菜种植于一体的专业合作社，获评河南省示范社、省级社会化服务示范组织。合作社现有成员129户，服务带动农户1 200余户。2021年，合作社签约托管服务土地面积12万余亩，年销售收入1 270万元，年盈余90余万元，成员平均增收6 000余元。

一、坚持高质高效，强化"良种置换"

合作社长期致力于种子研发工作，运用绿色高质高效生产技术，建好种子繁育示范基地。结合西华县独特的沙壤土质，以及春季和秋季少雨的气候环境，合作社研发了含油率高、含油酸高、适应性广、抗病性强的高油酸花生新品种"箕花1号"。

为更好更快地推广优质新品种，实现种植户增产增收，合作社在西华县首创"良种置换"模式，合作社先为种植户提供种植所需要的种源，种植户按照种植亩数交纳部分定金，待收获后，将产品再交售到合作社，合作社按农户领取的同等种子数量进行扣除并退还定金。"良种置换"模式的推行，大幅减少了种植户购买种子的投入，凭借合作社回收产品的担保，种植户不用有销售顾虑；合作社的良种种植面积逐渐扩大，产业规模有效壮大，服务内容从简单的"回收—筛选"升级到"回收—筛选—脱粒—加工"，有效提升了合作社的服务带动能力。2022年，合作社实现小麦良种置换面积5 500亩、花生良种置换面积4 000亩，累计种植户达206户。

[①] 探索农业产业链服务　推动粮食生产提质增效——河南省西华县农福种植专业合作社[EB/OL].（2023-04-17）[2024-07-06]. https://baijiahao.baidu.com/s?id=1763377508602808567&wfr=spider&for=pc.

二、打铁还需自身硬，强素质练内功

一是强化内部管理。合作社严格遵守《农民专业合作社法》，成立了成员大会、理事会、监事会等组织机构，修订完善了合作社章程，建立了财务管理、安全生产管理、监事会监管、成员代表大会等制度，通过选举产生成员代表、理事会成员、监事会成员，设立财务部、市场营销部和安全生产管理服务部等内部管理机构。按照"民办、民管、民受益"和"服务系列化、经营实体化、形式多样化"的组织原则，合作社实行重大事项民主决策、理事会统一执行、监事会民主监督的运行机制。

二是加强成员培训。合作社采取"请进来""走出去"的培训方式，运用多媒体培训教室和线上网络课堂，邀请市县农业农村局、农科所专家为合作社技术人员、种粮大户开展农业生产技术培训。合作社还组织农户和农业经营主体代表到湖北、山东等地参观学习托管模式及先进经验，有效推动了农业生产社会化服务的顺利开展。2022年，合作社组织专家下地指导种植作业139次，召开线下培训会16场次、线上培训会23场次，参会种植户达1 600余人次。

三是规范服务管理。合作社找出农业生产管理的短板，完善农业生产全程服务方案，与服务对象签订规范的服务合同，明确服务地点、服务面积、服务内容、作业质量、完成时限、收费标准、服务指标等，内容涵盖作物高产管理、营养解决方案、水肥一体化管理、土壤改良与修复、减肥增效等方面，引导农户改变传统模式，着力推进服务规模经营和绿色高效农业生产方式。2022年，规范签订服务合同1 000余份。合作社根据市场需求，拓宽服务领域，将服务领域从粮食、花生等大宗农作物田间管理拓展到粮食收储，不断提高农产品烘干、仓储、加工等环节的服务水平。合作社拥有自动化种子加工生产线（5吨）3条，大型收割机2台，大型拖拉机2台，运输车辆3辆，小型播种机、旋耕机13台（套），输送机5台，自走式打药机2台，机械化烘干生产加工线1条，植保飞防无人机4台，立储仓体积5 000立方米，配备有蔬菜水分检测、农残速测等先进仪器。2022年，合作社开展玉米烘干服务2 500吨。

三、创新服务模式，带动群众增收

合作社实践探索种植业"种、管、收、售"全程托管和"科技+订单"的多元化服务新模式，带动农民持续增收。

一是全程托管模式。采用"合作社+基地+农户"的经营模式，实行统一供种、统一供肥、统一供药、统一管理、统一收储、统一销售"六统一"管理。把农技、农机、农资、田间作业等服务打包，整体推送给农户，农户每亩节本增效300余元，实现了农户利益最大化。

二是半托管服务模式。农户在不流转土地经营权的前提下，只需要将农业生产的某个作业环节委托给合作社管理，合作社按委托作业环节收费，受到了传统小农户的欢迎。2022年，合作社服务小农户5 000余户，服务面积约4万亩次。

三是站点服务模式。合作社成立了乡村服务站，为农户提供农资采购、病虫害防治、粮食烘干等关键环节的服务。目前，合作社已经建立了17个乡镇服务队、18个村级服务站，2022年签约托管服务土地面积达到5万余亩。

第二节　畜牧业

案例1. 人生价值有几许[①]
——李福生

一个农民最大的价值是什么？山西省神池县贺职乡农民李福生除了种地、养羊，还懂技术、善经营、会管理，引领村里的农民一起脱贫致富。为己也为人，这就是他的价值。

众所周知，人生的价值包括自我价值和社会价值两部分。自我价值指人通过向社会索取而实现的自我生存；社会价值指人通过向社会奉献而实现的自我发展。索取是人生存的基本前提，奉献是人生存的最高境界。

人生价值=自我价值+社会价值。农民李福生几十年如一日在黄土地上实现了自己的人生价值。

[①] 郑志东. 李福生：风风光光当农民[EB/OL].（2021-09-27）[2024-07-06]. https://baijiahao.baidu.com/s?id=1712040803669727573&wfr=spider&for=pc。

说李福生是个高素质的农民，名不虚传，他在乡村振兴中，确实作出了贡献，他以自己的高素质影响更多的农民提高素质，在当地逐步形成"培育一人、致富一家、带动一片"的地域性农民创业兴业的良好局面，功劳不小。他是神池县秸秆综合利用的先行者，也是神池县农业托管的实践者，还是神池县养殖绒山羊的推广者，他作为中共党员，不忘为人民服务的初心，牢记为劳苦大众谋幸福的使命，自己富带动别人富，值得点赞。

穷人的孩子早当家。李福生生于1975年。于1993年6月神池一中毕业。1993年7月至1998年到铁路工作。1998年8月至今在村务农。学习使人进步，种田养畜皆可开悟。他在神池县职业中学进修取得大专学历后，于2019年10月13日～2020年1月11日在山西省农业大学参加山西省2019年"三区"人才计划项目及乡土人才培训班结业。

知识增加后，他采取通俗易懂地方法为农民讲中央一号文件和中央农村工作会议精神，农民淳朴实在的品质，又使他形成了不但会说，而且会引领村民实干，这些年他办成三件惠民实事，深得人心。

一、秸秆利用的先行者

全身都是宝，秸秆也能利用了。李福生创办的神池县灵荟秸秆综合利用有限公司顺势而生，每年可消化秸秆20万吨，生产加工各类秸秆32毫米×32毫米长方块成型燃料和6～12毫米圆柱形小颗粒燃料50 000吨。可替代26 000多吨标煤的化石能源，年均营业收入500万元。

李福生说，一亩耕地可产生废秸秆350～450千克，目前，废秸秆市场收购价0.2～0.24元/千克，平均秸秆废弃物亩收入70～108元，仅此一项，可为贺职乡岭后村农民户均增收300余元，因效益明显，在其他乡村也产生了示范效应。

农民们说，秸秆既可做饲料，也能做燃料，过去不值多少钱的东西如今在李福生的引导下增值有用了。人们以前用的打包机，秸秆会掺入很多尘土，牲口也不爱吃，李福生用现在的新式打包机，成包后的秸秆明显干净，很受农户欢迎。李福生的合作社自从承接打包业务以来，服务到家，深得村民信赖。在李福生的影响带动下大多数群众转变思想观念，有效地提高了对玉米秸秆和其他农作物秸秆的综合利用。

李福生说，把农作物秸秆高效利用既能推动岭后村的草畜产业提质增效，又能消除农村火灾隐患，还能改善农村环境面貌、发展循环高效农业，促进农民增收。李福生推广秸秆高效利用的经验和做法，进一步调动了群众利用秸秆的积极性和主动性，使秸秆多方面得以高效利用。截至目前，已消化秸秆20万吨，有效地促进了村民增收。

二、农业托管的实践者

每年农田最忙碌的时候，在神池县10个乡镇的广袤土地上，只见农机忙着穿梭，这是实施农业生产托管带来的好处。李福生就是农业生产托管的实践者，更是其中的佼佼者。

李福生说农业生产托管是神池农户等经营主体在不流转土地经营权的条件下，将农业生产中的耕、种、防、收等全部或部分作业环节委托给社会化服务组织完成的农业经营方式。托管后，一方面，可以壮大服务规模，实现土地集中连片经营，节本增效，助力乡村振兴；另一方面，也可以让父老乡亲们放开手脚，寻找更多机会发家致富。

村里一些在外面打工但家里有耕地的人把地全都托管给了李福生的合作社。他们专心外面打工，家里的农活根本不用操心，农业生产托管后，省劲省时还省钱。

近年来，神池县随着农村青壮年进城务工、外出打工，农村劳动力妇幼化、老龄化日益严重的情形，谁来种地？怎样才能种好地已经成为新的难题。为此，神池县立足县情，坚持服务小农户、坚持推进服务来带动规模经营、坚持服务重要农产品、坚持以市场为主导，相继在县里开展了农业生产托管试点，李福生的神池县天雅农机专业合作社，作为农业生产托管服务组织，与神池县农业生产托管服务试点项目领导小组办公室签订了2020年度农业生产托管服务县级示范点项目目标责任书。李福生明确任务后，为神池县东湖乡收获玉米、谷子、高粱、莜麦共8 000亩，并做好打捆，还深松耕地10 000亩，良好的服务赢得了村民好评。实施的面积持续增加。

李福生的合作社有多台农机具，该合作社作为神池县农业生产托管服务组织之一，有着多年农机操作经验，同时，他还吸纳周边有农机具农户带机入股，全程为农民提供优质的农业生产托管服务。合作社充分发挥现代机械化作用，为多个乡村提供了农业生产托管服务。

李福生的实践经验表明，神池县农业生产托管具有广泛的适应性和发展潜力，有利于引领普通农户参与农业现代化进程，有利于促进服务规模经营发展，有利于促进农业节本增效，有利于推进农业绿色生产发展。在他和农友们合作下，继续全力推进农业生产托管，抓好农业生产托管服务平台建设，探索更加科学可行的农业社会化服务模式和运行机制，惠及更多乡民百姓。

三、辽绒山羊的推广者

神池县是个畜牧大县，年养羊量达100余万只，养羊业是当地农民增收的一项主业。李福生的神池县畜聚盆养殖专业合作社推广杜湖羊、辽宁绒山羊，并与当地羊杂交，繁育壮大，增加收入，促进了群众脱贫。

辽宁绒山羊绒肉兼用新品系的种羊具有一年四季长绒、产绒量高、绒纤维长、绒细、净绒率高等特点。种公羊平均产绒量1 728克，平均体重88.22千克；种母羊的平均产绒量958克，平均体重59.35千克，属于"绒肉兼用"型。而普通绒山羊山羊绒生长具有明显季节性规律，每年夏至以后绒纤维开始萌发生长，冬至以后当日照由短变长时，绒纤维生长变慢，至翌年2月基本停止生长，普通绒山羊体格小、产绒量低、产肉性能差。鉴于这种情况，李福生在早些年就引进辽宁绒山羊绒肉兼用型种公羊，杂交改良神池本地绒山羊。当时他从辽宁省辽宁绒山羊原种场和辽宁绒山羊科技示范场各引进绒山羊绒肉兼用型种公羊2只（2个血统）。并进行杂交改良试验：选择神池本地绒山羊成年母羊60只，进行杂交改良试验。李福生详细记录配种日期、产羔日期、羔羊数，称量羔羊初生重、断奶重、6月龄体重、周岁体重和第一、第二次产绒量，测定绒细度、绒长度等绒品质相关指标，同时，设置对照组（畜聚盆养殖专业合作社原有绒山羊品种公母羊交配），并统计分析杂交改良效果。经过实践验证取得成功并开展推广示范。

李福生实施的这个项目引进处于国际领先水平的"绒肉兼用型"辽宁绒山羊新品系，不仅显著提高产绒量，而且还可以提高产肉性能。李福生认为，从微观上可增加每只羊的总利润，增加养殖户的经济效益；从宏观上对于保持羊绒生产势头不减，增加山羊肉生产起到很重要作用，可为神池县羊绒稳定生产贡献一份力量。另外，舍饲或半舍饲高产绒山羊可以充分利用牧草或者农作物副产品，缓解农作物副产品带来的不良环境效益，较好地保护了生态环境。

李福生在实践成功的基础上，2020年又从辽宁绒山羊原种场引进辽宁绒肉兼用型绒山羊新品系，经检验检疫隔离饲养后，调整种公羊营养配种准备期。选择健康的经产母羊80只进行同期发情，其中，60只用绒肉兼用型辽宁绒山羊的配种，作为试验组；另外20只用本地绒山羊种公羊进行配种，作为对照组。他科学记录，认真统计，客观分析，认为杂交改良效果十分明显。事实胜于雄辩，项目实施后，杂种改良羊平均产绒量增加20%、周岁公、母羊平均体重增加15%～20%。每只杂种改良羊增加经济收入40～60元。李福生据此拿定主意，和志同道合的几个农友们把本地绒山羊母羊群体扩大到200只，经济效益十分可观。李福生养殖的成功也带动了本乡周村的农民兴起养辽绒山羊热，走上了一条致富路。

有人戏言，程咬金三斧定瓦岗。李福生的三件事也同样做在了农民的心坎上。农民们喜欢这样的共产党员，因为他实实在在为农民们做了好事情。

案例2. 吃亏是福——"牛"进新时代[①]
——陈刚

陈刚说，"我文化程度不高，但是，我总觉得赚钱是第二位的。首先要喂好自己的牛，做好自己的事，做到问心无愧。加上还能切实地帮助农户解决困难，也就更加有成就感了。""我在养殖业干了十多年了，在这个过程中，遇到困难解决困难，不断学习。回头去看走过的路，机遇与挑战并存，但最关键的还是要有一颗质朴踏实的心和不断钻研学习的精神。"

一、朋友交谈 初试羊场

陈刚在天津打工的时候，一个偶然的机会，从朋友谈话中了解到许多外地人在他的家乡租用大棚养羊。他家的院子里也养了些牛羊。陈刚心想，"别人租房子也要到我们这里来搞养殖，我们本身就生活在这里，应该更有优势。"于是，陈刚返乡成立了公司，开始养羊。产业起步阶段，基于羊价不断上涨的趋势，收益较好。

2014年，羊群收益下降，他开始了肉牛养殖，成立了巴彦淖尔市团众农牧业开发有限责任公司。公司逐渐配备了多种现代化机械设备，现在存栏肉牛600头、母驴40头。在经营过程中最关键的问题是资金筹集。钱从哪里来？陈刚觉得最主要是要把自己的经营业务搞上去，产品销量搞好，这才是资金筹集的重要来源。此外，新冠疫情暴发后出现了运输的障碍、原材料供应不

[①] 头雁故事——陈刚：吃亏是福"牛"进新时代[EB/OL].（2023-07-04）[2024-07-06]. http://www.moa.gov.cn/ztzl/xccyzxdtrtyxm/tyfc/202307/t20230704_6431521.htm.

及时，同时，市场价格的回落等因素也对销售经营产生了较大影响。尽管目前的牛肉价格比较于之前还存在较大差异，但他相信市场终会回暖，前提是要脚踏实地干好现在的工作。

二、随叫随到 贫困户的技术保障

2015年，产业扶贫要求给贫困户提供羊群、牛群的资助，陈刚主动提出支持并坚持至今。除了以低价提供牛羊，他还会以高于市场价格回收牛犊，并且给予贫困户一定的奖金。此外，他还给羊群买保险，即使贫困户的羊群意外死亡，他仍然会用保险赔款购置新羊群。如果有人告诉他牛生病了或出现产犊较难的问题，他也会毫不犹豫地及时给他们更换牛犊。只要贫困户打电话过来说自己存在技术方面的问题，不管多远，他都会自己过去或者派技术人员过去。时间长了，大家也都越来越信任他。由此他逐步带动农牧民致富，他的公司也被评为自治区级扶贫龙头企业。"踏踏实实做事"这也是陈刚多年致力于扶贫工作的信念支持。有时候他觉得"吃亏不见得是一件坏事"，正是因为这种憨厚诚实的性格，陈刚也结识了许多好友，而且他们也给陈刚提供了很多帮助。

三、踏实做事 深耕拓展

在这个领域做久了，陈刚觉得肉牛发展前景十分广阔。基于牛肉高蛋白、低脂肪的特点，受到许多追求健康人士的喜爱。目前，陈刚公司已经在成本节约方面做了一些尝试，经过新冠疫情草料购置较难的挑战，陈刚考虑到自己着手种植饲草并且目前已取得了较大成果。陈刚将来会继续拓展销售渠道，寻找新的客户，将会考虑屠宰场的租赁和开展肉牛屠宰工作。不仅如此，在养殖过程中陈刚一直在钻研和学习，从最开始自己养牛，熟悉养殖的基本环节，他还会经常走出去学习别人的优点，也一直在琢磨怎么才能做得更好。通过学习了解到自己以前集中繁育存在的问题，形成了养殖理念就是"分散繁殖，集中育肥"。同时，他会继续坚持与农户的合作，争取帮助农户更好更高效地养殖肉牛，激发大家的养殖热情，切实帮助大家提升生活的幸福感。

参加"头雁"项目培育，陈刚得到了许多养殖方面的启示。他会不断完善自己的养殖方案，并且把学到的畜牧养殖知识和现代化技术分享给当地农户，带着农户共同致富，让大家更好更便利地享受到现代化技术、不断完善畜牧畜养知识，养殖更好、质量更高的内蒙肉牛。

案例3. 把"报告"倾情写在黄土地上[①]
——张凌云

"85后"张凌云好不容易考上大学，摆脱了世代务农的命运，然而，大学毕业后，她的决定却让很多人大跌眼镜。她没有选择留城，而是直奔农村老家养猪，成了一名妥妥的"猪倌"。而今，"猪倌"成长为村党支部书记、宝鸡神农农业科技有限公司法人代表兼公司党支部书记，更成了大学生回乡创业的标杆，多次受到国家及省市表彰奖励，荣获"全国三八红旗手""全国十佳农民""全国农村创业创新典型带头人""陕西省女大学生创业明星"等称号，2022年还当选为党的二十大代表。

一、大学生变"猪倌"

张凌云，1987年出生于陕西省宝鸡市凤翔区槐北村一个地道的农民家庭。她从小喜欢读书，家里的3个孩子中数她最有主见，干什么事情都有一股倔劲儿，非要干得漂漂亮亮。养猪是张凌云老家的主业，她是家里的老大，从小就知道父母养猪又脏又累，初中毕业时，她有过读技校、早点赚钱养家的念头。但张凌云父母的目标是让孩子们都考上大学。家里的生活条件虽苦，父母却还是咬着牙供3个孩子念书。2007年，张凌云考上大学。这一年，村子里考上本科的只有3个人，而她是唯一的女生。这让张凌云的父母感觉无比骄傲。2008年暑假，家里发生了一件大事。张凌云说："那一年，我放暑假回老家，碰上仔猪发生疫情，800头小猪全部被捕杀。这对以养猪为生的张凌云一家来说，如同灭顶之灾。生活骤然拮据，姐弟3人的学费都无着落。张凌云记得："大二开学那天，我和妈妈在厨房做饭，透过窗户，我看见爸爸从养猪厂回来，眉头紧锁。当他掀开门帘看到我们的时候，紧锁的眉头立马打开，微笑着面对我们。"这个不太自然的微笑深深地刻进了张凌云的心里。从那时起，她便下定决心，毕业必须回老家，替父亲撑起这个家，让弟弟妹妹顺利完成学业，让一家人都过上好日子。2011年，24岁的张凌云大学

[①] 阿春. 党的二十大代表张凌云:把"报告"倾情写在黄土地上[J]. 伴侣. 2022（11）：14-16。

毕业。她为自己定下"4年之约",先回家养猪减轻家庭负担,等供完弟弟妹妹读书,再去西安找一份体面的工作。然而,她的父母一心希望她在城里找一份稳定轻松的工作,村民们对她的决定也议论纷纷,"大学白念了、父母白供了""女娃娃可咋寻对象呀"……为此,张凌云的父亲一个月都没有跟她说话。大学生变"猪倌",张凌云一开始也深感自卑,整整两年都不敢跟大学同学联系,甚至连去养猪场都只敢走小路,生怕碰到熟人。整个村子,没有一个人理解支持她,包括她的弟弟妹妹。她无处诉说,无人交流,把全部心思都放在养猪上,用行动默默践行着心中的"4年之约"。

二、循环养殖新农业

随着国家对农产品质量安全监控的加强,养猪户的免疫信息必须要以电子档案形式上网备案。对电脑一窍不通的乡亲们顿时不知道该怎么办了。于是,他们想到了回村的大学生张凌云,纷纷前来求助她。全村上百户的养猪农户防疫档案录入工作,全部落到了张凌云的头上,她每天都忙到凌晨,没有分文报酬,但她却一扫之前的阴霾,真切体验到了被需要的快乐。找回自信的张凌云,开启了养猪事业的创新之路。张凌云的老家槐北村是个养猪大村,全村养殖户最多时有200余户,年出栏生猪3万头,虽世代养猪,却一直缺少技术,仔猪全部要去外地购买,防疫、运输风险很大。张凌云说:"我当时就想,能不能想想办法,为村里的生猪养殖做点实实在在的事呢?"她从一开始就谋划,要把养猪和自己所学的经济学专业联系起来,得干出点样子给大家看看,想办法让乡亲们规避风险挣上钱。说干就干。张凌云自主创业的第一步是自筹资金,在村里建起仔猪繁育场。正当她决心"撸起袖子加油干"时,繁育场却迎来了一场危机,猪场新引进的母猪生完仔猪后奶水不足,仔猪饿得嗷嗷叫。看着一只只仔猪死亡,她心如刀割。为减少损失,她急得买来奶粉一只一只喂,整天待在"产房"里,把仔猪当宝贝似的抱在怀里。同时,因猪舍消杀不彻底不规范,仔猪成活率也不高。为尽快掌握要领,张凌云穿着工作服整天待在猪圈里观察。这次"变故"让她损失20多万元,张凌云痛定思痛,决定依靠科学养殖解决问题。她高薪聘请了兽医专家等专业技术人员,组建了一支专业的养殖团队。此后,村民们经常看到一个拿着本子和笔的年轻女孩,在猪圈里向兽医和技术员请教养殖知识。一有空闲,张凌云就捧着养殖书籍,精心钻研养殖技术。功夫不负有心人,从2011~2013年的2年时间,张凌云的养殖场生猪的养殖量,从几百头扩大到了

1万头。自己富不是真的富,如何带动乡亲们一起致富,是张凌云一直思考的问题。为帮助村里的养殖户节约成本,更加科学地养殖,张凌云牵头成立了"宝鸡神农养殖专业合作社"。由农户在家养殖,合作社给养殖户提供产前"供仔"、产中"供粮"、产后"包销"的一条龙服务,为养殖户带来了实实在在的利益。在张凌云的带领下,槐北村的养殖规模越来越大。然而,养殖业带来的环保问题又给了张凌云重重一击。村里养的猪越来越多,猪的粪便等污染物堆得跟小山一样,蚊蝇飞舞,到处都是臭烘烘的,槐北村成了人人吐槽的"臭村"。宁可生意亏本,不能让生态欠账。为尽早摆脱"臭村"的称号,张凌云先人一步关注起了"循环农业"并大胆行动。

三、打造"猪小北"品牌

在多次外出考察学习之后,她说:"猪粪用好了能产生大效益,我要让猪粪成为'金蛋蛋'。"她决定带头改造自家养殖场,自2015年起,她先后投资1 000万元,引进大型粪污处理设备,建成年产1万吨的有机肥料加工中心和700立方米的大型沼气池,并配套建设280亩蔬菜基地。她把养殖场作为"能源中心",免费为村民们安装输气管道、沼气灶头和卡表,让村民们用上沼气清洁能源;她用沼液浇灌蔬菜,培育出的蔬菜获得农业部门颁发的无公害蔬菜认证,实现了订单销售。"以废产气、以气补能,以废产饲、以饲供养,以废产肥、以肥促种"的能源良性循环养殖模式,不仅减轻了生猪养殖业给当地环境带来的压力,还带动了全村80余名村民就业。2017年,张凌云的养猪场被有关部门评为标准化养殖示范场。如今,张凌云公司一年的产值已超4 000万元,她的养猪场有床、有地暖、有母猪产房、有仔猪保育箱,还有现代化的科学管理方式和技术手段,她的事业已全面升级成了循环养殖新农业。

张凌云创业成功的同时,也时刻关心着村民们的疾苦。为响应国家"精准扶贫"的政策,她拿出10余万元帮扶当地贫困户及残疾户,免费为他们发放疫苗、饲料、有机肥等。逢年过节,她还开放蔬菜大棚,免费为当地百余户贫困户发放蔬菜。张凌云的努力和付出得到了村民们的认可,2021年1月,她被推选为槐北村党支部书记。新的身份让她越发觉得肩上的担子更重了。她不断寻求学习机会,在政府有关部门的组织下,她参加了县农广校的职业农民培训班,并多次赴省外参观学习。她甚至走出国门,远赴美国交流学习农业生产和发展经验。凭借学到的知识,她每年都在村里组织生猪养殖技术、蔬菜种植技术等培训活动,受益村民达千余人。如今的槐北村,三季有花、四季有景，一幅产业兴旺、生态宜居的美丽画卷正徐徐铺展。根据张凌云的设想，槐北村还要精心打造10条精品观光路线，发展乡村旅游，建一个现代化的农产品销售中心，线上线下为游客提供优质农产品。"墙上这头可爱的小猪叫'猪小北'，是村里的吉祥物。未来，我们要把'猪小北'打造成槐北村农特产品的统一品牌。"漫步在宽阔整洁的村道上，望着墙上憨态可掬的彩绘"猪小北"，张凌云说："我理解的乡村振兴，就是要让农村产业强、农民富、村子美，就是要坚定不移走生态绿色循环可持续发展道路，让每个来槐北村的游客，都能感受到美丽乡村的独特韵味。"扎根农村11年，张凌云从一位懵懂女孩蜕变为乡村振兴青年领路人，从一个农业"门外汉"成长为高级职业农民，并荣获"全国三八红旗手""全国十佳农民""全国农村创业创新典型带头人""陕西省女大学生创业明星"等多项称号。面对各级给予的表彰，张凌云动情地说："这是个非常好的时代，做同样的事情，我却收获了父辈没有获得的荣誉，这是对我的肯定与认可。"除了发展产业，张凌云还特别关注社情民意渠道是否畅通。村里设立了人大代表调解室，专门解决群众的急难愁盼问题。槐北村村委会的公告栏里，一条条"我为群众办实事"的承诺也正在变为现实。党的二十大代表张凌云说："我很幸运，赶上了好时代，更应努力和珍惜，更好地为群众服务。"谈及未来，张凌云信心满满，她将继续同农业战线上的青年伙伴一起，助力乡村振兴，让农村变得更美、农业变得更强、农民变得更富。

第三节　农业机械

案例1. 巾帼新农人诚信经营 投身公益回报社会[①]
——肖倩

道德的阳光，温暖人间；文明的雨露，滋润社会。为大力弘扬和培育社

---

① 肖倩：巾帼新农人诚信经营投身公益回报社会[EB/OL].（2022-05-05）[2024-07-06]. http://www.bbra.cn/355198.aspx.

会主义核心价值观，用身边典型人物引领社会风尚，营造"学习好人、崇尚好人、争做好人"良好氛围，我们为您讲述"身边好人"事迹：2022年第一季度"宝鸡好人"肖倩。

肖倩，女，回族，1988年7月生，中共党员，岐山县现代农业科技推广协会党支部书记，共青团岐山县委兼职副书记，陕西永红猕猴桃专业合作社总经理，陕西奇果电子商务有限公司总经理。肖倩时刻严格要求自己，积极主动履行社会责任，诚信守法，自觉维护市场经济秩序，热心参与慈善捐助、结对帮困等社会公益事业。她先后获得全国创新创业优秀带头人、全国巾帼新农人、第六届创青春全国创新创业大赛最具品牌影响力奖、陕西省农业科技创新创业大赛二等奖、陕西省脱贫攻坚贡献奖、陕西省好青年，宝鸡市农村青年致富带头人、十佳青年创新创业职业农民、十大农民女状元、十大科技创新能手、青年电商致富带头人等荣誉。

肖倩是一个地道的农家子弟，从小便体会到了农民终日劳作的艰辛和不易。2012年大学毕业后应聘到宝鸡市邮政局，工作稳定安逸，是很多女孩子梦寐以求的职业。2014年的一天，在父亲的叹息声中她得知家乡的猕猴桃产业由于种种原因，卖不到好的价格而导致产业发展受阻，她内心萌生了回乡创业的念头，她总觉得那片生养她的土地对她有着致命的吸引力。就这样，她毅然辞职，回乡创业。

公司成立以来，肖倩就制定了完整的产品质量标准体系，大力开展规模建园，积极推广有机、绿色猕猴桃栽培技术，推行物理防治、生物防治，建成了高品质示范园区。肖倩常说，农产品质量安全的责任重于泰山，作为产品溯源的最前端，她们有责任、有义务做农产品的守护者，做让消费者放心满意的生产者。几年来，她坚持诚信经营，宁肯自己多付出，也不让客户受损失，只要对客户承诺过的，即使自己吃亏，也决不食言，以自己诚实的品德受到同行业的高度评价，企业不断发展壮大。她带领团队先后打造了6 400亩猕猴桃标准化示范基地、8 000吨气调冷库、电子商务服务中心、果农培训中心、电商包装车间等综合性全产业链的猕猴桃示范基地，企业的猕猴桃及猕猴桃系列产品先后获得"国家扶贫农产品"、"陕西猕猴桃优秀品牌"、陕西猕猴桃"金奖"等荣誉。

"一枝独秀不是春，百花齐放春满园。"在企业做大之后，她没有忘记回馈社会，带领合作社和公司主动发挥"主人翁"精神，坚持以"合作社+公司+产业+农户"的精准扶贫模式，托管了本县200名无劳动能力的贫困户，每人年终分红1 000元；举办种植技术、电子商务等免费培训40余场次，培训果农5 000余人。栽培了13个新品种，推广了11项新技术。2021年培育农产品电商销售能手300人以上，孵化农民专业合作社2家，家庭农场2个，种养殖大户30家，电子商务经营网店285家。疫情防控期间，她带领团队累计捐款捐物31.5万元。

案例2. 做新时代农业接班人[①]
——杨玉龙

杨玉龙，男，汉族，1989年2月生，高素质职业农民，汉中市汉台区玉龙农机服务专业合作社理事长。2020年参加陕西省植保无人机大赛获得"优秀选手"，2022年被选为汉中市汉台区科技特派员，2022年经汉中市汉台区农技中心推荐成为汉中市汉台区特聘农技员。

一、心系家乡，自主创业

2012年杨玉龙回到家乡汉中武乡镇王家岭村，发现村里青壮年都出门务工了，导致很多土地没有人种，田荒着，野草都比人高。看着觉得可惜，就萌发了种地的念头，经过几年的辛苦耕作和行动，规模已经从几亩发展到上百亩，为此，他决定用机械化种田来提高劳动效率，减轻劳动强度，增加收入。在2014年底，他牵头成立了汉中市汉台区玉龙农机服务专业合作社，机械化让种地变得更轻松！

二、扎实工作，做新时代农业接班人

合作社成立之初，杨玉龙做一些代耕的活儿，一年忙不了多少时间，也根本留不住自己和工人！因为育秧和插秧农时紧，雇人难、工价高，就想机械化育秧插秧，经人介绍，杨玉龙参加了汉台区农广校的职业农民培训，通过学习和老师的指导掌握了育秧和机插秧关键技术，及时总结形成自己的经

[①] 做新时代农业的接班人——记汉台区高素质农民杨玉龙[EB/OL].（2023-05-08）[2024-07-06]. https://mp.weixin.qq.com/s?__biz=MzI3MjE0OTkyNQ==&mid=2650493646&idx=1&sn=c7a353cd0e30100f44fda25c2be6aa6c&chksm=f3390e04c44e8712411c7aa963c8a3fc3b53c9170be4a4fbee5e16600291d08beb5df8628288&scene=27。

验并向周边村民推广技术！

2018年，杨玉龙在参加全国农机展销会时又关注了农业植保无人机，觉得这个技术真好，不但效率高，效果好，而且还安全，打药时人员不用下田，减少了与农药接触，于是暗下决心，要学习这门技术。在2019年底，他了解到植保无人机的技术已经成熟，并且除了打药，还能施肥播种，技术不断更新，飞行也越来越安全，于是在2020年初购买了植保无人机，又给合作社增添一项技术和设备！

玉龙合作社发展至今主要从事水稻全程机械化生产、土地托管等服务。现有拖拉机、插秧机、收割机、植保无人飞机等水稻全程耕种机械20余套。且合作社在现流转土地450亩的基础上可实现水稻生产全程托管1 000余亩，环节托管3 000余亩的社会化服务。目前，以汉台区为主，辐射至城固、南郑、西乡、勉县等区县。

三、以市场需求为导向，服务现代农业

根据需求，灵活开展生产托管服务。开展生产托管服务前，合作社将集中连片的地块作为托管示范田，通过农户观摩会，让农户在田边真切地感受托管的好处，也利于农业生产技术的提升。在托管面积初步扩大后，合作社通过集中采购农资、推广标准化生产、机械化作业和统一销售，在提高农产品质量的同时大幅降低生产成本，在粮食收获后，可以直接送到粮库进行集中卖粮，并实行优质优价，比市场价高出20%左右。通过托管地块与农民自种地块对比算账，吸引更多农民接受托管服务。一年托管费用亩均1 200元，农民自种成本1 500元，仅成本每亩省下来300元。2020年以来，合作社在条件允许的情况下每年增加一些托管面积，保证生产托管的质量，也能实现生产托管的良性循环。

标准化生产提质增效。近年来，合作社充分发挥自身优势，根据农户需求，提供个性化订单服务。通过统一耕种、统一机播机插、统一植保、统一机收机烘，保证了托管地块的高产高效。

开展技术技能培训。以不定期出外学习、邀请农业专家和生产厂家开展技术培训示范等方式，举办新品种、新技术、新机具等各类专题培训、现场演示等手段增强了农机手、种植户、管理人员的业务能力，有效提升了服务水平。

通过集中农资采购、标准化生产、机械化作业等，有效降低了农业物化

成本和用工成本，提高了产品的品质和产量。以2022年水稻生产为例，物化成本降低8%，用工成本降低23%，产量提高9%，平均每亩节本增效260元，在节约成本的同时实现提质增收，提高了农户经济效益，推动了农业绿色生产和可持续发展。

四、以农业智能化、产业化，实现绿色和可持续目的

从2014年底成立之初到现在，合作社从开始的2台手扶拖拉机代耕到现在粮油产业的全程机械化种植，做到了成立之初所想的，接下来的目标是农业生产经营管理智能化和产业化。

智能化是将服务的标准、质量、效率由差不多改变到数字化，全程有记录，有具体的参数，将农业变得更直观！产业化主要为带动更多的人来参与农业，为更多的人提供更多的思路及出路，从而实现把自己的饭碗牢牢端在自己手上！

五、不断学习，以更精湛的技术服务于农业

2022年杨玉龙再次报名参加高素质职业农民培训班的培训，看到了国家对于农业的期望，也让他更坚定地服务于农业。通过学习，了解新政策，掌握新技术，取长补短，提升服务的质效，促进合作社整体发展迈向新的台阶。

案例3. 操作新农具的生力军[①]
——大学生返乡成新型高素质职业农民

植保无人机、北斗导航、免耕播种机、智慧农业物联网……。随着农业现代化的深入推进，各式各样的新农具成为农业生产的"新式武器"。操作这些新农具的生力军正是新一代的年轻大学生。

曾经，离开面朝黄土背朝天的农村生活是很多农村大学生的梦想。如今，看准农业生产向规模化、机械化、科技化、现代化转变的机会，一些大

[①] 操作这些新农具的生力军，正是新一代年轻大学生[EB/OL].（2023-05-08）[2024-07-06]. https://mp.weixin.qq.com/s?__biz=MzA3NzMyMjUxMw==&mid=2652946368&idx=1&sn=7f34918b1152d4ffece2d1dbb37d061b&chksm=146fb70a4fb9b165f83154d3669c4bab8647a91d184321a375034b4d7ad9fcdfd031c2c672c4&scene=27.

学生毕业后,选择走进田间地头,把青春播撒在希望的田野上,成为新型职业农民,让"谁来种地、怎么种地"的时代课题有了新答案。

大学生"新农人",依靠科技智慧和科学知识逐梦乡村,为农业现代化注入新活力,给乡村振兴带来新希望。

一、换装备,让种地更轻松

春风吹过黑土地。走进辽宁省沈阳市法库县,一场农机培训会在田间地头热闹开场。"驾驶轮式拖拉机转弯时一定要减速、鸣号、靠右行。"梁日鹏站在人群中间,讲解拖拉机的操作规范,一旁是各式新农机:免耕播种机、秸秆打包机、植保无人机……

29岁的梁日鹏,是沈阳农业大学2016届农业机械化专业的毕业生,上学期间他曾走访、调研全国近100个农业合作社。带着这些经验,毕业后他来到法库县创办了万盈农业科技服务公司,成为当地3万亩地的"贴心农管家"。

"这几年,我们将农田管理接入了物联网系统,一台手机就能管数万亩农田。"梁日鹏说。他参与开发的"万盈管理系统",利用GPS对农户的承包地进行查田勘界、实地测绘。每一块托管的土地都有一个二维码,客户可随时用微信扫描了解服务的进程及详情。

大数据、物联网、云计算等新技术,不断赋能现代农业。如今,在一批"新农人"的操控下,手机远程管理农田,种地尽显科技范儿。

"以前种地靠人拉肩扛,种十来亩地就累死累活的。用手机种地,用无人机喷洒农药,我们老一辈种地人根本操作不来,以后种地就得靠有文化的年轻人。"站在麦田旁,河南省驻马店市西平县45岁的农民刘迎举感叹道。

在有"中原粮仓"美誉的驻马店市西平县,1.2万亩老王坡高标准农田由河南水投柏农产业发展有限公司统一流转、投资和运营。毕业于郑州大学的"80后"刘亚辉,带着2名"90后"大学生台晓林、王仲琦,还有1名"00后"大学生王英凡,"耕种"着这超万亩良田。

一条条笔直的麦垄,暗含新科技。"每条麦垄之所以笔直如线,是因为使用了搭载北斗导航系统的播种机,提前规划好线路,全程自动化播种。"王仲琦说。

如今,这超万亩良田里,物联网控制着250多个自动化喷灌设备和墒情、虫情等智能终端,浇地、施肥手机一键启动,时常引来周边农民的参观。

"科技的力量到田间,种地变得有点'高大上'了。"刘亚辉笑道。

西北农林科技大学教授王征兵说，农业现代化关键是种地人的现代化。由大学生变身的"新农人"，年轻有活力，文化水平高，学习能力强，接受新技术快，正让农业生产从"靠人力"向"靠算力"转变，从"体力活"向"技术活"转变，新型职业农民正成为建设农业强国的新生力量。

二、回农村，奋力干一番大事业

2019年前，听说齐叶叶要放弃大城市的工作回乡务农，她的丈夫很是不解。齐叶叶给出了她的理由：离家近一点，现在农村有很好的发展机遇。

32岁的齐叶叶毕业于西安石油大学物流专业，曾在沿海地区工作多年，担任一家物流公司区域副总经理，2018年选择返乡务农。

如今，齐叶叶和同是大学毕业的弟弟齐昆，在陕西省宝鸡市陈仓区慕仪镇齐西村耕种着800多亩农田，并为周边3万多亩农田提供托管服务。

2019年以来，齐昆花费15万元陆续购入3台植保无人机，自学成为操作植保无人机的行家里手。2021年，齐昆获得第四届中国农机手大赛植保分赛陕西赛区冠军。当年，他和姐姐同时获得由陕西省农业农村厅颁发的新型高级职业农民证书。

"现在国家对种粮大户的扶持力度很大。2023年2月，我受邀参加陕西省乡村产业振兴带头人的一个项目培训班，前往浙江大学学习了15天，收获很大。我觉得把农业当成一份事业，一定能干出一番成绩。"齐昆说。

在农村务农的齐昆常常"灰头土脸"，晒得黝黑，但几年坚持下来，他已经习惯了和泥土打交道的生活。

常年活跃在农田耕作一线的姐弟俩，是大学生投身我国农业现代化进程的一个缩影。

在我国东北大堡子村，大学生农民郭佳明种碱地西红柿的故事，人人称道。

郭佳明的家乡位于辽宁省盘锦市大洼区，盐碱地居多，是水稻的主产区，特色经济作物种植偏少。2016年，沈阳农业大学毕业的郭佳明选择回乡创业。但刚开始支持者并不多，人人都劝他："这盐碱地里种不出黄金，不如安安稳稳种水稻。"郭佳明不服气。他与辽宁省盐碱地利用研究所合作，每天凌晨就起来去地里干活，研究种植技术。"种植、采摘、跑市场都是自己干。那阵子是最累的。"郭佳明说。

大棚里的日夜劳作，让郭佳明成了村里的"科学种地专家"。他不仅对作物生长的每个阶段变化了然于胸，还研究出碱地西红柿起垄装置等多种实用技术。

这几年，在当地政府部门的扶持下，郭佳明成立了蔬菜种植专业合作社、农业技术培训学校，辐射带动周围农民共同致富。

如今，碱地西红柿成了大堡子村的富民产业。全村共有300余个大棚，近800名村民种植碱地西红柿，村民纷纷说"大学生就是不一样"。

"实践证明，大学生在农村是可以有一番作为的。"郭佳明说。

三、好政策，让"新农人"留得下、能创业

沿着麦垄，刘记森小心翼翼蹲下身，拔出一株麦苗，抖落土，放在手心。"你瞧，2023年的麦苗长势好得很！""90后"新农人刘记森戴着一副眼镜，年轻帅气，谈起种粮头头是道。

2014年，从河南农业职业学院毕业后，刘记森回到河南省小麦产量第一大市周口市商水县魏集镇，与父亲一起经营种植专业合作社。年轻的他，对农业有新的理解，那就是让同样的地长出更多的粮食，提升土地产出率。

"我们所在的高标准农田，有物联网控制中心、气象观测站、各式节水灌溉设备……"刘记森边说边用手机向记者演示，"如今靠着科技种田，管理精细了，出力变少了，产出却多了，平均每亩地比传统种植增产100多斤。"

农业强国，关键在人。像刘记森一样的新型职业农民正快速成长，成为推进粮食高产稳产的重要力量。

近些年来，随着城镇化的加快，一些农民外出务工导致土地撂荒，农业后继乏人问题明显，"谁来种地、如何种地"成为新课题，如何端牢"中国饭碗"面临新挑战。

为此，国家着眼于农业农村实际，引导土地经营权有序流转，发展农业适度规模经营，着力依靠科技和改革双轮驱动加快建设农业强国。

2022年底召开的中央农村工作会议提出，要引进一批人才，有序引导大学毕业生到乡、能人回乡、农民工返乡、企业家入乡，帮助他们解决后顾之忧，让其留得下、能创业。2023年的中央一号文件明确提出，深入开展新型农业经营主体提升行动，支持家庭农场组建农民合作社、合作社根据发展需要办企业，带动小农户合作经营、共同增收。

得益于国家的好政策，刘记森的合作社流转土地的规模不断扩大。2017年，刘记森创新探索"村委+农户+合作社"的全新托管服务模式，增加了农

民收入，也增加了村集体经济收入。

刘记森介绍，合作社成员已经从原来的28户发展到300多户，土地流转面积由初期233亩发展到6 000多亩，托管土地达到3万多亩。

"下一步打算怎么做？"记者问他。刘记森说："发展智慧农业，试种新品种，引进新技术，用更少的人种更多的地，为粮食高产稳产作出自己的贡献！"

第四节　农业工程

案例1. 宝丰米醋领航人[①]
——娄洪滨

河南应河醋业有限公司董事长娄洪滨的先进事迹入选河南省高素质农民百名典型教材。

说起"宝丰三宝"，大家就会提到的宝丰米醋领航人——娄洪滨，在短短的几年里，把一个默默无闻的小醋厂一跃发展成为一家集生产销售、科技开发、教育研学、旅游观光为一体的综合性国家高新技术企业，年产食醋3 000吨，河南省最大的小米醋生产基地和宝丰县重要的支柱产业。

公司在传承宝丰2000多年小米醋传统工艺基础上，走科技创新发展之路，与国内著名高校组成研发中心，不断品牌创新；先后取得科技成果专利25个；从最初单品发展到现在的调味醋、礼品醋、口服液醋三大类20多个品种系列。产品先后荣获宝丰县优质特色农产品；平顶山鹰城礼物；第二十二届中国农产品加工贸易洽谈会"优质产品"奖，国家绿展中心"绿色食品A级产品"；河南省农业农村厅"河南省农业知名品牌特色农产品品牌"、第22届河南（郑州）国际农业博览会金奖。"小米醋"和"汝瓷""宝丰酒"被并称为"宝丰三宝"，受到了社会各界和各级政府的赞誉。公司先后获得

---

① "归根"鹰才鹰商寻访大行动——娄洪滨：建起醋厂耐住寂寞产好醋[EB/OL].（2022-04-15）[2024-07-06]. https://www.pdsxww.com.cn/2022/04/15/99528630.html。

国家高新技术企业、3A级景区；河南省星创天地、省科普基地、河南省老字号；平顶山市小米调味醋工程技术研究中心、农业产业化市级重点龙头企业；宝丰县"优秀民营企业"、高质量发展企业。

为了带动更多群众致富，董事长娄洪滨积极投身到乡村振兴工作中去，依托自身优势和政府支持，率先倡议和参与宝丰便民服务中心的建设，全面带动乡村振兴事业发展。目前已有肖旗乡、前营乡、大营镇等乡镇等20个村便民服务中心店面建成投入运营，每年可为村集体增收72万元。已招聘快递配送55人，运营人员30人，销售总额达1 600余万元，人均年收入可增加2万元以上。有力拓宽农户增收渠道，巩固拓展脱贫攻坚成果，取得了良好的社会效益和经济效益，娄洪滨同志被誉为宝丰最美乡村带头人。

案例2. 奔跑，永不停歇！①
——李启强

四川蓬溪鑫农人种植专业合作社的李启强，他年少离家外出务工，曾暗自发誓，今后一定要回来改变家乡的面貌。多年以来，他从未忘记自己的诺言。为实现梦想，李启强从职业学校毕业后到重庆上班，又在深圳一个几千人的工厂从一线员工干到培训讲师，再到新疆的一个工地上从学徒工干到小包工头……近20年的打工生涯，他一直在努力奔跑中，因为心中有梦，干什么事情都很有激情，也很上进。梦想给他带来了向前走的力量，在平时工作中，他也在积极地储备一些知识和资源，为以后创业做准备。

因为怀揣创业梦想，所以不管是在生活中还是工作中，李启强一直都在留意身边成功的创业案例和项目。2019年春节期间，在同学的引荐下，他接手了一个当地50年历史的老酒厂。之前一直说想回家创业，家人都不理解、不支持，都说外面赚钱更简单、更轻松，干嘛回来瞎折腾。但为了他的农业梦，他决定以酒为媒去推动他的农业梦想。就这样，李启强于2019年正式与酒结缘，开启了他人生中的第一次创业之路。

万事开头难。开始接手时，他经历了各种困难，比如老工人不服从安排、忽悠他，技术不成熟、成本上升、工艺产能跟不上、销售市场打不

---

① 中农大头雁故事——李启强：奔跑，永不停歇！[EB/OL].（2022-12-27）[2024-07-06]. http://www.moa.gov.cn/ztzl/xccyzxdtrtyxm/tyfc/202212/t20221227_6417760.htm.

开……，还有妻子的埋怨，家人的不理解，甚至朋友都劝他放弃……，他自己心里都有些动摇了，怀疑自己是不是酿酒这块料，当时差点就放弃了。可一想到投了这么多心血，就这样认输，实在不甘心。他在脑子里仔细梳理了酿酒的每一个过程与细节，找出并解决一个个生产环节存在的问题，经历几个月的艰苦努力，终于慢慢走上正轨。

由于这是一个老酒厂，很多工艺设备都很落后，为了追求最佳生产方式和提高工艺，他不断地投入新设备，学习不同的酿酒工艺，遍访酿酒前辈。2020年，在一个酿酒同行资深前辈的指点下，他对生产工艺做了调整，更新了一部分设备，新设备和新工艺使产品质量得到明显提升，并在2020年的广西民间品酒会上得到酿酒前辈的肯定，也得到了广大消费者的喜爱和认可。

初心不改，矢志前行。如果说开办酒厂的初衷是以酒为媒去实现李启强的农业梦想，那么下定决心组建自己的粮食基地则回到他的创业初心。前期，他把种子发给了两个村的农户，种植后包回收，现在通过流转，代耕代种近千亩土地，粮食基地已成型。不久，综合农事服务中心开始运作，从种到收为更多老百姓服务。虽然他出身民间草根，但他从没忘记自己的初心，通过创业回报家乡，争取用3年时间把全镇撂荒地全部种起来，带动更多人创收致富，大家好才是真的好。

2022年4月，李启强入选四川省乡村产业振兴带头人头雁培育计划。在受宠若惊之余，他感到"头雁"二字的分量，"头雁"既是荣耀，也是责任，更是使命和担当。"头雁"对他们的要求便是像领飞的大雁一样要有担当的勇气和智慧，克服一切困难和阻力，划破长空，形成"头雁先飞，群雁齐追"的生动局面，早日实现乡村全面振兴。

"春风至，雁归来"。2022年11月21日，四川省乡村产业振兴头雁计划中国农大头雁班正式开班，记得开班仪式那天李启强还是在拖拉机上，很有意义。俗话说"刀不磨要生锈，人不学要落后"，李启强本着虚心学习的态度来到培训班，希望学以致用。十几天的线上学习，他认真聆听了中国农业大学的专家教授们讲授的农业政策理论、法律法规、产业技术、金融知识、新媒体营销、农村电商、农文旅融合发展等方面的知识。在这里他还认识了很多四川农业战线的前辈和优秀新农人，大家互帮互学，情感交融，让他收获很多感动。记得有一天大家在交流农产品滞销问题时，老师和同学都在想办法出主意，有一个同学就给大家带来了好建议。通过这些事情让他看到了一个温暖有爱的大家庭，从此在农业道路上不再孤单，他不是一个人在奋斗，而是一群新农人在向一个方向发力奔跑。

奔跑吧，永不停歇，向着梦想的方向。

第五节 特色农业

案例1. 我们有力量！致敬水产业的女强人[①]
——刘畅、李春艳等

中国是当仁不让的全球水产业中心。推进我国水产业高质量发展，引领全球水产业绿色升级，成为我国水产人新的历史使命和责任担当。

在广袤的水产业沃土上，无数女性企业家展示着她们的智慧与坚韧。她们虽面临逆境，却勇毅前行。她们的辛勤奋斗，共同构成了中国水产业的燎原星火。让我们来体会几位伟大的女性行业翘楚带给我们的感动。

之一：刘畅

个人蜕变和企业转型同步发生，没有无所适从，只有恰逢其时。最初接触农牧行业时，刘畅对这个贴近大自然的行业并不感冒，不想闻臭味，不想进杀鸡厂……与其他富二代不愿意接班一样，刘畅最初是想参加《超级女声》比赛，但被父亲刘永好制止了。面对处于叛逆期的女儿，刘永好没有一味强求，而是借给刘畅100万元，让她去开店。因为刘永好深知，经商的道理是不变的，这样的历练也能让女儿有所收获。

经过六七年的历练，刘畅终于在2013年出任新希望六和公司董事长，开始接班进程。

历练过后的刘畅已经全然没有了"富二代"的架子。如今再走进新希望的饲料厂，闻着一般人觉得难闻的气味，她已经能欣然处之。谈起自己对农业的初心，刘畅坚定地说道："做了农业这个行业，就不要有短期捞一把的想法，不能忘记我们所服务的是广大的农民与消费者，我们守护的是粮食安

[①] 致敬水产业的女强人[EB/OL].（2023-03-08）[2024-07-09]. https://www.163.com/dy/article/HVBAQF4E0514D0GJ.html。

全与食品安全。更需要以长期主义的支撑，既要见山开路、遇水架桥，也要战战兢兢、如履薄冰。"

之二：李春艳

湛江国联水产开发有限公司是一家大型水产品食品加工企业，李春艳分管水产品牌中心、研发中心和物流中心。

凭借高效整合供应链资源和引领产业技术创新，李春艳积极抢占预制菜赛道，推动国联产品结构向预制菜品为主的餐饮食材转型，在新零售模式下不断尝试与探索，曾创下"国联电商新零售渠道增速200%"的行业佳话。

李春艳认为，女性是柔中带刚、刚中带柔的，是独立自主的。要么不做，要做就做到最好。

挥洒过汗水和泪水，李春艳几乎没有什么记忆。"并不是说没有受挫的时候，我只是不会真正把那些事放在心上。"李春艳带着自信且从容的笑容。一直以来，她都是一个好胜心很强的人，绝不轻易罢休。"一旦我的心思都花在了'赢'这件事上，汗水和泪水就不算什么了。"

"曾经迷失，却未失去信仰；可被战胜，但仍能卷土重来。"这句话成为李春艳的座右铭，激励她不断突破困境，追求更好的自我。

之三：吴金红

自2002年人工成功繁育鱼苗实现了鱼苗规模化生产后，我国金鲳鱼产业开始了迅猛发展。金鲳鱼主要在华南沿海的海南、广东、广西三地以及福建部分地区，作为近几年最具潜力的海水鱼之一，金鲳鱼产业吸引了许多企业纷纷加入布局。

吴金红认为，金鲳鱼产业的良性发展，离不开终端消费市场的拓展，"这其中，打通多渠道是很关键的，养殖的金鲳鱼有不同的规格，如果没有全渠道布局，很多金鲳鱼会面临滞销的风险，这是不利于产业可持续发展的。"

此外，吴金红介绍，恒兴食品还推动了金鲳鱼产品进入火锅的消费场景。她表示目前金鲳鱼已经被很多火锅餐饮店应用，正逐步进入火锅的常规使用食材中。

之四：李寒晓

2014年以来，漳州海之味生物科技有限公司斥2 000万元巨资研发牛蛙绿色养殖模式，开创了国内首个牛蛙循环水养殖模式。海之味销量能保持在行业领先地位，李寒晓起到了关键作用。

李寒晓认为："海之味做牛蛙饲料，始终专注好品质，毕竟这是一个企业综合实力的具体表现。"她介绍说，海之味的饲料配方科学，满足牛蛙不同生长阶段需求，饲料转化率高。另外，海之味的饲料还增加了功能性饲料添加剂，能促进摄食、消化，提高机体免疫力，减少病害发生，缩短养殖周期；此外，海之味还拥有核心产品——蝌蚪粉，营养配方全面，能够有效减少蝌蚪的肠炎、胀气等病害，提高蝌蚪成活率，深受市场喜爱。

对牛蛙养殖业的难点，李寒晓看得极为透彻，并提出了一系列解决措施。她认为，牛蛙养殖受季节供应影响波动大，且牛蛙运输条件要求高，物流成本高。针对这个现实，李寒晓主张全程专业冷链配送，尽力保证牛蛙品质。

作为中国牛蛙养殖业的翘楚，海之味仍有无限可能。让我们拭目以待！

之五：刘翠红

刘翠红1992年毕业于广东海洋大学（原湛江水产学院）水产养殖专业，毕业后分配到山东省海水养殖研究所，一直奋战在养殖及科研一线。后来她还从事过饲料经销，做过虾苗中介，在当时是山东最大的虾苗中介。她坚信创新力是企业的核心竞争力，2004年创业成立青岛赛格林。赛格林公司成立之初就联合中国海洋大学动物营养实验室，首家推出膨化缓沉性多宝鱼饲料，独特的工艺使得多宝鱼养殖状况大大改善。2015年，公司推出针对工厂化养殖的虾料——膨化缓沉虾料，正式进军高端虾料板块。2022年年初，随着新厂投产，赛格林的发展迈入了全新的赛道。

刘翠红认为，要提高中国养虾业的活力，就必须提高虾的品质、口感、规格。她敏锐地预见到未来工厂化养虾要进入生鲜平台和餐饮端的大趋势，始终坚持做出持续稳定的好产品，客户对此赞不绝口。赛格林在成立之后取得的丰硕成果，得益于刘翠红对企业的清晰定位：以科技创新为核心驱动力，努力成为一家健康可持续发展的高端特种水产饲料企业。

之六：邢晓雁

2017年，邢晓雁临危受命出任海南海尚种苗培育基地有限公司董事长，大家都亲切地叫她二姐。此时行业竞争格局已发生天翻地覆的变化，从未深入接触过虾苗行业的邢晓雁毅然选择迎难而上，扛起了家族前途的重担。对于一位女性而言，她承受的压力无疑是难以想象的。

邢晓雁上任之初，由于经验不足，在运输等操作环节中出了许多问题；斑节对虾育苗需要大量池子，操作也颇有难度，稍有不慎就会失败。但随着经验的累积，海尚斑节虾苗的运营稳中向好，到2020年大苗销量达到5亿尾，位居行业前茅。2021年各路苗企纷纷进军斑节虾苗板块，一时间行业产能过剩导致价格大滑坡，甚至出现了100多元/万尾的超低价苗。即使遇到杂乱的市场情形，邢晓雁与海尚仍然坚持高投入高质量的经营理念，在行业的惊涛骇浪中稳住了航向。

"只求最好，不求第一"是邢晓雁一直奉行的经营理念，即使已得到业内的广泛认可，她仍在学习新的营销手段、管理模式。对待过去取得的成就，她谦逊地表示："对于海尚这个品牌而言，这点成绩太微不足道。"让我们期待这位具有卓绝胆识的女强人在对虾养殖行业带给我们更多感动吧！

没有经验怎么办？唯有"笨鸟先飞"。

之七：刘艳平

作为通威股份营销体系内唯一的女性总经理，刘艳平最初是从通威股份特种水产研究所配方师转型，先后担任内务总经理、片区服务总监。

阳江海壹特种营销中心在竞争态势异常激烈的珠三角特种料市场，严苛的零赊欠市场政策让不少以养代销或规模养殖的优质客户纷纷用脚投票，但它在成立短短一年内便攻下近万吨市场份额。让人意想不到的是，总经理刘艳平没有任何销售经验，这背后的"成功密码"值得我们一探究竟。

刘艳平介绍说，阳江海壹特种营销中心重点做生鱼料、加州料、高端虾料等品种。她主张把产品质量做好，用最科学的配方来帮助养殖户实现最高效的养殖。

如何解决销售经验不足的问题？刘艳平认为只能靠勤奋来弥补。她对团队成员的辛勤付出表示感谢。她深知用质量来打动客户群体，市场营销也就不是难事。从普通养殖户到二十大代表，能力与格局缺一不可。

之八：梁美容

2004年，珠海掀起产业转型发展潮，引导当地向养殖业发展，梁美容夫妻决定关闭之前经营的大排档，投身这个陌生的领域。

在叩开养殖业大门的初期，夫妇俩养的鱼类比较杂。但由于经验和技术上的不足，加上市场价格不好，鱼虾亏了几十万元。在吃到教训之后，梁美容放弃了其他水产品的养殖，专心养殖海鲈。尽管在养殖初期入不敷出，但梁美容毫不气馁。梁美容秉持勤奋、肯钻研的优秀品质，加上地方政府对海鲈养殖产业的扶持，她的养殖技术不断提高，海鲈质量和产量都稳步上升，自家经济状况也大有改善。

梁美容对村民的关照也堪称楷模。2013年，在斗门农业部门负责人的支持下,梁美容创办进才水产养殖专业合作社,为村民提供从种苗到销售的全流程服务。在合作社的引领下,村里很多人都加入了养殖行业,并通过养殖致富。2022年10月16日,她参会党的二十大。"党的二十大报告让我倍感振奋,对农村未来发展满怀信心、充满期待",她想着二十大上振奋人心的字句,内心涌起无尽的动力。带动村民增收致富,是梁美容从业以来的高尚追求。

案例2. 科技赋能促发展 铺就农民致富路[①]
——郭培荣

近年来,陕西省略阳县紧紧围绕"一立四振兴"战略和"一县三品、一品一链"产业发展规划布局和特色产业项目,探索"三延三合"培育新模式,加快构建高素质农民培育体系,着力提升高素质农民培育质量,夯实乡村振兴人才基础,培育了一支有文化、懂技术、善经营、会管理的高素质农民队伍,涌现了一大批优秀学员,他们在发展壮大自己产业的同时,不忘带动乡亲们致富增收。

46岁的郭培荣,是略阳县2015年高素质农民培训学员,2021年被认定为高级职业农民和汉中市高素质农民领军人才。25年来,他一直从事食用菌的科技研发、菌种生产,天麻、羊肚菌新品种选育,基地建设,种植技术推广、技术培训、技术服务等工作,于2013年成立了郭镇食用菌专业技术协会。目前,协会已发展成为"公司+农户"经营龙头企业,在延伸产业链和品牌效益建设上不断探索创新。

自参加高素质农民培育以来,郭培荣的思想理念发生了翻天覆地的变化。作为一名共产党员,他在自己致富的同时,时刻不忘周围农户。他说:"我以前就是一个穷苦的农民,因为学到一技之长才发家致富的,所以,我要将我所学到的专业技术、发展理念传授给身边农户,让大家都富起来。"他指导帮助农户及其他村股份经济合作社建设天麻、羊肚菌种植示范基地,

---

① 科技赋能促发展铺就农民致富路——记略阳县高素质农民郭培荣[EB/OL].(2023-07-27)[2024-07-06]. https://mp.weixin.qq.com/s?__biz=MzI5OTMyNjg4NQ==&mid=2247570823&idx=1&sn=d02264ccda92c57ebb49356315a35bab&chksm=ec9bd94ddbec505ba2a4f9ecf1265639859b8637a0e03a94e674db47c446937fe128491a494d&scene=27。

为他们提供产前集中培训并提供优质菌种和种子，产中在基地现场指导管理，产后统一回收销售。同时，每年举办多期专业技术培训班，先后在略阳、勉县、汉台、城固、洋县、西乡、湖北房县、山西吕梁、延安等多地举办羊肚菌、天麻、桑黄种植管理技术培训班10余期，培训800多人次，并按时令节点在田间地头进行实地技术指导。近两年，协会发展天麻、羊肚菌产业，带动建档立卡户150多户500余人，户均增收3 000元以上，吸收安置农村闲散劳动力60余人，带动全县多个镇村发展食用菌、中药材产业，对县域、镇域经济发展起到引领作用，为乡亲们铺就了增收致富之路。

郭培荣表态，今后他将在食药用菌行业领域努力深耕细作，持续做好农产品全产业链和市场的有效链接，在继承发扬传统产业的基础上，深度融合略阳历史文化、生态、生物资源优势，打造以略阳天麻、中药材等地理标志性产业为基础的特色化乡村振兴新模式，以新时代职业新农人为奋斗目标，勇于担当时代责任，持续带动百姓增收致富，为科技赋能乡村振兴当好排头兵，发挥主力军作用。

案例3. 打造优质品牌 带动共同致富[①]
——郭永远

郭永远，中共党员，厦门三秀山蔬菜专业合作社理事长，厦门市同安区人民政府首届"新型职业农民"，先后被授予厦门市同安区农村实用人才、2021年度福建省农村实用人才带头人等荣誉称号。

从退役军人到农村致富带头人，从"单干户"到合作社抱团发展，郭永远不断践行一名共产党员的初心与使命。他创办了厦门市首家农民专业合作社，带领社员开发特色农产品，将合作社不断做强做大，为广大农村青年到农村创业、就业提供可复制的经验模式，为推动传统农民向新型农民转化、促进乡村振兴及和谐社会发展作贡献。

---

① 农村实用人才带头人 | 典型案例——郭永远：打造优质品牌带动共同致富[EB/OL].（2022-05-31）[2024-07-06]. https://mp.weixin.qq.com/s?__biz=MzI5NTY2NjgyMw==&mid=2247548454&idx=3&sn=03b477bf0896248569b5a25ee3de46ea&chksm=ec526bcedb25e2d8aeea7c3332ec9a2be2380a99521f4262cf218c85f5b4425a925f6d4cccb8&scene=27.

一、订单生产进农家，协会履约有保障

1990年，郭永远光荣退伍后决定务农。富有见识的父亲支持他做个"新时代农民"，勉励他别轻易言弃，要执着奋斗。

退役军人创业不容易，更何况从事的是收入较低的农业。郭永远从传统农作物种植开始干起，逐步探索较高收益的种植项目。1996年，郭永远遇上需要收购红紫苏的企业，他抓住机会，召集几个好友，承包150亩耕地，根据收购方要求组织生产，将"订单农业"引进农家。后来，好几家公司收购他们的产品，订单多了，郭永远召集更多的菜农一起参与，按照"公司+农户"合作模式，郭永远成了"农户"一端的重要召集人角色。

合作初期，市场稳定，农户按时交付红紫苏，收购方按照口头约定的价位付款，合作顺利。不久，市场变化价格发生波动，一些收购商开始压价甚至不履约。价格好的时候，农户一年赚几万元，价格差的时候，连伙食费都成问题，农户与收购商开始发生矛盾，但维权效率很低。

如何保障广大种植户的权益？郭永远和朋友们经过交流探讨，决定通过组织统一签订书面供货合同的方式组织生产。当时，农民开公司门槛还很高，郭永远四处咨询。在有关部门帮助下，2005年，郭永远带领朋友们成立"厦门市同安明溪蔬菜协会"，统一采用协会组织为菜农们接订单，订立书面合同。这一招真灵，合同履行率直线上升，当年的交易额突破600万元。

二、合作经营上轨道，标准生产赢市场

我国营商环境越来越优化。2007年7月1日，《农民专业合作社法》实施，郭永远捷足先登，于当年9月率先成立厦门市首家农民专业合作社——厦门三秀山蔬菜专业合作社（以下简称"合作社"），合作社具备了法人资格，菜农们依托合作社开展业务合作更方便了。

郭永远依据《农民专业合作社法》，制定了《章程》《财务管理制度》《合作社工作人员管理制度》等规章制度，坚持"民办、民管、民受益""有利同享、有险共担"的原则，实行民主管理，经营收入与利润收入实现双增长，最大幅度保证社员利益。

2008年，合作社将水果玉米列为主打产品。与种植红紫苏不同的是，这回必须主动找市场，不能坐等收购商上门。因此，合作社开展"统一集中育苗、统一农资采购配送、统一技术指导管理、统一制定质量标准、统一包装

销售产品"的模式，规范生产流程，生产的玉米汁，口感爽滑，味道浓香，令人百喝不厌；玉米面粉做出来的馒头疏松清香，深受消费者欢迎。

郭永远作为合作社负责人和主要技术员，带领合作社种植大户、植保人员共同制定了绿色甜玉米、结球生菜、无公害黄瓜、苦瓜、芥菜、甘蓝、四季豆等多个标准化生产操作规程，建设1 000亩标准化示范片，3种产品获得无公害农产品认证，"水果玉米""结球生菜"2个产品获得绿色产品认证。

为保证农产品质量安全，合作社建立健全生产记录制度、产品可追溯体系，农业投入品采购、使用均记录在册，率先承担厦门市农产品质量安全可追溯点建设。此外，郭永远与农业部门专家共同制定的"无公害甜玉米标准化种植技术""结球生菜标准化种植技术"还被采纳作为厦门市地方标准，颁布实施。

三、品牌经营促增收，带头发展不停步

合作社成员有事喜欢找郭永远帮忙。有一次，一名社员田里的玉米叶子出现斑点，玉米穗刚长出来就蔫了，心里很着急。郭永远获悉后，赶紧找来农业专家，经诊断确定为大斑病，10天左右就解决了问题，水果玉米恢复了生机。

为了更好带领种植户增收致富，合作社每年举办2～3次的成员培训，平均每年培训1 500人次，提高了全体成员农业综合素质和科技文化素质。郭永远深感增加知识储备、提高专业水平的重要性，2008年他报名参加大专函授班，学习市场销售、广告经营、财务管理、售后服务等课程。大专毕业了，郭永远的"新时代农民"征程又进了一步。

2018年，合作社与厦门广物商贸有限公司签订了600亩的苦瓜种植生产，单这一项就为村民增加收入150万元；2020年，合作社与种植户签订800亩的"水果玉米"订单，收购价格高出市场价40%，每亩增加收入0.77万元；2021年，合作社举办"三秀山水果玉米采摘节"，邀请厦门及周边居民深入基地参加体验，丰富了厦门市民生活，增强了三秀山玉米文化氛围，提升了合作社及其农产品的知名度，成功进行"三产融合"，提高了农产品价值，带动周边1 000余户农民稳定增收。

越来越多的种植户喜欢跟着他干，他的社员已增加到160户，水果玉米、结球生菜、红紫苏等主要产品销往上海、杭州、温州、深圳、广州等地，年销售额达8 000多万元。合作社还荣获农业农村部"全国示范社""全国500强合作社"称号，主打的"水果玉米"成为厦门市"一村一品"特色农产品，

获评"福建省名牌农产品","三秀山"商标被评为"厦门市著名商标"和"福建省著名商标"。

"欢迎更多的人到广阔农村天地创业、就业。"郭永远说,随着乡村振兴战略的推进,传统农民向新型农民转化已是大势所趋,在发挥农村实用人才示范带头人作用方面,他将一往无前,初心不改,持续担当。

第六节 综合农业

案例1. 生态养殖树典型 乡村振兴带好头[①]
——杨利军

杨利军,男,汉族,生于1969年12月,陕西省澄城县庄头镇柏门村人,本科学历,中共党员,澄城县利恒繁育养殖有限公司总经理,陕西省高级职业农民,县农广校高素质农民培育优秀学员。于2001年创立的澄城县利恒繁育养殖有限公司,被评为省级生猪标准化示范场、渭南市农业产业化经营重点龙头企业、澄城县优秀新型农业经营主体,作为澄城县养殖业发展的优秀代表,杨利军个人也连续多年被澄城县委县政府评为"劳动模范""优秀企业家"和"养猪状元",科技创新贡献三等奖、庄头镇创富领富先锋党员。

一、潜心学习得提升 砥砺前行终有成

杨利军出身农家,二十出头初闯社会,吃苦耐劳,经营过出租车、跑过货运、干过餐饮,多年的社会磨砺使他深知"没文化真可怕",他通过自学取得了专科、本科学历。2001年,澄城县县委县政府提出建设"百万头生猪大县"后,杨利军意识到这不仅是企业未来发展的方向,也是农村改变传统农业焕发生机的大好契机,同时,还能为当地百姓生活经济条件改善作出贡献。经过实地调研,杨利军自筹资金500余万元,创立了澄城县利恒繁育养殖有限公司并出任董事长,平时无论多忙多累,他都会每天挤出时间,坚持学

[①] 澄城县农广校. 生态养殖树典型 乡村振兴带好头——杨利军[EB/OL]. (2022-01-24)[2023-09-06].

习养殖专业知识，不断提升个人素质。在创业之余，他积极参与县农广校的各类技术培训，作为县农广校高级职业农民优秀学员，获得陕西省高级职业农民称号。从业20余年，"不懂就请教专家，有培训班就上"，凭着这一股子爱学敢干的"闯劲"，从无到有，从小到大，把一个小小的养殖场打造成了全县知名的明星企业，自己也由一名门外汉成长为有文化、懂技术、善经营、会管理的新时代高素质农民，也带领澄城县的生猪繁育养殖走上了产业发展之路。目前，他的公司建有占地56亩的标准化猪场，存栏600头种猪、3 000头生猪，2019年出栏优质商品猪10 000头，销售收入2 080万元、利润200万元，被评为省级生猪标准化示范场和澄城县优秀新型农业经营主体。

二、矢志不渝办实体　初心不改树典型

刚接触生猪养殖，怎样发展有机农业是困扰他的首要问题。创办经营利恒繁育养殖有限公司初期，受生猪市场价格波动的影响，杨利军三起三落，低迷时养殖场入不敷出，资金链断裂，工人离散，饲料短缺，几近倒闭。但从未放弃，为了能推动养殖事业的发展，他积极与各级有关部门联系，了解相关政策。用尽自己的人脉资源，开拓资金渠道，先后与石羊、正大等企业合作，或代办、或托管、或股份经营、或借贷周转，不欠工人一分钱，不少仔猪一口粮，成为澄城养殖业的诚信企业。

杨利军不断总结，学以致用。低迷时不放弃，高光时刻不自满。不断学习，不断总结经验，慢慢地摸索把握市场规律，价格低谷时，收缩规模，压缩存栏量，降低成本，保本经营；进入爬升期，大刀阔斧，满量生产，扩大经营。经受住市场浪潮的多次洗礼，成为澄城养殖业的明星企业。

2019年，公司完成了养殖粪污无害化处理工作，通过建设中型沼气项目，与周边果蔬种植户签订供应合同，为当地农业生产提供优质有机肥，在解决粪污处理的同时带动了周边有机农业发展，作为国家绿色畜牧业发展示范点之一，树立起"种养结合、循环发展"的绿色畜牧业发展示范典型。

三、致富带头创新路，乡村振兴带好头

农村的落后在于农民观念的落后和生产技术的落后。为了推广生态养殖，杨利军每年都要免费为农民群众提供多次科技培训。截至2022年，已组织培训达20余场、5 000余人次，发放宣传材料2万余份，为农村注入科技这一强心剂。

养殖场的成功创办使杨利军看到了农村市场的巨大潜力，看到了农业

经济的美好前景，2017年起，针对澄城地域特点，公司通过租种、流转等手段，整合土地4 000余亩，种植金银花、黄芩、远志、柴胡等中药材，打造渭北中药材种植加工基地。

开拓创新，走农业综合发展之路。响应澄城县"打造有机樱桃基地"号召，充分利用公司有机肥，改变以前单一的种植结构，在贫困户自愿的基础上，公司与农户签订种收协议，发展100亩有机樱桃种植基地，公司为贫困村农户送去有机肥、技术指导、扩大就业渠道、提供贫困户就业岗位，既解决了农民卖猪难的问题，又为农民增加了收入。

在做好企业的同时，杨利军时刻不忘企业的社会责任。公司在他的带领下，大力发展以"公司+基地+农户+科技"的经营模式，免费为村镇30多户的猪提供精液，积极引导农户累计建设标准化圈舍56栋，建成存栏1 000头以上养殖（场）小区3个，成立养猪专业合作社1个，使养殖业成为当地农民增收的主要产业之一。杨利军创立的"种养结合，农畜双赢"做法已成为澄城县新时代农村经济发展的主流模式。

杨利军，一名勤劳、朴实的农民，一名优秀的农民企业家，同时也是一名心系群众、全心全意为人民服务的好代表，20多年以来，他用自己辛勤的汗水、不辍的耕耘和无私的付出，收获了事业的腾飞，也赢得了广大群众的支持和拥戴。展望未来，他感到脚下的路越走越宽，肩上的担子也越来越重。他和他的团队将继续努力，为乡村振兴和社会主义新农村建设努力奋斗！

案例2. 发展循环农业，致富环保双收[①]
——吉林省东辽县凌云乡华宇家庭农场

吉林省东辽县凌云乡华宇家庭农场，注重学习提升经营管理水平，积极探索种养结合发展循环农业，坚持打造自有品牌，利用互联网资源拓展线上销售渠道，带领周边农户共享"互联网+农业"红利。

华宇家庭农场成立于2014年，现有畜禽养殖场地4 380平方米，种植沙棘树、果树、中草药近200亩，年出栏商品猪2 000头，存栏繁育母牛108头，年产小牛犊90头左右；养殖母鸡和笨公鸡4 000只，年产鸡肉25吨，年产蚯蚓鸡

---

① 李浩. 女农场主的养殖场升级"梦"[EB/OL].（2022-03-15）[2024-07-09]. http://tuopin.ce.cn/news/202203/15/t20220315_37404071.shtml．

蛋27万枚。2021年，家庭农场经营收入530万元，净利润120余万元。农场主于华2018年被辽源市科协评为高级农技师，农场2021年被吉林省农业农村厅评为省级实训基地，承接高素质农民培训近万人次。

一、注重学习，提升经营能力

随着家庭农场养殖规模的不断扩大，粪污处理难题和养殖风险接踵而至。农场主在浙江省的一户家庭农场参观时，感受到循环农业模式对农场生产经营的好处，受此启发在农场引进蚯蚓养殖项目，有效解决了农场的粪污问题。2017年，农场主参加了吉林省组织的新型农业经营主体带头人出国培训，赴法国参观现代化养猪场、养牛场，学习到先进的经营理念，回国后就对养猪场和养牛场进行了现代化改造，除养猪场里的上料外，其他饲养环节全部实现了自动化。

二、种养结合发展循环农业

家庭农场创办初期以生猪养殖繁育为主，在经历了生猪市场的跌宕起伏后，农场将经营模式定位在种养结合、发展循环农业上。农场用种植的玉米喂养畜禽等动物，再用猪、牛、鸡等产生的粪便养殖蚯蚓，蚯蚓既可以分解畜禽粪便为有机蔬菜种植提供肥料，还可以为农场林下养鸡提供高蛋白饲料。这种循环种养模式减少了化肥投放量，提高了农产品品质，降低了生产成本，增强了农场的发展韧性。2019—2020年，农场生猪养殖受市场波动影响损失了70万元，但依靠"溜达鸡""蚯蚓鸡蛋"、蚯蚓种苗等产品，获得销售收入126万元，抵消了猪市不景气造成的损失。

三、打造品牌开拓线上营销

2018年，农场注册了"于大丫"商标，为生产的"溜达鸡"和"蚯蚓鸡蛋"产品品牌化经营奠定基础。农场积极开辟电子商务销售渠道，陆续在淘宝、微店、抖音、快手等平台开设农场直营店铺，出售农场生产的猪肉、牛肉、鸡、蚯蚓鸡蛋、时令蔬菜、蚯蚓粪肥、蚯蚓鱼饵料等20余种农副产品，年销售收入达67万元。

四、回馈乡村带动共同致富

在县、乡、村的大力支持下，农场组织建设了一个500平方米的电子商务销售营业大厅，把本村和周边农户的特色农产品汇聚起来，为外地客商集中采购提供便利。农场还举办了4次电子商务培训班，累计培训175人次，帮助更多农民通过线上平台拓展农产品销路。

案例3. 陕西岚皋县："神仙姐姐"返乡创业记[①]
——李文凤

"曾经从大山里走出去，如今又回到大山里。"这是返乡创业者李文凤在多年打工生涯后做出的决定。在外拼搏的这些年，凭着一股吃苦耐劳、刻苦钻研、敢想敢拼的劲儿，从一个农村姑娘变成了都市白领，在职期间凭借自己超强的销售能力在职场上获得了丰厚的报酬。在一次回家探亲时，她吃了妈妈做的神仙豆腐，让她有了把"神仙树叶"带出大山、推向全国、走向世界的梦想。

2014年，李文凤放弃了在外优渥的工作、生活，毅然决然回到了生养她的家乡岚皋县，担任岚皋县岚山宝生态农业开发有限公司销售总监，通过不断努力，如今已是陕西省高级职业农民。

在家乡，她是人们口中称赞的"神仙姐姐"，这个称号源自于她创办的产业——神仙叶系列产品。经过一番调研后，李文凤跟着哥哥利用家乡丰厚的林业和土地资源，投资300万元创办了岚山宝生态农业开发有限公司，在政府的大力支持下建立神仙树种植基地500余亩，生产厂房1 320平方米，李文凤将所有心血都投入公司的运营中。

为了更好地推广公司产品，她奔走于各省市，参加各类培训，特别是各级农业农村部门组织的农民教育培训学习，工作再忙，她都克服困难全身心投入学习，让自己获得更多的技能、知识和平台资源。通过不懈努力，她渐渐掌握了神仙树栽植、培育、管理的方法。采用以劳务用工、土地流转、订单收购为主的"公司+农户+基地+电商+合作社"模式，让神仙树产业渐渐有了起色。2021年又投资320余万元改造了厂房，增加了3条标准化生产线，开发了神仙豆腐、神仙粉、神仙树叶面条、神仙树叶粉条、神仙茶叶、神仙酒及糕点等系列新产品，并得到了各级政府重视和认可。2021年被授予"安康

---

① 龚太华.陕西岚皋县："神仙姐姐"返乡创业记——李文凤[EB/OL].（2023-10-31）[2023-11-1]."学习强国"岚皋融媒号转载

市第二批非物质文化遗产生产性保护示范单位""安康市非遗工坊"称号，其间还被当地政府授予脱贫攻坚贡献奖优秀企业。2022年，其公司被认定为高新技术企业，获得农业农村部"特质农品"认定。

有了这些成绩，李文凤更有信心致力于把地方特色产业发展成产业品牌化的特色产业。她积极参加国内各类农产品展销会，构建电商销售渠道，不断拓宽销路，让神仙树叶系列产品走向了全国，年产值已突破480万元。

2020年，电商互联网正以前所未有的速度融入农村，电商的触角也延伸到农村的千家万户。李文凤抓住了这个机会，积极参与省、市、县组织的电商培训，认真学习网络销售、直播带货技能。线上线下两手抓，公司产量逐步走高，这让她更加有了奔头，不仅在部分一线城市设立代理商，还在抖音、拼多多等各大网销平台开设店铺，产品打开了销路，从她所在的村镇一步步走向地市，如今走向北上广等发达地区。通过电商平台，李文凤把自己的梦想变成了现实。

创业以来，李文凤积极领办农民专业合作社、家庭农场，通过发展产业不仅带动了马安村、德胜村等地的经济，还对缺技术的农户进行培训，使他们有了"一技之长"，带动当地农户实现有效增收。

几年来，她先后荣获岚皋县首届和第二届高素质农民演讲大赛优秀奖、岚皋"双十二"电商节网络直播大赛优秀奖、岚皋县新型职业农民协会"先进个人"等，2022年还当选为安康市人大代表。